高等职业教育高速铁路客运服务专业系列教材
高等职业教育校企合作精品教材

高速铁路动车乘务实务

（第 3 版）

主　编　王　慧　　谢思维
副主编　高　晨　李　志　邱　逸

西南交通大学出版社
·成都·

图书在版编目（CIP）数据

高速铁路动车乘务实务／王慧，谢思维主编．
3版．－－成都：西南交通大学出版社，2025.1
（高等职业教育高速铁路客运服务专业系列教材）（高等
职业教育校企合作精品教材）．－－ ISBN 978-7-5774
-0225-3

Ⅰ．U293.3

中国国家版本馆 CIP 数据核字第 202466XW23 号

高等职业教育高速铁路客运服务专业系列教材
高等职业教育校企合作精品教材
Gaosu Tielu Dongche Chengwu Shiwu

高速铁路动车乘务实务
（第 3 版）

主编　王　慧　谢思维

策 划 编 辑	臧玉兰
责 任 编 辑	周　杨
封 面 设 计	墨创文化
出 版 发 行	西南交通大学出版社 （四川省成都市金牛区二环路北一段 111 号 西南交通大学创新大厦 21 楼）
营 销 部 电 话	028-87600564　028-87600533
邮 政 编 码	610031
网　　　　址	https://www.xnjdcbs.com
印　　　　刷	四川森林印务有限责任公司
成 品 尺 寸	185 mm × 260 mm
印　　　　张	14.5
字　　　　数	361 千
版　　　　次	2016 年 1 月第 1 版 2019 年 6 月第 2 版 2025 年 1 月第 3 版
印　　　　次	2025 年 1 月第 16 次
书　　　　号	ISBN 978-7-5774-0225-3
定　　　　价	59.00 元

课件咨询电话：028-81435775
图书如有印装质量问题　本社负责退换
版权所有　盗版必究　举报电话：028-87600562

前 言

高速铁路客运乘务人员的素质和业务技能是做好客运服务工作的基础。高速铁路客运乘务工作要最大限度地满足广大旅客在旅行上的需要，在旅行途中为旅客创造舒适愉快的环境并提供生活上的优质服务。

《高速铁路动车乘务实务》（第3版）在第2版的基础上做了较大改动，增加了高速铁路客运乘务人员职业素养培养；复兴号智能动车组列车车内设备设施；动车组列车电子客票查验、动车组列车电子化补票、铁路运输收入管理；复兴号智能动车组列车客运乘务作业、动车组卧铺列车客运乘务作业；复兴号动车组列车服务备品定置标准、动车组列车旅客遗失物品处理工作、复兴号动车组列车静音车厢服务。更新了铁路客运站车无线交互系统的应用、动车组列车移动补票机操作与管理、动车组列车客运记录的编制、动车组列车铁路电报的拍发。增加课程思政教学设计，培养学生精益求精的工匠精神，增强学生的责任感和使命感。

本书按照《高等职业学校高速铁路客运服务专业教学标准》要求编写，以实际岗位需求为目标，实现职业技能提升，每个任务后面增加实训情境描述，增加任务单，方便实训课程的组织与实施。全书共分为六个项目，主要内容包括：项目一高速铁路客运乘务人员职业素养、项目二高速铁路动车组列车车内设备设施、项目三高速铁路动车组列车客运业务、项目四动车组列车收入管理工作、项目五高速铁路客运乘务工作、项目六动车组列车客运服务工作。

本书由天津铁道职业技术学院王慧、中国铁路北京局集团有限公司信息技术所谢思维任主编，中国铁路北京局集团有限公司天津客运段高晨、中国铁路北京局集团有限公司天津站李志、长沙南方职业学院邱逸任副主编。具体分工如下：邱逸编写项目一；谢思维编写项目二；李志编写项目三；王慧编写项目四、项目五；高晨编写项目六。

本书既可作为高等职业院校高速铁路客运服务、铁道交通运营管理等相关专业的教材，亦可作为铁路相关专业职工的培训教材以及相关专业人员工作的参考资料。

由于编者水平有限，书中不妥之处，敬请批评指正。

编 者
2024年9月

数字资源目录

二维码编号	项目任务	资源名称	页码
二维码 1	项目二任务 1	CRH1A 型动车组列车车内设备设施	15
二维码 2	项目二任务 1	CRH2 型动车组	15
二维码 3	项目二任务 1	CRH3 型电力动车组	17
二维码 4	项目二任务 1	CRH5 型动车组	17
二维码 5	项目二任务 1	CRH5 型动车组车内设备设施	17
二维码 6	项目二任务 1	CRH6 型动车组	18
二维码 7	项目二任务 1	CRH380A 型动车组车内设备设施	19
二维码 8	项目二任务 1	广深港高铁"动感号"动车组	19
二维码 9	项目二任务 1	CRH380B 型动车组车内主要设备设施	20
二维码 10	项目二任务 1	动车组车辆号/车组号/型号编号规则	21
二维码 11	项目二任务 2	"复兴号"CR 系列动车组	24
二维码 12	项目二任务 3	一等座脚踏板使用	40
二维码 13	项目二任务 3	一等座小桌板安装	43
二维码 14	项目三任务 1	铁路客运站车无线交互系统终端设备	50
二维码 15	项目三任务 2	客运记录	73
二维码 16	项目三任务 3	铁路电报	80
二维码 17	项目四任务 1	列车查验电子客票	91
二维码 18	项目四任务 2	列车移动补票机的操作管理	104
二维码 19	项目五任务 1	乘务员运用计划	135
二维码 20	项目五任务 1	动车组运用计划的编制	136
二维码 21	项目五任务 3	始发作业流程及标准	161
二维码 22	项目五任务 3	途中作业流程及标准	163
二维码 23	项目五任务 3	终到站站车客运业务交接	166
二维码 24	项目五任务 4	动车组卧铺列车车内设备设施	177
二维码 25	项目五任务 5	高铁快运办理条件	187
二维码 26	项目六任务 1	高速铁路客运服务的原则	194
二维码 27	项目六任务 3	高速铁路重点旅客服务需求	211
二维码 28	—	"高速铁路动车乘务实务"课程思政教学设计	封底
二维码 29	—	动车组列车服务案例	封底

目 录

项目一 高速铁路客运乘务人员职业素养 ········· 1
    任务 1 　高速铁路客运乘务人员职业素养 ········· 1
    任务 2 　高速铁路客运乘务人员职业形象 ········· 8
    复习思考题 ········· 13

项目二 高速铁路动车组列车车内设备设施 ········· 14
    任务 1 　和谐号动车组列车车内设备设施 ········· 14
    任务 2 　复兴号动车组列车车内设备设施 ········· 24
    任务 3 　复兴号智能动车组列车车内设备设施 ········· 39
    复习思考题 ········· 48

项目三 高速铁路动车组列车客运业务 ········· 49
    任务 1 　铁路客运站车无线交互系统的应用 ········· 49
    任务 2 　动车组列车编制客运记录 ········· 73
    任务 3 　动车组列车拍发电报 ········· 80
    复习思考题 ········· 88

项目四 动车组列车收入管理工作 ········· 89
    任务 1 　动车组列车电子客票查验 ········· 89
    任务 2 　动车组列车电子化补票 ········· 104
    任务 3 　动车组列车收入管理 ········· 123
    复习思考题 ········· 134

项目五 高速铁路客运乘务工作 ········· 135
    任务 1 　动车组列车客运乘务计划 ········· 135
    任务 2 　动车组列车客运乘务作业管理 ········· 142
    任务 3 　复兴号智能动车组列车客运乘务作业 ········· 159
    任务 4 　动车组卧铺列车客运乘务作业 ········· 177
    任务 5 　高速铁路快件运输 ········· 187

复习思考题 ……………………………………………………………………… 193

项目六　动车组列车客运服务工作 …………………………………………… 194
　　任务 1　复兴号动车组列车服务备品定置标准 ………………………………… 194
　　任务 2　动车组列车旅客遗失物品处理工作 …………………………………… 205
　　任务 3　动车组列车重点旅客服务 ……………………………………………… 211
　　任务 4　复兴号动车组列车静音车厢服务 ……………………………………… 218
　　复习思考题 ……………………………………………………………………… 223

参考文献 …………………………………………………………………………… 224

项目一 高速铁路客运乘务人员职业素养

项目描述

高速铁路旅客运输服务必须树立"旅客至上"的理念。客运乘务人员的服务素养和能力,是旅客评价动车组列车乘务工作质量的重要标志之一。本项目主要介绍动车组列车客运乘务人员应具备的职业素养和职业形象。

学习目标

1. 素质目标

通过学习高速铁路客运乘务人员职业素养的内容及要求,要做到以人为本,贴近旅客生活需求,创新服务内涵,提升服务理念;锻炼良好的心理素质和责任意识;树立"人民铁路为人民"的职业情操;具备良好的礼仪素养和端正的服务意识。

2. 能力目标

能够有意识、有计划地提高自身的职业素养;提高自身的服务能力;塑造良好的职业形象。

3. 知识目标

掌握动车组列车客运乘务人员应具备的职业道德要求;掌握动车组列车乘务组人员的配备及岗位职责;掌握动车组客运乘务人员职业形象塑造的要求。

任务1 高速铁路客运乘务人员职业素养

【任务引入】

动车组列车客运乘务人员应该用认真负责的工作态度、饱满的精神及优雅的气质来打动旅客,在动车组列车客运服务工作中享受工作带来的成就感。

请思考:动车组列车客运乘务人员应具备哪些职业素养?

【相关知识】

职业素养是指人类在社会活动中需要遵守的行为规范,是职业内在的要求,是一个人在从事职业过程中表现出来的综合品质,体现了一个社会人在职场中成功的素养和智慧。

一、高速铁路客运乘务人员的职业素养

高速铁路客运乘务人员良好的职业素养包括：熟知应具备的职业素养；养成高尚的职业道德；具有阳光的心态；具备自愿合作和协同努力的精神；能够进行有效的服务沟通；具备不断进行自主学习的能力。

（一）职业素养的定义

素养是指人的修养，包括思想政治素养、文化素养、业务素养和身心素养等。

职业素养是指职业内在的规范和要求，是在职业过程中表现出来的综合品质，包含职业道德、职业技能、职业行为、职业作风和职业意识等方面。职业素养是铁路客运职工尽自己最大的能力把工作做好的素质和能力。

（二）职业素养的核心

1. 职业信念

良好的职业信念包含良好的职业道德、正面积极的职业心态和正确的职业价值观意识，是铁路客运职工必须具备的核心素养。良好的职业信念内涵丰富，如爱岗、敬业、忠诚、奉献、正面、乐观、用心、开放、合作、始终如一等。

2. 职业知识技能

职业知识技能是一个职业要求具备的专业知识和能力。良好的沟通协调能力和执行能力是每个铁路客运职工必备的一种基本职业技能，此外，还需要具备职场礼仪、时间管理及情绪管控等职业技能。

3. 职业行为习惯

职业行为习惯就是在职场上通过长时间地学习最后演变成习惯的一种职场综合素质。信念可以调整，技能可以提升，要不断地练习直到成为习惯。

二、高速铁路客运乘务人员的职业道德

（一）职业道德的概念

职业道德就是同人们的职业活动紧密联系的符合职业特点所要求的道德准则、道德情操与道德品质的总和。

（二）铁路职业道德的概念、宗旨和原则

铁路职业道德是指铁路职工在铁路运输生产活动和与此有关的工作中应遵守的行为规范的总和。"人民铁路为人民"是铁路职业道德的宗旨和基本原则，是铁路职业道德的总纲和精

髓，在铁路职业道德体系中处于核心地位。

（三）铁路客运乘务人员的道德修养要求

（1）热爱祖国，热爱铁路事业，热爱本职工作。
（2）遵守国家法律、法规和铁路行业管理规章制度，自觉维护旅客合法权益。
（3）尊重旅客的民族习俗和宗教信仰，对不同种族、国籍、民族的旅客一视同仁。
（4）有高度的工作责任心，诚实守信，敬业爱岗，忠于职守。
（5）爱护站车设备设施，不占有、浪费服务备品和餐饮供应品，廉洁自律，公私分明。
（6）尊老爱幼，谦虚谨慎，真诚热情，努力树立高速铁路站车客运人员的良好形象。

三、高速铁路客运乘务人员的服务意识

（一）服务意识的内涵

服务意识是一种乐于为他人提供帮助的意愿，是主动满足旅客潜在需求的服务能力，发自于服务人员的内心。为了能及时、准确地识别旅客的潜在需求，需要服务人员能够主动关注旅客，通过主动与旅客沟通不断发掘旅客的潜在需求，从而尽可能地满足旅客的需要。在服务过程中，旅客的潜在需求主要有被关心、被倾听、服务人员专业化、迅速反应四个方面。

服务意识与服务能力的区别就在于，服务意识是愿不愿意做好的问题，而服务能力则是能不能做好的问题。为了向旅客提供优质的服务，服务人员应当努力培养和提高自己的服务意识，把消极被动为旅客服务的思想转变成积极主动为旅客解决问题的意识。

（二）高速铁路客运乘务人员应具备的服务意识

服务意识是一种工作态度。当一个服务人员拥有较强的服务意识的时候，他的工作是自动自发地、自觉自愿地站在旅客的角度，为旅客着想，帮旅客解决问题。有服务意识的服务人员才是优秀的服务人员，服务意识决定服务品质。高速铁路客运乘务人员应该培养主动、热情、耐心、周到的服务意识，在工作中主动满足旅客的潜在需求。

1. 主　动

主动服务是指主动迎送旅客，主动扶老携幼，主动解决旅客困难，主动介绍旅行常识，主动征求旅客意见。对重点旅客做到重点照顾，有服务，有登记。

2. 热　情

热情服务是指高速铁路客运乘务人员细心体察旅客需求，态度表情亲切自然，优雅庄重，面带微笑，真诚待客，使旅客感到亲切、温暖。

3. 耐　心

耐心服务是指高速铁路客运乘务人员以高尚的道德修养，对服务过程中出现的各种情况

和问题，做到恰当、理智地处理。要耐心地对待旅客、解答问题和化解矛盾。对旅客提出的合理要求和意见应及时解决，尽量满足旅客，对做不到的事项应说明原因、耐心解释。

4. 周　　到

周到服务是指高速铁路客运乘务人员在语言表达、服务态度、途中照顾等全过程服务中，要处处为旅客提供方便。承诺旅客的事情一定要落实解决，言而有信。对待旅客要文明礼貌，纠正违章要态度和蔼，处理问题要实事求是。

四、高速铁路客运乘务人员的服务理念

服务理念是指人们从事服务活动的主导思想意识和对服务活动的理性认识。高速铁路客运乘务人员在工作中要贯彻"旅客至上""人性化""无干扰"的客运服务理念。

（一）"旅客至上"服务理念

铁路客运服务的对象是旅客，为旅客服务是铁路旅客运输的中心工作。落实"旅客至上"服务理念，须有正确的服务态度并将其贯彻到服务过程的始终。高速铁路客运乘务人员在严格执行规章制度的前提下，应遵循"旅客至上"的服务理念，满足旅客的愿望。应真诚地体谅旅客、理解旅客，当旅客对服务提出意见时，应站在旅客的角度多检讨自己，纠正不足，更好地为旅客服务。

（二）"人性化"服务理念

旅客在旅行中的需求是铁路客运企业提供服务的前提。旅客需求具有丰富的内容和层次，从服务与被服务的关系看，人性化服务就是高速铁路客运服务人员有针对性地满足旅客旅行个性化需求的服务。从心理学角度分析，人的需求分为生理需求、安全需求、社会需求、尊重需求和自我实现需求等。

在满足旅客的基本生理需求之后，服务的重点在于满足不同层次旅客的高层次需求。如重点介绍沿途的名胜、旅游的安全注意事项等；节假日期间列车可为旅客赠送节日礼品、开联欢晚会等。通过这些活动，丰富旅客的旅行生活。

（三）"无干扰"标准化服务

标准化服务是铁路的特色，"无干扰"服务是旅客的需要。为了保证旅客运输的服务质量，铁路部门长期执行的是标准化作业，客运乘务人员严格按作业标准为旅客提供服务。

五、高速铁路客运乘务组人员配备及岗位职责

（一）高速铁路客运乘务组的组成

高速铁路客运乘务组是指高速铁路列车为完成旅客及其行李运输任务而组成的出乘人员

小组，由客运乘务员、随车机械师、司机、公安乘警（辅警/安全员）、随车保洁人员和餐饮服务人员和组成，简称"六乘人员"。列车上的保洁、餐饮由社会专业公司承担时，其员工视同列车乘务组成员。

高速铁路客运乘务组工作按照"统一管理、分工负责、各司其职、相互协作"的原则，实现乘务一体化作业管理。列车乘务工作由列车长组织协调，全面负责列车安全、服务、经营、管理工作，组织、协调列车"六乘人员"履行岗位职责，联劳协作，共同确保列车运输秩序、服务质量、餐饮卫生、服务备品、设备设施、应急处置及治安状况良好。

（二）高速铁路客运乘务组的岗位职责

乘务组要建立趟计划乘务例会制度。由列车长带头组织随车机械师、公安乘警（辅警/安全员）、餐饮、保洁领班在运行途中适时召开一次趟计划乘务工作协调会，告知本趟计划乘务工作重点，协调沟通相关信息，确保现场工作有序地开展。列车长全面掌握动车组列车车内人员及作业状态，实行各工种分工负责制。"六乘人员"应在列车长的领导下，按照各岗位作业标准、作业流程严格执标，做好安全、服务工作，确保作业达标。库内热备班组要严格执行热备作业要求，达到热备车启用质量标准。

动车组车底出库上线，列车长、公安乘警（辅警/安全员）、保洁组长（餐车领班或指派一名保洁人员）按照各自的职责分工，分别做好旅客列车上部设施的检查、问题填记和故障跟踪销号以及列车出库质量的验收。客运乘务员、保洁组长负责全列卫生质量、消耗品配置情况的检查验收，客运乘务员负责服务设施、客运备品、广播及显示屏信息更新情况的检查，发现问题及时反馈处置。

1. 客运乘务组的主要职责

客运乘务组承担服务旅客、处理票务、检查列车保洁、餐饮工作质量等工作。当发生影响旅客安全的问题时，客运乘务组应当立即采取有效的措施，保护旅客安全。

2. 随车机械师的主要职责

随车机械师应按技术作业过程的规定检查动车组：在列车运行途中，随车机械师应监控动车组设备技术状态，确保车辆设备设施作用良好，正常使用，空调达到规定的温度范围；做好车内巡视，运行途中发生车辆设备设施问题应及时检修，无法修复的在上部服务设施记录单中注明，对列车长在乘务多功能信息系统中设备故障反馈进行确认，抓好跟踪、问题上报。CRH2型动车组列车机械师根据司机通知负责动车组车门开关。

3. 随车保洁人员的主要职责

按岗位作业流程及要求进行随车保洁作业，负责列车运行中、折返站的卫生清扫、垃圾收集，保证列车卫生质量；对始发、途中、折返检查发现的列车卫生质量、消耗品配置、备品工具定位情况发现的不达标项进行补强整改，途中加强对厕所、洗脸间等重点部位的卫生保洁，按照作业项填记"清扫作业及检查记录单"，随时保持车厢环境卫生、整洁；逢用餐时间，随车保洁人员在做好分管车厢卫生后可协助餐车做好餐车卫生清洁工作；特殊情况下，完成列车长布置的临时性任务。

4. 餐服人员的主要职责

餐服人员负责餐饮商品的安全及供应,满足旅客及工作人员的餐饮需求。餐服人员负责餐吧车区域内卫生保持,检查餐吧车餐饮设备作用和安全管理,规范作业流程,结合运用车型配置符合规定数量、规格、功率的厨房电器设备,规范人员操作,餐车营业证照齐全。餐服人员严格执行食品安全管理规定,规范销售行为,明码标价,不捆绑销售商品,提供发票;掌握餐食、商品、VIP旅客赠品的销售、使用情况,保证正常供应,规范操作流程;保持餐吧车美观整洁,根据各车型统一餐车商品定位摆放,不堵塞通道;售货车内外清洁、定位放置,制动性能良好,有防撞胶条。

5. 公安乘警（辅警/安全员）的职责

公安乘警（辅警/安全员）负责动车组司机室的安全,负责维护车内秩序,会同列车长组织列车上危险品的检查工作。公安乘警（辅警/安全员）应加强车厢检查,遇影响列车秩序和治安事件时,及时到达现场进行处置。

6. 动车组司机的主要职责

动车组司机负责执行规章制度、服从调度指挥、履行岗位职责。当动车组在区间被迫停车时,指挥随车机械师、列车长处理有关行车、列车防护和事故救援等工作;当动车组发生故障时,按照规定的程序独立处理或指挥随车机械师共同处理。

【任务实施】

1. 任务准备

（1）设备准备：仿真动车组车厢、实训室、专业训练服（可着正装）。

（2）实训资料准备：实训任务单、《动车组列车服务质量规范》、教材等。

（3）情景准备：实训前各小组查阅、收集资料,选择动车组列车运行中的某个情景,情景中包括动车组列车客运乘务组人员和旅客。

（4）人员准备：实训分小组进行,每组6~8人,每小组做好人员分工。

2. 实施步骤

（1）动车组列车客运乘务人员的服务意识培养。

（2）动车组列车客运乘务人员的服务能力提高。

（3）动车组列车客运乘务人员的岗位职责认知。

（4）组内互查,教师总结并评分、评价。

3. 任务单

训练名称	高速铁路客运乘务人员职业素养训练		
班　级		姓　名	

1. 结合实际谈谈高速铁路动车客运服务的重要性。
2. 模拟动车组列车客运服务工作场景，提高服务能力。
3. 树立服务意识，为各种旅客主动服务。
4. 认知动车组列车客运乘务人员的岗位职责。
任务总结：

4. 效果评价

	项目	A-优	B-良	C-中	D-及格	E-不及格	综合
小组评价	服务意识（15%）						
	服务能力（15%）						
	岗位职责（20%）						
	团队合作（10%）						
教师评价	职业素养（20%）						
	任务单（20%）						
	教师签名						

任务 2　高速铁路客运乘务人员职业形象

【任务引入】

良好的职业形象、优质的客运服务，铸就了高速铁路动车组列车客运服务这道流动的风景线。高速铁路客运乘务人员的言行举止是旅客认知动车组列车客运服务品牌最直接的途径。

请思考：高速铁路动车组列车客运乘务人员应展示哪些职业形象？

【相关知识】

动车组列车客运乘务人员应当积极塑造职业化的服务形象，这是铁路客运服务工作中不可缺少的一部分，它渗透到客运工作的各个方面，贯穿于客运服务的始终。塑造现代铁路职业化的服务形象，不仅是高速铁路客运乘务人员的工作需要，也是塑造良好铁路企业形象的需要。

一、动车组列车客运乘务人员的仪容仪表要求

仪表是指人的外表，一般包括人的容貌、服饰和姿态等，是一个人的精神面貌和外观体现。仪容是指人的容貌。一个人的仪容仪表往往与其生活情调、思想修养、道德品质和文明程度密切相关。注重仪容仪表是客运服务人员的基本素质要求，是尊重旅客的需要。高速铁路客运乘务人员的仪容仪表反映了运输企业的管理水平和服务水平。

动车组列车客运乘务人员要仪容整洁、着装统一、整齐规范。

1. 发型要求

头发干净整齐、颜色自然，不理奇异发型，不剃光头。男性两侧鬓角不得超过耳垂底部，后部不长于衬衣领，不遮盖眉毛、耳朵，不烫发，不留胡须；女性发不过肩，刘海长不遮眉，短发不短于7厘米。

2. 面部与肢体修饰要求

面部、双手保持清洁，身体外露部位无纹身。指甲修剪整齐，长度不超过指尖2毫米，不染彩色指甲。

3. 妆容要求

女性淡妆上岗，不浓妆艳抹，唇线与口红的颜色一致；眉毛修剪整齐，眉笔和眼线为黑色或深棕色；眼影的颜色与制服一致；使用清香、淡雅型香水。工作中保持妆容美观、端庄大方。补妆及时，应在洗手间或乘务间进行。

4. 着装标准

乘务组换装统一，衣扣拉链整齐。着裙装时，丝袜统一，无破损。系领带时，衬衣束在

裙子或裤子内。外露的皮带为黑色。佩戴的外露饰物款式简洁，限手表一只、戒指一枚，女性还可佩戴发夹、发箍或头花及一副直径不超过 3 毫米的耳钉。不歪戴帽子，不挽袖子和卷裤脚，不敞胸露怀，不赤足穿鞋，不穿尖头鞋、拖鞋、露趾鞋，鞋的颜色为深色系，鞋跟高度不超过 3.5 厘米，跟径不小于 3.5 厘米。

餐车加热、供应餐食时，服务人员戴口罩、手套。

5. 职务标识标准

佩戴职务标志，胸章牌（长方形职务标志）戴于左胸口袋上方正中，下边沿距口袋 1 cm 处（无口袋的戴于相应位置），包含单位、姓名、职务、工号等内容。臂章佩戴在上衣左袖肩下四指处。按规定应佩戴制帽的工作人员，在执行职务时戴上制帽，帽徽在制帽折沿上方正中。除列车长外，其他客运乘务人员在车厢内作业时可不戴制帽。

二、动车组列车客运乘务人员的仪态要求

仪态可以概括为静态仪态和动态仪态，主要包括目光、微笑、站姿、坐姿、行姿、蹲姿、鞠躬和手势等。

动车组列车客运乘务人员要表情自然，态度和蔼，用语文明，举止得体，庄重大方。

（一）善用目光

目光的注视是人与人见面交流的第一步。在客运服务工作中，若能善于运用目光，可以使自己变得更加友善和亲切，更容易得到旅客的信任。

与人打招呼、交谈、致谢、道歉时，用眼睛看着对方，会使人感到你的真诚、友善、信任、尊重。与人交谈时，往往会伴有目光的交流。面对面交谈时，出于礼貌，我们需要注视对方。同时，应使身体伴随对方的移动而适当转动。尽量使自己面朝对方、注视对方，这是一种基本礼貌。如果谈话中出现短暂的沉默，应当将视线暂时从对方脸上移开，恢复交谈时再看着对方。

（二）保持微笑

微笑是人们日常生活和社会交往中最常使用的一种身体语言。人际交往一般都是以微笑开始，轻松而友善的微笑能够缩短人与人之间的心理距离，能迅速带来融洽的氛围，它已经成为服务行业中的一种基本礼仪规范。

微笑时，嘴角微翘，嘴唇微启，表情真诚、自然。女性客运乘务人员的微笑要甜美，男性客运乘务人员的微笑要亲切。

（三）站姿要求

动车组列车客运乘务人员立岗应做到姿势规范、精神饱满。站立时，挺胸收腹，两肩平

衡，身体自然挺直，双臂自然下垂，手指并拢贴于裤线上，脚跟靠拢，脚尖略向外张呈"V"字形。女性可双手四指并拢，交叉相握，右手叠放在左手之上，自然垂于腹前；左脚靠在右脚内侧呈"丁"字形。

列车进出站时，在车门口立岗，面向站台致注目礼，以列车进入站台开始，开出站台为止。办理交接时行举手礼，右手五指并拢平展，向内上方举手至帽沿右侧边沿，小臂呈45°夹角。

（四）坐姿要求

坐立姿态端正，入座前，腿与座椅应有30厘米的距离；就座后，上身挺直，略向前倾，注意保持专业化坐姿和良好的精神面貌。

1. 女性客运乘务人员

右手轻抚后裙摆（手心向上），左手自然放在身体一侧，坐下后右脚略向前移，左脚跟上，双膝、双脚并拢，大小腿之间呈不小于90°的夹角，双手五指并拢自然放在腿上。

2. 男性客运乘务人员

坐下后，双脚略分开，膝关节分开与脚同宽，双手五指伸直或轻握拳放在双腿之上。

（五）行走姿态

行走姿态端正，步伐适中，轻重适宜。在旅客多的地方，先示意后通行；与旅客对面行走时，要主动侧身面向旅客让行，不与旅客抢行。列队出（退）勤（乘）时，按规定线路行走，步伐一致，箱（包）在同一侧。

（六）蹲姿要求

在较低位置取拾物品时，不得弯腰，必须下蹲。下蹲时，一腿在前、一腿在后，双膝并拢，腿高一侧的手轻扶在膝盖上，腿低一侧的手用来取拾物品，背部尽量保持自然挺直，轻蹲轻起，直蹲直起。

（七）鞠躬要求

（1）鞠躬时应面带微笑，双脚并拢，脚尖略分开，双手四指并拢，交叉相握，右手叠放在左手之上，自然垂于腹前，身体向前，腰部下弯角度为15°，头、颈、背自然成一条直线；上身抬起时，要比向下弯时稍慢些；视线随着身体的移动而移动，视线的顺序是：旅客的眼睛→脚→眼睛。

（2）迎送客时和行还礼时，身体鞠躬角度为30°。

（3）给旅客道歉时，身体鞠躬角度为45°。

（八）指示方位

指示方位时应五指并拢，小臂带动大臂，根据指示距离的远近调整手臂的高度，身体随

手的方向自然转动,目光与所指示的方向一致;收回时,小臂向身体内侧略成弧线自然收回。切忌用单个手指指示方位。

（九）端拿递送

（1）服务时面带微笑,和旅客有适当的语言交流和眼神交流。

（2）端托盘时,双手端住托盘的后半部分,大拇指握紧托盘内沿,其余四指托住托盘底部;托盘的高度应在腰间以上、胸部以下,托盘端平,微向里倾斜;托盘上放置的物品不应过高,以不超过胸部为宜。

（3）拿东西时,应轻拿轻放。拿水杯时,应该一手握住水杯把手（无把手水杯应拿水杯的下 1/3 处）,一手轻托水杯底部。

（4）递送东西时,应站在旅客的正面与之呈 45°角的地方,双手递送;递送东西应到位,当对方接稳后再松手。

三、动车组列车文明服务

（1）清理卫生时,清扫工具不触碰旅客及其携带的物品。挪动旅客物品时,须征得旅客同意。需要踩踏座席、铺位时,带鞋套或使用垫布。占用洗脸间洗漱时,礼让旅客。清洁厕所时,作业人员戴保洁专用手套。

（2）夜间作业、行走、交谈、开关门要轻。进包房先敲门,离开时应倒退出包房。

（3）不高声喧哗、嬉笑打闹、勾肩搭背,定时定点分批用乘务餐,其他时段不在旅客面前用餐、吸烟、剔牙齿或出现其他不文明、不礼貌的动作,不对旅客评头论足,接班前和工作中不食用异味食品。餐车对旅客供餐时,不在餐车逗留、闲谈、占用座席、陪客人就餐。

【任务实施】

1. 任务准备

（1）设备准备：形体训练教室,形体训练教室内椅子、凳子若干、专业训练服（可着正装）。

（2）实训资料准备：实训任务单、《动车组列车服务质量规范》、教材等。

（3）情景准备：实训前各小组查阅、收集资料,选择动车组列车客运服务的某个情景,情景中包括动车组列车客运乘务人员和旅客。

（4）人员准备：实训分小组进行,每组 6~8 人,每小组做好人员分工。

2. 实施步骤

（1）动车组列车客运乘务人员着装训练。

（2）动车组列车客运乘务人员仪容训练。

（3）动车组列车客运乘务人员仪态训练。

（4）组内互查,教师总结并评分、评价。

3. 任务单

训练名称	高速铁路动车客运乘务人员职业形象训练	
班　级		姓　名	
1. 结合实际谈谈高速铁路动车客运乘务人员职业形象塑造的重要性。		
2. 按动车组列车客运乘务人员着装要求进行服务工作。		
3. 按动车组列车客运乘务人员仪容要求进行服务工作。		
4. 按动车组列车客运乘务人员仪态要求进行服务工作。		
5. 按端拿递送标准要求为用餐旅客服务。		
任务总结：		

4. 效果评价

	项目	A-优	B-良	C-中	D-及格	E-不及格	综合
小组评价	着装要求（15%）						
	仪容要求（15%）						
	仪态要求（20%）						
	团队合作（10%）						
教师评价	职业形象（20%）						
	任务单（20%）						
	教师签名						

复习思考题

1. 动车组列车客运乘务人员应具备哪些职业素养?
2. 动车组列车乘务组由哪些人员组成?
3. 动车组列车乘务组各岗位的岗位职责是什么?
4. 简述动车组列车客运乘务人员应具备的基本技能。
5. 简述动车组列车客运乘务人员职业形象的要求。

项目二 高速铁路动车组列车车内设备设施

项目描述

动车组列车是高速铁路旅客旅行的主要载体，动车组是由若干动力车和拖车长期固定连挂在一起组成的车组。复兴号中国标准动车组是指中国标准体系占主导地位的动车组，具有鲜明的中国特征。本项目主要介绍和谐号、复兴号动车组列车，以 CR400AF 和 CR400BF 为例介绍复兴号智能动车组列车车内设备设施。

学习目标

1. 素质目标

通过学习高速铁路动车组设备设施，要坚持科技自立，踔厉奋发、服务人民、奉献祖国的精神。培养学生科技报国的爱国情怀；培养耐心、细致、踏实的工作作风。

2. 能力目标

能正确使用和谐号动车组列车、复兴号动车组列车和复兴号智能动车组列车车内设备设施。

3. 知识目标

熟悉各型动车组车辆设备和服务设施的位置、性能和作用；熟知值乘动车组车辆设备和服务设施的位置、性能和作用；熟知动车组列车定员及车厢定员布局；掌握动车组列车车内设备设施的安全操作要求。

任务1 和谐号动车组列车车内设备设施

【任务引入】

和谐号动车组车型包括 CRH1 型动车组、CRH2 型动车组、CRH3 型电力动车组、CRH5 型动车组、CRH6 型动车组和 CRH380 型动车组。

请思考：和谐号动车组列车车内有哪些设备设施？

【相关知识】

一、CRH1 型动车组

CRH1 型动车组主要有 CRH1A、CRH1B、CRH1E 三种类型。CRH1A 型动车组编组方式是全列 8 节，包括 5 节动车及 3 节拖车（5M3T）。CRH1B 型动车组全列 16 节编组，包括 10 节动车配 6 节拖车（10M6T），其中包括 3 节一等座车、12 节二等座车、1 节餐车。CRH1E 为 16 节车厢的卧铺动车组，每组包括 10 节动车配 6 节拖车（10M6T），其中包括 1 节豪华软卧车（WG）、12 节软卧车（WR）、2 节二等座车（ZE）和 1 节餐车（CA），全列定员 618 人。其中位于 10 号车厢的高级软卧车每车定员 16 人，设 8 个包厢，每个包厢 2 个铺位，每个包厢中均有沙发和衣柜，但没有独立卫生间，车厢一端设有带转角式沙发的休息室，最高运营速度为 250 km/h。

二、CRH2 型动车组

CRH2 型动车组包括 CRH2A 型动车组、CRH2B 型动车组、CRH2C 型动车组、CRH2E 型动车组和 CRH2G 型高寒动车组。

CRH2 型动车组列车设备设施图示标识如图 2-1-1 所示。

图 2-1-1　动车组列车设备设施图示标识

8 辆编组的和谐号 CRH2 型动车组列车设备设施如图 2-1-2 所示。

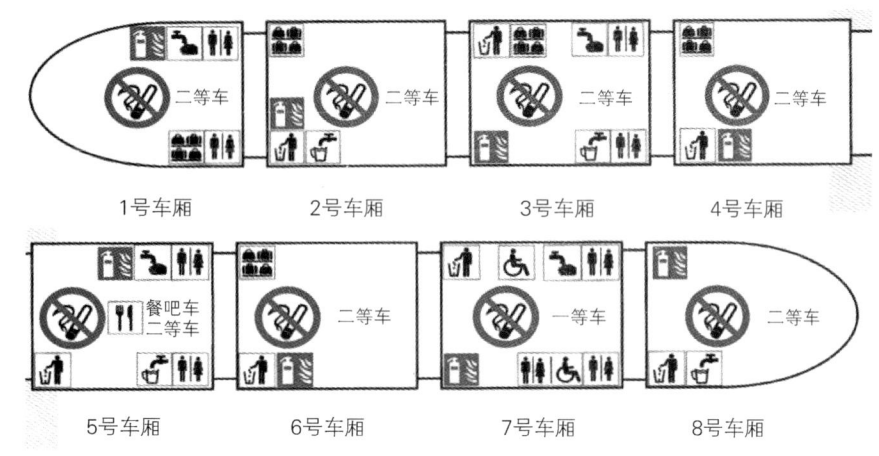

图 2-1-2　8 辆编组的和谐号 CRH2 型动车组列车设备设施示意图

1. CRH2A 型动车组

CRH2A 型动车组的编组方式是 4 节动车配 4 节拖车（4M4T）。列车设有一等座车、二等座车和二等座车/餐车，其中一等座及二等座座椅均可旋转。CRH2A 型动车组可两组重联运行。二等座座椅旋转如图 2-1-3 所示。

图 2-1-3　CRH2A 型动车组二等座座椅旋转方式

2. CRH2B 型动车组

CRH2B 型动车组为 16 辆编组，设有 3 节一等座车、12 节二等座车和 1 节餐车，其中一等座及二等座座椅均可旋转，全列车定员 1230 人，并在一等座车车厢内加装了电视屏幕影视系统。

3. CRH2C 型动车组

CRH2C 型动车组可两组重联运行。列车持续运营速度提高至 350 km/h，最高运营度速为 380 km/h。列车加强了减少阻力的设计，减少了头车车顶的信号天线等。

4. CRH2E 型动车组

CRH2E 型卧铺动车组为 16 节编组。列车设有 13 节软卧车、2 节二等座车和 1 节餐车。每辆软卧车有 10 个包厢，共 40 个铺位，每个铺位均装有附耳机的液晶电视，增加了即时联系乘务员的旅客呼唤系统。餐车内设有休闲酒吧和三台液晶电视机。为方便旅客使用随身电子产品，每个车厢均安装了 AC220V 家用电源插座。其中二等座车每隔三排座椅下设 1 个插座；软卧车每个包间设 1 个插座，走廊设 2 个插座；餐车酒吧区设 2 个插座。

5. CRH2G 型高寒动车组

CRH2G 型是高寒动车组，攻克了耐高寒、抗风沙、耐高温、适应高海拔、防紫外线老化五大技术难题。CRH2G 型高寒动车组速度为 250 km/h，采用 8 辆编组。

三、CRH3 型动车组

CRH3 型动车组主要有 CRH3A 型（200～250 km/h）和 CRH3C 型（300～350 km/h）动车组列车。

和谐号 CRH3 型动车组列车设备设施如图 2-1-4 所示。

CRH3 型电力动车组

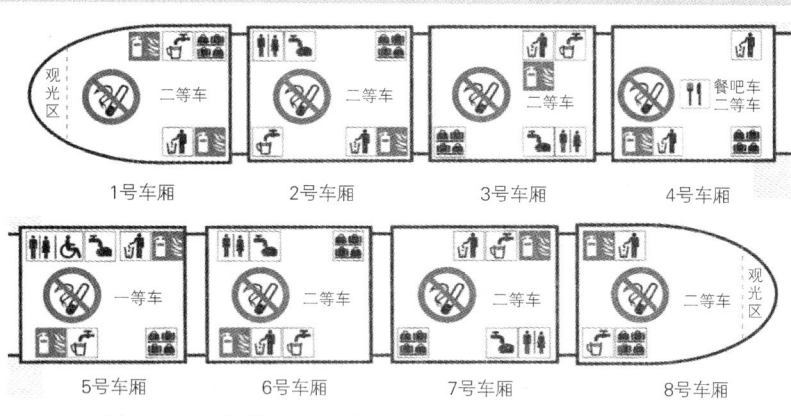

图 2-1-4 和谐号 CRH3 型动车组列车设备设施示意图

1. CRH3A 型动车组

CRH3A 型动车组采用 4 动 4 拖 8 辆编组，车门车窗均采用拓宽设计，满足旅客快速上下车的需求，密闭的车厢结构将行车噪声降至最低。

2. CRH3C 型动车组

CRH3C 型动车组采用动力分散式设计，列车设有一等座车（ZY）1 辆、二等座车（ZE）6 辆和带酒吧的二等座车（ZEC）1 辆。其中一等座采用 2+2 方式布置，二等座为 2+3 方式布置。除了带酒吧的二等座车外，其他车厢所有座位均能旋转。

四、CRH5 型动车组

CRH5 型动车组主力车型包括 CRH5A、CRH5E 和 CRH5G，其中 CRH5G 为高寒型动车组。

和谐号 CRH5 型（重联）动车组列车设备设施如图 2-1-5 所示。

图 2-1-5 和谐号 CRH5 型（重联）动车组列车设备设施示意图

1. CRH5A 型动车组

CRH5A 为 8 辆车厢编组座车动车组，共 5 节动车 3 节拖车（5M3T）。列车可通过两组联挂方式增至 16 车。列车设有一等座车（ZY）、二等座车（ZE）、一等包座/二等座车

（ZYE）和带酒吧的二等座车/餐车（ZEC）。其中一等座采用 2＋2 方式布置，二等座为 2＋3 方式布置。

2. CRH5E 型动车组

CRH5E 型动车组为 16 车厢编组卧铺动车组、设计速度为 250 km/h。

3. CRH5G 型动车组

CRH5G 型动车组采用 5 动 3 拖 8 辆编组。通过使用耐严寒的材料，优化转向架、给水卫生系统、空调系统、电气结构等多种措施，解决了积雪和结冰等情况对车辆的不利影响。在雨雪天气时，轨道与车轮之间的摩擦系数减小，车轮可能出现空转和滑行现象。CRH5G 型动车组设有撒砂装置，通过激活撒砂装置，向轨道上喷洒砂粒以增加轨道与车轮间的摩擦系数，提高轮轨黏着，保证雨雪天车轮不打滑，有利于行车安全。

CRH5G 型动车组在人性化设施方面进行了优化布置和设计，整列车的座椅都可 180º 旋转，还可以调整倾斜度，乘客只需用脚轻踩座椅下的脚踏板，就可以将座椅 180º 调整，这样可以和对面的乘客打牌休闲。每排座椅均设有安全插座，可以随时为电子产品充电。窗户下面设有小窗台，便于旅客放置水杯、手机等小件物品。

五、CRH6 型动车组

CRH6 型城际动车组适用于城市之间以及市郊之间的短途通勤客运，作为高速铁路和城市轨道交通的联结纽带，具有运能大、起停速度快、乘降方便快速、疏通迅捷有效、乘坐舒适、安全可靠、节能环保的特点。

CRH6 型动车组

1. CRH6A（200 km/h）

CRH6A 型动车组为 8 节编组，定员载客量 557 人（座席），超员载客量 1488 人（按每平方米站立 4 人计算）。座位采用 2＋2 方式布置，座椅可调节，局部设茶桌，端部设可翻转座椅，非端部的车厢座椅面向车厢中心的编排。1、3、5、7 号车厢设置卫生间，列车采用真空集便器。CRH6A-4002 和 CRH6A-4502 中间车厢为 3 门车厢，其他的 CRH6A 车型均为 2 门车厢。

CRH6A 型动车组编组情况如图 2-1-6 所示。

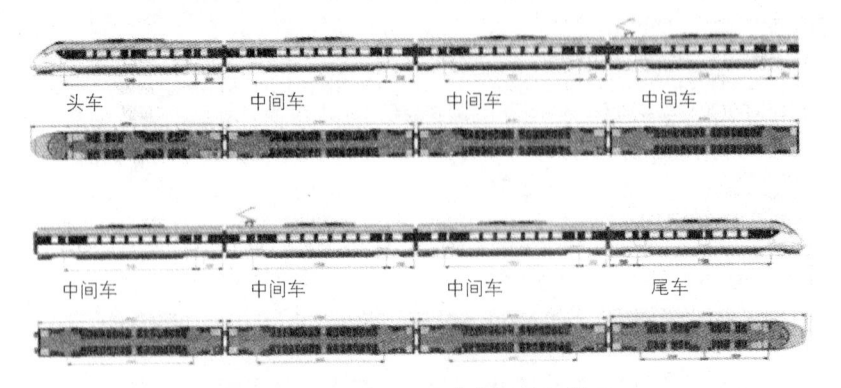

图 2-1-6　CRH6A 型动车组编组情况

2. CRH6F（160 km/h）

CRH6F 型动车组为 8 节编组，列车采用纵向座椅布置，格局与地铁车厢类似。CRH6F 型动车组定员载客量 1502 人（包括座席及站席，按每平方米站立 4 人计算），超员载客量 1998 人（包括座席及站席，按每平方米站立 6 人计算）。列车座位同样采用 2+2 方式布置，但座椅不可调节或翻转。列车在 3、6 号车设卫生间。车门采用宽阔的对开塞拉门，每节车两侧设有 3 个塞拉门（头尾车辆有 2 个，其中 1 个为驾驶室门）。

3. CRH6S（140 km/h）

CRH6S 车型定员载客量 765 人（包括座席及站席，按每平方米站立 4 人计算），超员载客量 1322 人，为地铁式座椅。列车在 5 号车厢设残疾人乘坐空间，列车不设洗手间。

六、CRH380 型动车组

CRH380 系列动车组是在 CRH1 至 CRH5 型动车组基础上自主研发的高速动车组，最高营运速度 380 km/h。

CRH380A 型动车组车内设备设施

广深港高铁"动感号"动车组

1. CRH380A 型动车组

CRH380A 型动车组采用 6 动 2 拖的编组方式，列车设有带一等包厢座位的一等座车（ZY）2 辆、二等座车（ZE）3 辆、带观光座的二等座车（ZEG）2 辆和带酒吧的二等座车（ZEC）1 辆。其中一等座采用 2+2 方式布置，二等座为 2+3 方式布置。除了带酒吧的二等座车、一等包厢座位外，其他车厢所有座位均能旋转。列车设有观光座定员 12 人，一等包座定员 6 人，一等座定员 89 人，二等座定员 373 人，全列定员 480 人。

2. CRH380AL 型动车组

CRH380AL 型动车组在 CRH380A 型动车组的基础上扩编为 16 节长编组，采用了 14 动 2 拖的编组方式，列车设有带 VIP 座席的商务车（SW）1 辆、一等座车（ZY）2 辆、二等座车（ZE）10 辆、带观光座的一等座车（ZYG）2 辆和餐车（CA）1 辆。其中一等座采用 2+2 方式布置，二等座为 2+3 方式布置，商务车和观光座为 1+2 方式布置。除了带酒吧的二等座车外，其他车厢所有座位均能旋转。列车商务座定员 26 人，一等座定员 112 人，二等座定员 923 人，全列定员 1061 人。

和谐号 CRH380AL 型动车组列车设备设施如图 2-1-7 所示。

3. CRH380B 型动车组

CRH380B 型动车组采用 4 动 4 拖的编组方式，设有一等座、二等座、观光座、VIP 座等座席等级。二等座车座席采用 2+3 方式布置；一等座车座席采用 2+2 方式布置，每组列车其中一辆一等座车设有一个 4 人包间及两个 6 人包间；VIP 座位于商务车车厢（又称 VIP 车），采用 1+2 方式布置，设置类似民航客机头等舱的高级可躺座椅。全列定员 556 人。

CRH380B 型动车组车内设备设施

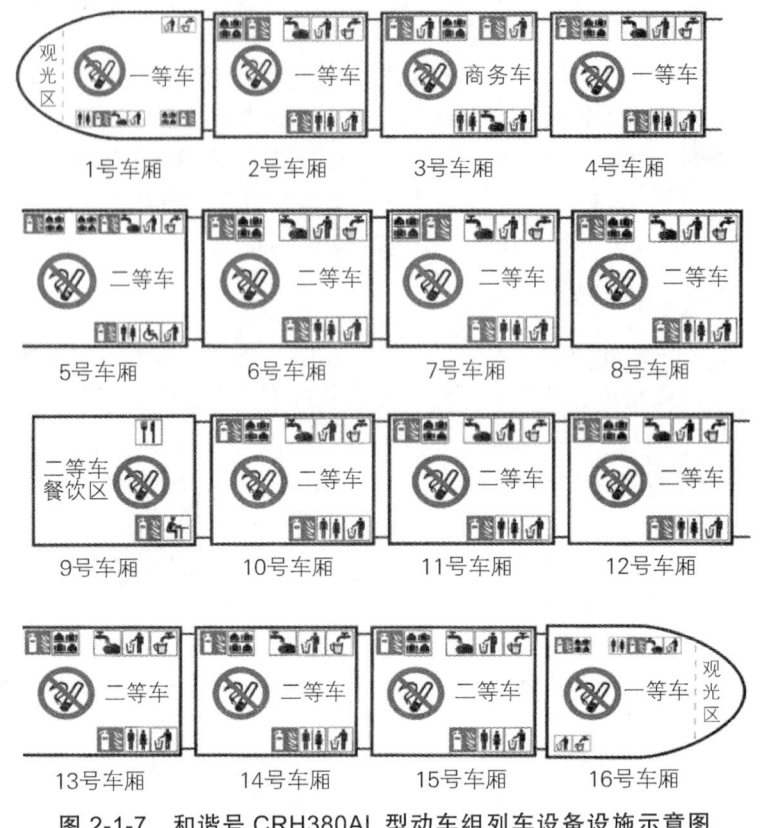

```
车厢布局示意：
1号车厢：观光区/一等车
2号车厢：一等车
3号车厢：商务车
4号车厢：一等车
5号车厢：二等车
6号车厢：二等车
7号车厢：二等车
8号车厢：二等车
9号车厢：二等车餐饮区
10号车厢：二等车
11号车厢：二等车
12号车厢：二等车
13号车厢：二等车
14号车厢：二等车
15号车厢：二等车
16号车厢：一等车/观光区
```

图 2-1-7　和谐号 CRH380AL 型动车组列车设备设施示意图

4. CRH380BL 型动车组

CRH380BL 型动车组在 CRH380B 型动车组的基础上扩编为 16 节长编组，采用了 8 动 8 拖的编组方式。列车由 1 辆商务车（又称 VIP 座车）、4 辆一等座车、10 辆二等座车和 1 辆餐车组成，其中商务车定员 28 人，一等座车定员 186 人，二等座车定员 791 人，全列定员 1005 人。

七、动车组列车客服设备设施

动车组列车客服设备设施包括乘务员室、洗面间、厕所、电气控制柜、备品柜、储藏柜、清洁柜、衣帽柜、大件行李存放处、广播、空调、电茶炉、饮水机、照明灯具、电子显示屏、电视机、车载视频监控终端、控制面板、电源插座、车门、端门、地板、车窗、翻板、站台补偿器、窗帘、座椅、脚蹬、小桌板、靠背网兜、座席号牌、衣帽钩、行李架、垃圾箱、洗手盆、水龙头、梳妆台、面镜、便器、洗手液盒、一次性坐便垫盒、卫生纸盒、擦手纸盒、婴儿护理台、镜框、洗脸间、商务座车小吧台、呼唤应答器、阅读灯、扶手、呼叫按钮、沙发、餐桌、吧台、冰箱、展示柜、微波炉、电烤箱、售货车。

项目二 高速铁路动车组列车车内设备设施

八、动车组车辆号编号规则

动车组中车辆的车种及车辆号如图 2-1-8 所示。

```
  ××  ××××  ××
   │    │    └── 编组顺序号，以两位阿拉伯数字表示，
   │    │       由1位头车至2位头车的代码为01、02…00
   │    └────── 动车组车组号
   └─────────── 车种代码，以两位或三位大写英文字母表示
```

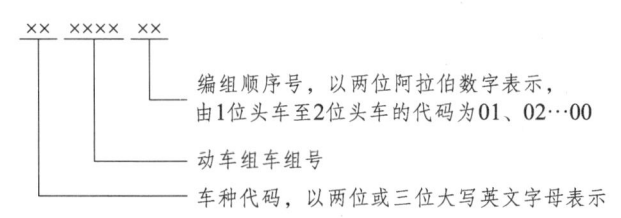

图 2-1-8　动车组中车辆的车种及车辆号

动车组中车辆的车种代码是车种名称的汉语拼音缩写。动车组中车辆的车种代号、车种名称见表 2-1-1。

表 2-1-1　动车组中车辆的车种代码、车种名称

序号	车种代码	车种名称
1	ZY	一等座车
2	ZE	二等座车
3	WR	软卧车
4	WY	硬卧车
5	CA	餐车
6	SW	商务车
7	ZEC	二等座车/餐车
8	ZYS	一等/商务座车
9	ZES	二等/商务座车
10	ZYT	一等/特等座车
11	ZET	二等/特等座车
12	JC	检测车

示例如下：

ZYS 264201

ZYS——车种代码，一等/商务座车

2642——动车组车组号

01——编组顺序号

九、动车组座席号编制规则

动车组采用数字和字母组合的方式表示座席号，数字表示排号，字母表示位置。

（一）座席排号

（1）以阿拉伯数字表示。
（2）商务座车从商务座端开始从1按顺序编排。
（3）设无障碍设施的车辆从远离无障碍卫生间的车端开始从1按顺序编排。
（4）餐座合造车从非厨房端开始从1按顺序编排。
（5）其他座车从1位端开始从1按顺序编排。

动车组定位如图2-1-9所示。

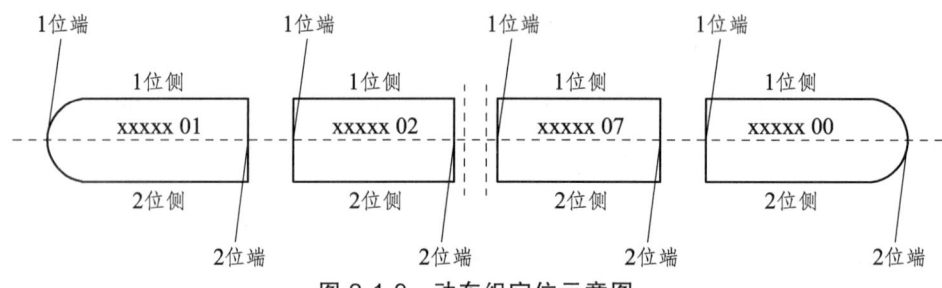

图 2-1-9 动车组定位示意图

（二）座席位置

座席位置采用A、B、C、D、F 5个字母表示。

（1）"3＋2"座椅排列中，3人座椅用A、B、C表示，分别代表靠窗、中间和靠走廊位置，2人座椅用D、F表示，分别代表靠走廊、靠窗位置。
（2）"2＋2"座椅排列分别用A、C和D、F表示；"2＋1"座椅排列分别用A、C和F表示。
（3）"1＋1"座椅排列分别用A和F表示。

无论是何种座席排列，A、F均代表靠窗座席，C、D均代表靠走廊座席。

座席编号构成示例如下：

16 A

16——排数代码，表示第16排。

A——位置代码，表示靠窗座椅。

【任务实施】

1．任务准备

（1）设备准备：仿真和谐号动车组，专业训练服（可着正装）。
（2）实训资料准备：实训任务单、《动车组列车服务质量规范》、教材等。
（3）情景准备：实训前各小组查阅、收集资料，选择接车作业中巡检设备和验收出库时，动车组列车乘务组要按质量标准验收全列服务备品配备情景，情景中包括动车组列车乘务组中的列车长和乘务员。
（4）人员准备：实训分小组进行，每组6~8人，每小组做好人员分工。

2．实施步骤

（1）CRH5型、CRH380AL型和CRH380BL型动车组动车组列车设备和服务设施的位置、

性能和作用。

（2）CRH5 型、CRH380AL 型和 CRH380BL 型动车组列车定员及车厢定员布局。

（3）正确操作 CRH5 型、CRH380AL 型和 CRH380BL 型动车组列车车内设备设施。

（4）组内互查，教师总结并评分、评价。

3．任务单

任务训练	和谐号动车组列车车内设备设施检查训练		
班　级		姓　名	
1. CRH5 型动车组列车设备和服务设施的位置、列车定员及车厢定员布局。			
2. CRH380AL 型动车组列车设备和服务设施的位置、列车定员及车厢定员布局。			
3. CRH380BL 型动车组列车设备和服务设施的位置、列车定员及车厢定员布局。			
4. 安全操作和谐号动车组列车车内设备设施。			
任务总结：			

4．效果评价

	项目	A-优	B-良	C-中	D-及格	E-不及格	综合
小组评价	编挂位置（10%）						
	车厢定员布局（10%）						
	内部结构（30%）						
	团队合作（10%）						
教师评价	设备操作（20%）						
	任务单（20%）						
	教师签名						

任务 2　复兴号动车组列车车内设备设施

【任务引入】

复兴号中国标准动车组列车是为了适应中国的高速铁路运营环境和条件,满足复杂多样、长距离、长时间、连续高速运行等需求,打造适合中国国情、路情(持续高速运行、长距离、开行密度较高、载客量较大、高寒、多雪、高原风沙、沿海湿热以及雾霾、柳絮等条件)的高速动车组。

请思考：复兴号动车组列车车内有哪些设备设施？

【相关知识】

一、复兴号系列动车组

目前复兴号动车组已有车型包括 CR400AF、CR400AF-A、CR400AF-B、CR400AF-C、CR400AF-G、CR400AF-Z、CR400AF-BZ；CR400BF、CR400BF-A、CR400BF-B、CR400BF-C、CR400BF-G、CR400BF-Z、CR400BF-BZ、CR400BF-GZ；CR300AF、CR300BF。CR200J 为复兴号时速 160 公里集中动力动车组(其动力集中在列车头部或列车首尾端)。

"复兴号"CR系列动车组

(一) 时速 350 km 复兴号动车组

时速 350 km 复兴号动车组包括 CR400AF、CR400AF-A、CR400AF-B、CR400AF-C、CR400AF-G、CR400AF-Z、CR400AF-BZ；CR400BF、CR400BF-A、CR400BF-B、CR400BF-C、CR400BF-G、CR400BF-Z、CR400BF-GZ、CR400BF-BZ。其中 CR400AF-C、CR400BF-C型、CR400AF-Z、CR400BF-Z、CR400AF-BZ、CR400BF-BZ、CR400BF-GZ 为智能型动车组；CR400AF-G、CR400BF-G 和 CR400BF-GZ 为 8 辆编组的高寒车型。

(二) 时速 250 km 复兴号动车组

1. CR300AF 型动车组

CR300AF 型动车组采用 8 辆编组,总定员 613 人,定员配置见表 2-2-1。

表 2-2-1　CR300AF 型动车组定员配置

车辆号	01	02	03	04	05	06	07	08
动力配置	Tc	M	Tp	M	M	Tp	M	Tc
车型	一等座车	二等座车			二等座车/餐车	二等座车		
	ZY	ZE	ZE	ZE	ZEC	ZE	ZE	ZE
定员	48	90	90	77	63	90	90	65

2. CR300BF 型动车组

CR300BF 型动车组采用 8 辆编组，总定员 613 人，其中一等座 48 个席位，二等座 565 个席位。车内二等 2 人座椅宽度为 991 mm，二等 3 人座椅间宽度为 1480 mm，一等座椅间宽度为 1190 mm，乘坐舒适感更佳。

二等 3 人座椅的两个坐垫之间设置了 2 个插座，每个插座面板集成 1 个三孔、1 个两孔、1 个 USB 口电源，旅客使用电子设备时更加方便。垃圾箱分为可回收垃圾和不可回收垃圾，注重了车内环保。

车厢内的半球摄像机、通道区域的全景摄像机，可对车厢内区域进行实时监控。电茶炉采用先进的电磁式加热方式，并具备安全童锁功能，可防止儿童烫伤。车内增加车载无线系统，每节车厢两端增加 2 个 Wi-Fi 天线，为旅客上网提供便利条件。车体采用结构隔声和减振设计，能有效降低列车行驶时的车内噪音和外部噪音。列车主、被动结合压力保护系统，通过高压新风系统调整列车内部压力，列车通过隧道时，旅客的耳膜不适感将得到明显消除。每节车厢内设置了 4 个温度传感器，智能空调系统让车内温度更适宜。行李架过道边缘增加了 250 个座位显示器，方便旅客查找核对本人座席。

CR300BF 型动车组设备设施如图 2-2-1 所示。

图 2-2-1　CR300BF 型动车组设备设施

二、CR400AF 型动车组设备设施

（一）基础设备

CR400AF 型动车组全列 8 辆编组，4 动 4 拖，车辆类型包括一等/商务座车、二等/商务座车、二等座车（1 辆设有无障碍设施、1 辆为餐座合造车）。8 辆编组全列定员共 576 席（其中商务座席 10 席、一等座席 28 席、二等座席 538 席）。CR400AF 型动车组列车设备设施及定员配置如图 2-2-2 所示。

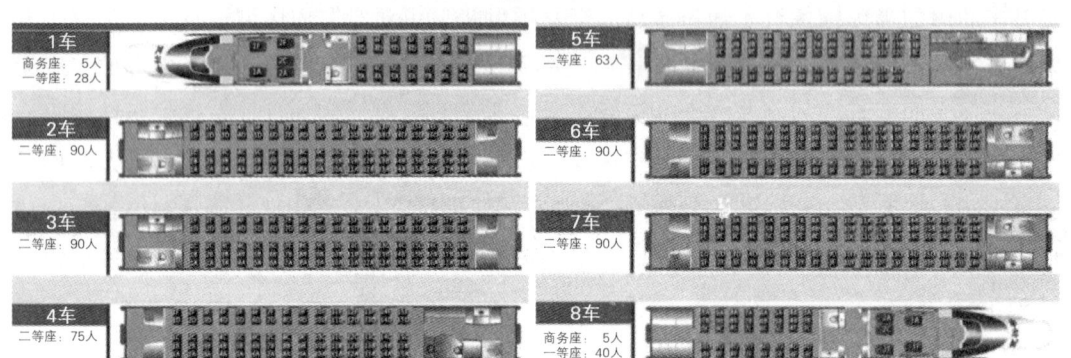

图 2-2-2　CR400AF 型动车组列车设备设施及定员配置示意图

（二）车厢布置

1. 商务座车

CR400AF 列车有 10 个商务座，1 号车及 8 号车端部内设商务座观光区，有 3 个单人 VIP 座椅和 1 个双人 VIP 座椅；座椅根据人机工程学原理设计，具备可座可躺功能，座躺任意切换；座椅带有宽大的私密罩壳，具备一定的私密空间，受外界影响小，同时配有电视、小桌板、电源插座、阅读灯等配套设备，可满足乘客旅途休息、娱乐、就餐及办公等需求，为旅途提供一个温馨、舒适的乘坐环境，如图 2-2-3 所示。

图 2-2-3　商务车座椅

商务座椅的餐板安装在私密罩右边扶手上，餐板可收纳、折叠，左手扶手添置储物槽。操作面板（PCU）在私密罩右边内侧，PC 电源位于私密罩右前端盖板上方，即插即用，如图 2-2-4 所示。

图 2-2-4　商务座椅电源

2. 一等座客室

一等座客室设置在 1 号车厢，车内暖光环绕，采用"2 + 2"座椅布置形式。一等座椅设有小桌板、脚踏、书报网、衣帽钩、插座等功能部件，具有朝向旋转、靠背调节等功能。

座椅靠背带倾斜装置。另外，为了防止从坐垫和靠背的间隙往底座内掉落杂物，设有座椅罩，如图 2-2-5 所示。

图 2-2-5　一等车座椅

客室主要设施包括一等 2 人座椅、行李架；侧窗窗台设有放置饮料瓶的台面；侧墙设有衣帽钩、广播系统用扬声器、烟感器、温度传感器等设施；车厢两端内端墙设置信息显示器、车号显示器、禁烟标记、厕所有无人显示灯、紧急警报开关及内端门用光电传感器；车顶设 LED 照明灯带，应急灯安装在 2、3 位角及客室中部。

3. 二等座客室

（1）二等车座椅。

2~8 号车客室为二等客室，4 号车为带无障碍区域的二等客室。二等客室设"2 + 3"软座座椅。座椅间距为 1020 mm。座椅均采用可旋转 180° 的结构，使得乘客可以始终面对车辆行进方向。座椅靠背可由个人手动控制在 0°~24.5° 的任意角度轻松调节和锁定，而且保证靠背的倾斜不会干扰到后座的活动空间。座椅靠背带倾斜装置。为了防止从坐垫和靠背的间隙往底座内掉落杂物，设有座椅罩，如图 2-2-6 所示。

图 2-2-6 二等车座椅

（2）客室主要设施。

客室主要设施包括二等2人座椅、二等3人座椅、行李架；各座椅都设有供乘客使用的小桌，且侧窗窗台设有放置饮料瓶的台面。侧墙设有衣帽钩、广播系统用扬声器、烟感器、温度传感器等设施；车厢两端内端墙设置信息显示器、车号显示器、禁烟标记、厕所有无人显示灯、紧急警报开关及内端门用光电传感器，端墙设置了小茶桌。车顶设LED照明灯带，应急灯安装在2、3位角及客室中部。

4. 二等座车/餐车合造车

CR400AF 餐车在5号车厢内，设有雅致的吧台，有多种食物、饮品等供旅客选择，餐车不另设座位。厨房内主要设备设施见表2-2-2。

表2-2-2　CR400AF 餐车厨房内主要设备设施

序号	设备	配置数量	备注
1	微波炉	4	松下-NE1756 商用微波炉，功率 2.78 kW
2	冷藏箱	1	容积：740 L；功率 0.86 kW；可放置 4 个（550 mm×400 mm×450 mm）储物箱
3	冷藏展示柜	1	容积：150 L；功率不大于 1 kW
4	保温箱	1	容积：大于 350 L；功率 1.8 kW；可放置 550 mm×400 mm×450 mm 储物箱
5	电开水炉	1	功率 4.5 kW，每小时产水量不小于 40 L
6	消毒柜	1	有效容积 100 L（595 mm×500 mm×638 mm），功率 1.2 kW
7	手推车	2	尺寸 300 mm×970 mm×630 mm
8	洗池	单洗	—
9	备用插座	3	咖啡机用插座功率不大于 1.4 kW；收银机用功率不大于 0.5 kW；备用插座 0.5 kW

5. 乘务员室

乘务室内设置办公桌和旋转座椅，办公桌设置有4个抽屉，最下层抽屉用于存放急救箱；办公桌下空处用于存放保险柜，上部设有供乘务员操作的紧急制动拉闸、电气设备柜；控制柜内设乘客信息操作屏、娱乐信息操作屏等。在乘务员室内可完成广播、编写客运记录等工种程序，也可以通过电子显示屏获取信息，除了车内外显示屏的车次、车型，列车长必须及

时了解列车的供水量、实时温度等信息,一旦遇到异常情况应及时通知机械师检修。

6. 机械师室

机械师室内设置办公桌、旋转座椅、联络电话等。办公桌设置有 4 个抽屉,上部设有供机械师操作的电气设备柜,包括视频监控显示屏、网络系统,如图 2-2-7 所示。

图 2-2-7 机械师室

(三) 服务设施

1. 照明系统

CR400AF 列车设有多种照明控制模式,可根据旅客需求提供不同的光线环境。车厢灯光会根据户外情况自动调节。走廊顶部的灯光亮度高低、光线冷暖均可自由调节。商务座的座位旁多了一个筒灯调节开关,旅客可根据自己的需求调节灯光亮度、色温。

1 车顶灯为环形顶灯,3 车、5 车为圆形顶灯,将 LED 灯融合到行李架设计中,使旅客在旅途过程中感受到灯效带来的舒适与温暖。

2. 摄像监控设备设施

全列共 32 个监控摄像头,每节车的车门通过台设 1 台全景网络摄像机,客室内部设置 2 台半球网络摄像机,分别位于客室端部或距端部 1/3 处。1 车、8 车观光区各有 1 个摄像头,餐车有 1 个摄像头。摄像监控设备将实时画面传输至机械帅室监控屏。

3. 行李架及大件行李存放处

行李架宽 445 mm,高 1700 mm。行李架部件主要由前后型材、托架、隔板、回风口型材以及下挡板组成,下挡板内部集成座位显示灯、扬声器、烟雾感应器、紧急控制按钮等功能电器,如图 2-2-8 所示。

每个车辆端部均设置大件行李存放处,为开敞式结构,分为上下两层,中部设置了铝框架隔板,用于旅客放置大件行李,如图 2-2-9 所示。

图 2-2-8　行李架　　　　　　　　图 2-2-9　大件行李存放处

4. 席位指示灯

客室座位号灯安装在行李架座位号 PC 板背面，为座位号提供背光源，座位号码牌采用电子屏，席位指示灯可在列车开出后接收来自中国铁路客票发售和预订系统（TRS）传来的席位占用信息。红灯表示该席位已经售出，黄灯表示该席位下一站售出，绿灯表示该席位空闲。这样的设计大大方便了列车乘务员查验车票，如图 2-2-10 所示。

图 2-2-10　席位指示灯

5. 无障碍专用区域

（1）轮椅用固定带。

4 车厢大件行李存放处专门设置了无障碍专用区，设置了轮椅用固定带，提升了残障人士乘车旅行安全系数，如图 2-2-11 所示。

图 2-2-11　轮椅用固定带

（2）无障碍卫生间。

无障碍卫生间位于 4 车厢 2 位端，如图 2-2-12 所示。在无障碍卫生间设置了婴儿护理台（嵌入式可折叠婴儿护理台，如图 2-2-13 所示）、SOS 按钮等设备设施。SOS 按钮为按压式结构，用于紧急情况下供乘客报警；当按下按钮时，会触发厕所门外侧顶部蜂鸣器鸣响，同时将报警信息传送到司机室和机械师室的TCMS显示器上，司乘人员针对实际情况采取相应措施。无障碍卫生间更加宽敞，内外标识增加盲文，设有旋转扶手，可方便视力不良、行动不便等特需旅客使用，同时增加了门电动、手动转换开关。

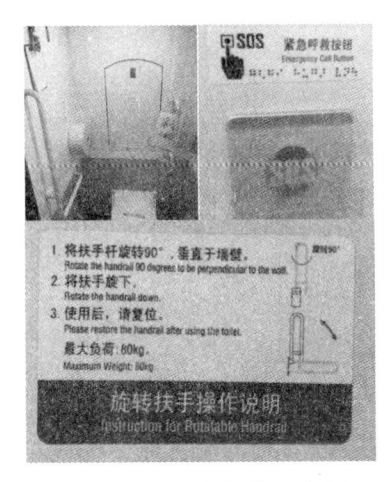

图 2-2-12　无障碍卫生间　　　　　图 2-2-13　婴儿护理台

6. 垃圾箱

全列设置28个垃圾箱，其中大垃圾箱8个，洗面盆下垃圾箱7个，卫生间垃圾箱12个，餐车后厨设置垃圾箱1个。单个垃圾箱容积不小于40 L，分别放置于每车端部以及首尾车的服务台下方，垃圾箱室内配置臭氧产生器，利用臭氧的强氧化作用对垃圾进行消毒及消除异味。

7. 电茶炉

电茶炉提供饮用热水。电茶炉设置有电源、加热、缺水指示灯、绿色出水按钮、红色解锁按钮、置杯格。使用时需按下红色解锁按钮3秒左右，待电茶炉解锁后按压绿色出水开关按至底部（起防烫伤作用），缺水显示灯亮起时，表示水箱内缺水，如图2-2-14所示。

图 2-2-14　电茶炉

三、CR400BF 型动车组设备设施

（一）基础设施

CR400BF 型动车组全列 8 辆编组，分别为 1 辆商务、一等合造车，1 辆商务、二等合造车，6 辆二等座车（1 辆设有无障碍设施、1 辆为餐座合造车），全列定员 576 席（其中商务座席 10 席、一等座席 28 席、二等座席 538 席）。"复兴号"CR400BF 型动车组列车设备设施如图 2-2-15 所示。

图 2-2-15 CR400BF 型动车组列车设备设施示意图

（二）车厢布置

1. 车门布置

全车共设 26 个侧门，其中头尾车和餐车设置 2 个侧门，其他中间车设置 4 个侧门，设置 18 个内端门和 14 个外端门，如图 2-2-16 所示。

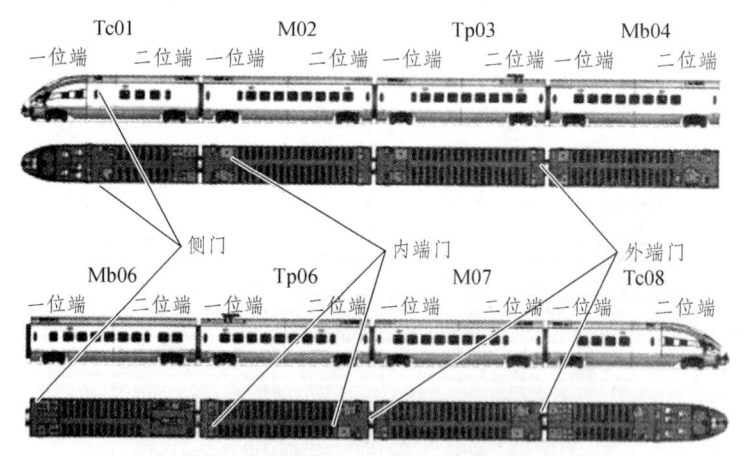

图 2-2-16 CR400BF 型动车组列车车门布置

2. 商务座车

列车商务座定员 10 人，车头、车尾各设有 5 个座位，舱内宽敞明亮，色调温馨，配有航空头等舱级座椅，在乘客可以商务座上 180°平躺，如图 2-2-17 所示。

商务座旅客上车后可以将大衣外套单独挂在衣架上存放，此外，衣帽间还存放着小毛巾、防寒毯、眼罩、耳机和拖鞋等商务座服务备品，方便旅客随时取用。

图 2-2-17　商务座车

3. 一等座客室

一等座车位于 1 号车厢商务座区的后方。一等座座椅采用 "2+2" 方式布置，充电插座位于扶手下，如图 2-2-18 所示。

图 2-2-18　一等座客室

4. 二等座客室

二等座座椅采用 "2+3" 方式布置，如图 2-2-19 所示，充电插座位于座垫下方。

图 2-2-19　二等座座椅

（三）服务设施

1. 给水卫生系统

给水卫生系统为旅客和乘务人员提供饮水、洗漱、卫生等服务功能，是动车组不可或缺的重要组成部分。

全列设置 6 个容量为 400 L 的净水箱、2 个 300 L 的净水箱；设置 5 个蹲式卫生间、7 个座式卫生间、7个洗面间；1个拖布池、5个容量为600 L的污物箱、3个容量为400 L的污物箱；采用真空集便系统；排污管路缠伴热线并包裹防寒材料；全列设置了7个电开水炉。

复兴号设有单独的洗面池、坐便式卫生间、蹲便式卫生间以及无障碍卫生间。

普通卫生间采用手动拉门，拉门滑道结构，门内部采用手动锁闭，外部使用统型四角RIC钥匙锁闭。卫生间是自动门时，点击"按钮"厕所门自动打开，进入之后再按"按钮"关闭。设在每节车厢的两端车厢上方的电子屏会实时显示卫生间使用情况，人形标志红色代表卫生间有人使用，绿色代表卫生间没人。卫生间设备操作如图2-2-20所示。

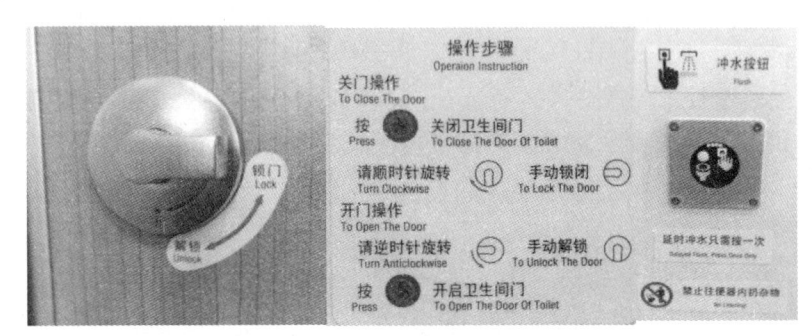

图 2-2-20　卫生间设备操作

CR400BF型动车组列车服务设施见表2-2-3。

表 2-2-3　CR400BF型动车组列车服务设施列表

序号	项点	1车	2车	3车	4车	5车	6车	7车	8车
1	座椅	28+5	85	85	75	63	85	85	40+5
2	卫生间	座	蹲、座	蹲、座	残座、蹲		蹲、座	蹲、座	座
3	洗面间	1	1	1	1		1	1	1
4	开水炉	1	1	1	1	1	1	1	1
5	商务车服务台	1							1
6	备品柜	3		1			6		3
7	乘务员专座	1		1	1				1
8	储藏柜	2			1				2
9	垃圾小车存放			1			1		
10	垃圾箱	2	2	2	2	2	2	2	2
11	洁具箱		1					1	
12	大件行李柜	2	1	1	1	1	1	1	2

2. 旅客信息系统

旅客信息系统由旅客信息显示、列车内部通信和广播通告、旅客音视频娱乐系统、车载无线系统、座位信息显示组成。实现功能包括公共广播、公共视频、内部通信、信息显示、音频服务、监控乘客区域、监控弓网状态、画面智能分析等。

旅客信息系统主要设备明细及布置见表2-2-4。

表 2-2-4 旅客信息系统主要设备明细及布置

序号	名称	车型 1	2	3	4	5	6	7	8	合计	安装位置
1	旅客信息系统控制器					1				1	PIS 柜
2	车厢控制器	1	1	1	1	1	1	1	1	8	PIS 柜
3	旅客信息系统操作屏					1				1	乘务员室
4	Ⅰ型车内联络电话	1				2			1	4	司机台、乘务室、机械师室
5	Ⅱ型车内联络电话		1	1	1		1	1		5	车厢内
6	乘客紧急对讲单元（主控器）	3	2	2	2	2	2	2	3	18	客室行李架侧墙处
7	乘客紧急报对讲单元（对讲面板）	3	2	2	2	2	2	2	3	18	客室乘客紧急制动手柄处
8	内部Ⅰ型扬声器	4	14	14	12	10	14	14	6	88	车厢内
9	内部Ⅱ型扬声器	10	7	7	7	9	7	7	10	64	车厢内
10	车外信息显示器	2	4	4	4	2	4	4	2	26	车厢两侧4门附近
11	车内信息显示器	3	2	2	2	2	2	2	3	18	车厢内端部两端圆头内
12	GSM/GPS 天线	0	0	0	0	1	0	0	0	1	车顶
13	FM 天线	0	0	0	0	1	0	0	0	1	车顶
14	娱乐系统控制器	0	0	0	0	1	0	0	0	1	PIS 柜
15	娱乐系统操作屏	0	0	0	0	1	0	0	0	1	乘务员室
16	音频分配单元	1	0	0	0	0	0	0	0	1	PIS 柜
17	间壁电视	6	4	4	3	3	4	4	6	34	车厢前后间壁
18	吊顶电视	1	2	2	2	1	2	2	1	13	车厢内天花板下
19	左座椅数字音频娱乐单元（AEU MMI LEFT）	14	0	0	0	0	0	0	0	14	一等座椅扶手区域
20	右座椅数字音频娱乐单元（AEU MMI RIGHT）	14	0	0	0	0	0	0	0	14	一等座椅扶手区域
21	VEU 显示器	5	0	0	0	0	0	0	5	10	VIP座椅扶手区域
22	VEU 控制盒	5	0	0	0	0	0	0	5	10	VIP座椅
23	VEU 接线盒	4	0	0	0	0	0	0	4	8	VIP座椅
24	服务呼叫显示器	1	0	0	0	0	0	0	1	2	VIP观光区
25	无线网络控制器	0	0	0	0	1	0	0	0	1	PIS 柜
26	车载无线服务器	0	0	0	0	1	0	0	0	1	PIS 柜
27	座位信息显示器	14	34	34	30	25	34	34	16	221	行李架过道边缘

3. 车厢视频监控系统

车厢视频监控系统主要硬件包括网络摄像机、车厢视频监控服务器、连接电缆。主要功能包括对车厢内公共区域监视、对采集的视频信息进行实时存储，具有使用外接授权终端设备进行单车厢预览、查询、回放及下载的功能。

四、长编组"复兴号"动车组

1. 16辆编组"复兴号"动车组

CR400BF-A、CR400AF-A型长编组"复兴号"动车组采用8动8拖配置，总长度超过415 m，总定员1193人，可满足速度为350 km/h的运营要求。16辆编组"复兴号"在1号车设有单独的"商务座车"车厢，全部为商务座布局，可为商务座旅客提供更舒适的乘车体验。CR400BF-A型动车组列车设备设施如图2-2-21所示。

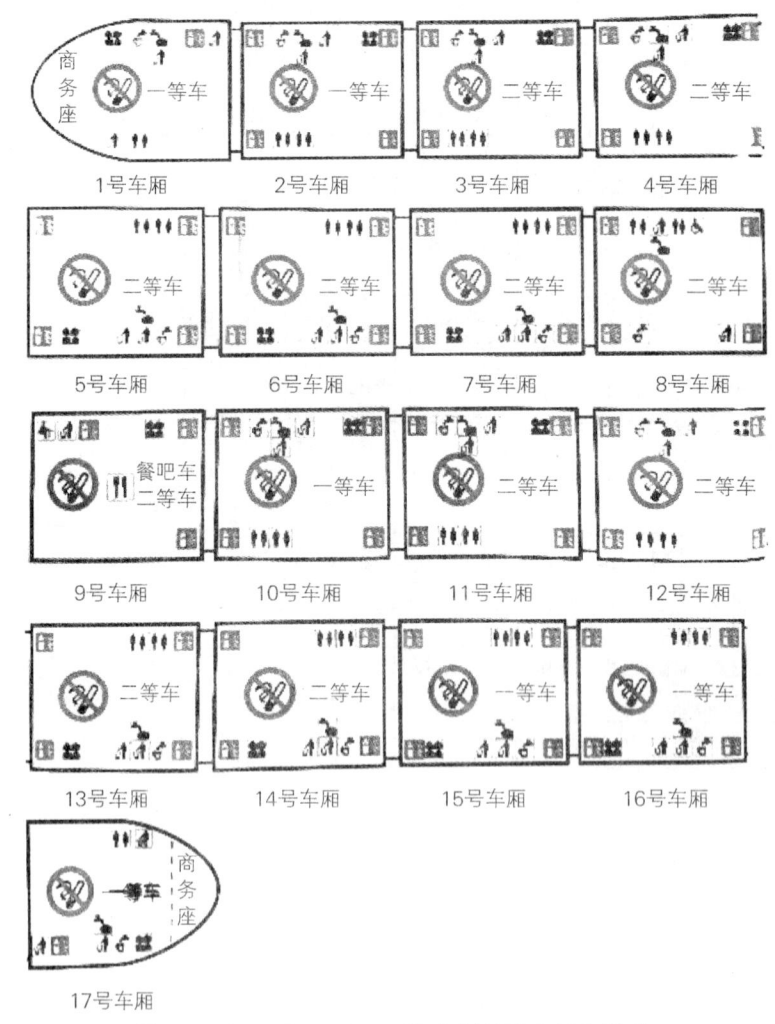

图 2-2-21 CR400AF-A型动车组列车设备设施

2. 17辆编组复兴号动车组

CR400AF-B 和 CR400BF-B 型为 17 辆编组,长 439.8 米,动力配置为 8 动 9 拖(8M9T)。总定员为 1283 人。CR400AF-B 型动车组列车设备设施如图 2-2-22 所示。

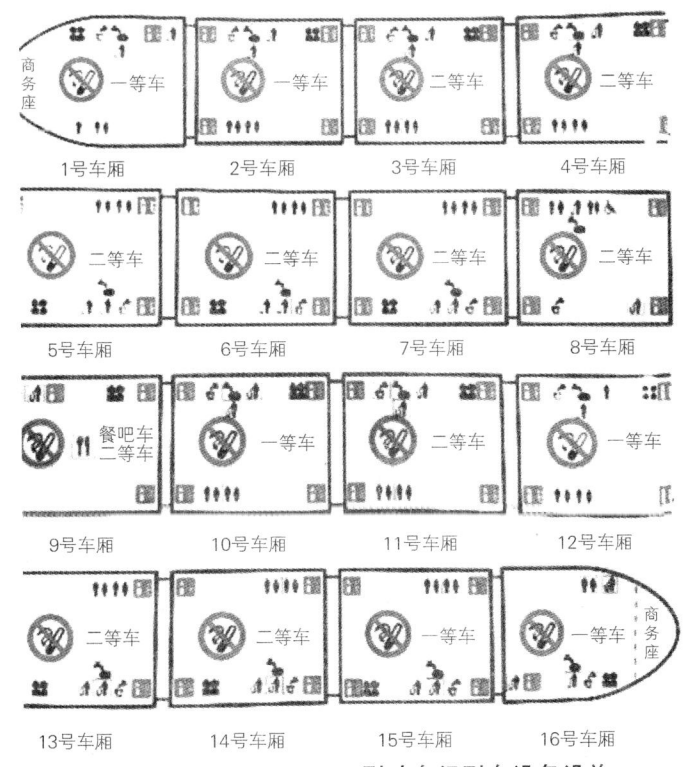

图 2-2-22 CR400AF-B 型动车组列车设备设施

CR400AF-B 型动车组定员配置及应急备品存放位置和数量见表 2-2-5。

表 2-2-5 CR400AF-B 型动车组定员配置及应急备品存放位置和数量

品名	1	2	3	4	5	6	7	8	9	10	11	12	13	14	15	16	17	合计
车种	SW	ZY	ZE	ZE	ZE	ZE	ZE	ZE	ZEC	ZE	ZE	ZE	ZE	ZE	ZE	ZY	ZYS	
定员	17	60	90	90	90	90	90	75	48	90	90	90	90	90	90	60	33	1283
应急梯	2															2		4
渡板				1				1	1					1				4
防护网				4				12	11				4					31
应急喇叭									1									1

【任务实施】

1. 任务准备

(1)设备准备:仿真复兴号动车组,专业训练服(可着正装)。

(2)实训资料准备:实训任务单、《动车组列车服务质量规范》、教材等。

（3）情景准备：实训前各小组查阅、收集资料，选择接车作业中巡检设备和验收出库时，动车组列车乘务组要按质量标准验收全列服务备品配备情景，情景中包括动车组列车乘务组中的列车长和乘务员。

（4）人员准备：实训分小组进行，每组 6~8 人，每小组做好人员分工。

2. 实施步骤

（1）熟悉并掌握 CR400AF、CR400AF-A、CR400AF-B、CR400BF、CR400BF-A、CR400BF-B 型动车组动车组列车设备和服务设施的位置、性能和作用。

（2）熟悉并掌握 CR400AF、CR400AF-A、CR400AF-B、CR400BF、CR400BF-A、CR400BF-B 型动车组列车定员及车厢定员布局。

（3）正确操作 CR400AF、CR400AF-A、CR400AF-B、CR400BF、CR400BF-A、CR400BF-B 型动车组列车车内设备设施。

（4）组内互查，教师总结并评分、评价。

3. 任务单

任务训练	复兴号动车组列车车内设备设施检查和使用训练			
班　级		姓　名		
1. 熟悉并掌握 CR400AF 型动车组列车设备和服务设施的位置、列车定员及车厢定员布局。				
2. 熟悉并掌握 CR400BF 型动车组列车设备和服务设施的位置、列车定员及车厢定员布局。				
3. 熟悉并掌握 CR400BF-A 型动车组列车设备和服务设施的位置、列车定员及车厢定员布局。				
4. 熟悉并掌握 CR400AF-B 型动车组列车设备和服务设施的位置、列车定员及车厢定员布局。				
5. 安全操作复兴号动车组列车车内设备设施。				
任务总结：				

4. 效果评价

	项目	A-优	B-良	C-中	D-及格	E-不及格	综合
小组评价	编挂位置（10%）						
	车厢定员布局（10%）						
	内部结构（30%）						
	团队合作（10%）						
教师评价	设备操作（20%）						
	任务单（20%）						
	教师签名						

任务 3　复兴号智能动车组列车车内设备设施

【任务引入】

复兴号智能动车组采用以太网控车、车载安全监测、监控室智能监控屏、手持移动终端巡查、旅客服务智能显示等智能运维和监控系统，进一步提升了列车运行、安全监控等方面的智能化水平。复兴号智能动车组设施更加完善，服务更加人性化。智能动车组列车编组分为 8 辆标准编组和 17 辆超长编组，可适应不同线路的运力需求。

请思考：复兴号智能动车组列车车内有哪些设备设施？

【相关知识】

复兴号智能动车组已有车型包括 CR400AF-C、CR400AF-Z、CR400AF-BZ；CR400BF-C、CR400BF-Z、CR400BF-BZ、CR400BF-GZ，其中 CR400AF-BZ 和 CR400BF-BZ 为 17 辆编组。

一、CR400BF-C 型动车组动车组设备设施

CR400BF-C 型动车组最高运营速度为 350 km/h，编组形式为 4 动 + 4 拖，列车定员为 561～575 人。可适应 30‰的坡道行车和停放，同时具备 -40℃高寒环境下的运行要求。

（一）商务座席

1 号和 8 号车厢商务座配备了无线充电装置，支持无线充电功能的手机进行充电。座椅具有加热和按摩等功能，可进行 90℃～180℃调整、360℃旋转，旅客可以利用座椅内侧的调节按钮自行调整；座椅扶手后方设有阅读灯；座椅扶手下设有小桌板。商务座席车厢如图 2-3-1 所示。

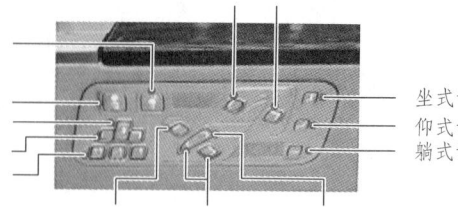

图 2-3-1 商务座席车厢

（二）一等座席

1号车厢一等座头靠增加了包裹感，私密性更强，头枕可折叠，腰靠更加舒适。座椅设有靠背调节按钮，旅客可以利用座椅扶手内侧的调节按钮调整角度；前排座椅后方设有脚踏板；扶手上设有充电口，或供电子设备进行充电。一等座席车厢如图 2-3-2 所示。

一等座脚踏板使用

图 2-3-2 一等座席车厢

（三）二等座席

2至4号、6至8号车厢为二等座席，座椅设有靠背调节按钮，旅客可以利用扶手上的调节按钮调整靠背角度；座椅下方的充电口设有两孔、三孔插座和USB接口；小桌板上印有"中国铁路"微信公众号、铁路12306网站等二维码，方便旅客关注和下载。无障碍卫生间位于4号车厢，设有扶手、紧急呼叫按钮、婴儿护理台等设施。二等座席车厢如图 2-3-3 所示。

图 2-3-3 二等座席车厢

（四）多功能座席

5号车厢座椅采用滑道式安装，可快速拆装。工作台可进行推拉以增加使用面积，最大拉伸长度为80 cm，下方配有大功率多功能插座，可供各种电子设备快速充电。多功能座席车厢如图2-3-4所示。

图2-3-4 多功能座席车厢

二、新版复兴号智能动车组设备设施

新版复兴号智能动车组由中国自主研制具有完全自主知识产权，采用复兴号CR400AF型电力动车组和复兴号CR400BF型电力动车组两个型号产品，其中，CR400AF-Z、CR400BF-Z为8辆编组，CR400BF-GZ为8辆编组的高寒车型，CR400AF-BZ、CR400BF-BZ为17辆编组的超长编组车型。字母"Z"为"智能"的缩写。"-G"和"-B"的含义分别代表"高寒"和"17辆超长编组"。除了部分车辆设备在防寒性能进行了优化外，CR400BF-GZ与CR400BF-Z完全相同。8辆编组和17辆编组的复兴号智能动车组定员分别为578人和1285人。

（一）车体外观

新版复兴号智能动车组车身的"复兴号"标识字体由之前的黑色改为了金色，复兴号智能动车组在头车增设了司机登乘门，便于司机上下车，避免司机通过商务车厢登乘司机室干扰旅客休息，如图2-3-5所示。

图2-3-5 新版复兴号智能动车组车体外观

（二）商务座席

在 8 辆编组的列车中，商务客室位于头尾车厢，17 辆编组的列车则有一节完整的商务车厢。

1. 智能动车组商务座

商务客室座椅为"1+1"布置，只有 A 和 F 的座位号。座椅具备坐姿、半躺、平躺三种姿态的自动调节和一键复位功能，座椅旁边的桌面上有降噪耳机及耳机插孔、充电插座、柔性臂阅读灯、无线充电、隐藏式小桌板，设置了小件物品存放区等设施。

CR400AF 系列座椅采用"1+1"鱼骨式排列，大曲面造型设计，旅客乘坐的私密性、便捷性、舒适性均得到有效提升。商务座插座共有两处，一处位于阅读灯下方，有一个两孔、一个三孔和两个 USB 插孔；另一处是位于桌面的"无线充电"，如图 2-3-6 所示。

图 2-3-6　CR400AF 系列智能动车组商务座

CR400BF 系列是交错式布局的商务座。座椅采用包厢式设计，过道两侧设置半人高隔断和内藏式拉门，打造"一人一舱"的私密空间。相比半封闭式的鱼骨式布局商务座，交错式布局商务座带有外包门，私密性更强，如图 2-3-7 所示。

图 2-3-7　CR400BF 系列智能动车组商务座

2. 智能动车组商务座智能交互终端

智能动车组商务座配备了支持手机投屏功能的智能交互终端，如图 2-3-8 所示，可为旅客提供更加丰富的网络端电视直播、影视音乐、新闻资讯等信息服务，无线充电功能为旅客提供方便舒适的乘车服务。

图 2-3-8　智能动车组商务座智能交互终端

（三）一等座席

一等座车的座椅基于人体工程学进行了改进，增加了可调节头靠、电动腿靠等，座椅扶手上的小桌板设置在前排座椅靠背上。插座位于两个座椅间的扶手处，分别有两孔、三孔各一个，以及两个USB插孔，如图2-3-9所示。

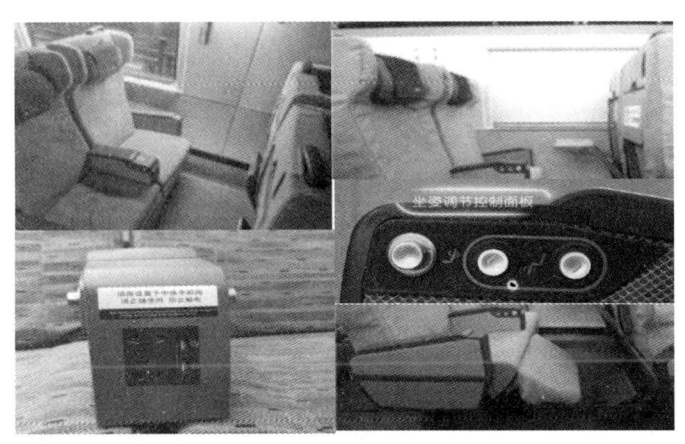

一等座小桌板安装

图2-3-9 智能动车组一等座席

（四）二等座席

二等座席的座位把手增设了座位号，小桌板上增加了手机卡槽，方便旅客使用手机或充电；针对以前小桌边上放置水杯易洒的情况，加深了小桌板杯托凹槽深度，提高了水杯放置的稳定性。座位上的充电插座位于两个座椅之间，分别有两孔、三孔和USB插孔各一个，如图2-3-10所示。

图2-3-10 智能动车组二等座席

（五）无障碍车厢

8辆编组的列车在4号车厢、17辆编组的列车在8号车厢专门设置了无障碍车厢，配备了更宽阔的通过门、无障碍卫生间、轮椅放置区等，在服务设施上增加了盲文标识，座椅把手增加了盲文标识。在车厢车门口处，设置了座位号和车厢布局盲文导图。

无障碍卫生间靠近5号车厢一端，为坐便式。卫生间内配备了婴儿护理台、垃圾箱、座便器垫圈纸、紧急呼救按钮、洗脸池等，设置了旋转扶手。无障碍卫生间临近处设有一个蹲式卫生间，卫生间的门上和开关把手处都提供了"盲文服务"。无障碍车厢设置了大件行李存放处、残障人士专用区域等，墙面上安装了轮椅固定带，可有效帮助残障旅客存放轮椅，如图 2-3-11 所示。

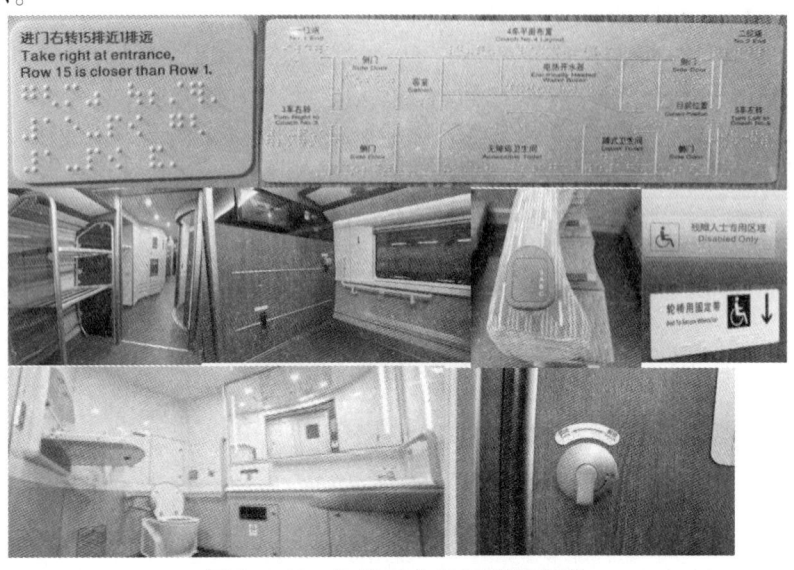

图 2-3-11　智能动车组无障碍车厢

（六）餐吧区

列车设置了开放式的餐吧区，厨房设备具备食品的冷藏、冷冻、保温、加热等功能，保证旅客旅途中饮食的新鲜美味。顶部灯光采用满天星造型，营造出舒适的用餐氛围，同时餐吧车还设有自动售卖机，旅客可以通过手机扫码支付的方式购买水果、饮料、零食等食品，如图 2-3-12 所示。

图 2-3-12　智能动车组餐吧区

（七）机械师室

机械师室设置了超大尺寸的彩色高清显示屏，能一体化显示列车运行状态下的技术信息。列车监控室实现多屏合一，可同时监测多项列车数据。车厢视频的联动，当发生烟火、超员、旅客触发紧急按钮、车门异常等报警时,可通过列车网络和车厢视频联动报警快速确认和处置故障,对故障信息提前预警预判,降低隐患,提高了列车途中故障处置的效率。手持移动终端设备是为随车机械师研发的,可通过局域网实时获取列车网络数据,提升日常巡检和应急处置效率。机械师室彩色高清显示屏如图 2-3-13 所示。

图 2-3-13 机械师室彩色高清显示屏

(八)垃圾投放箱及电茶炉

每节车厢的洗脸间下方及临近壁板上分别配备两个垃圾投放箱,分别为"可回收垃圾"和"其他垃圾"。洗脸间旁设置有电茶炉,使用电茶炉时,需先按压红色解锁按钮,再按压绿色接水按钮,如图 2-3-14 所示。

图 2-3-14 垃圾投放箱及电茶炉

三、复兴号智能动车组服务设备设施

复兴号智能动车组的服务更加人性化,在无障碍卫生间和普通卫生间设置了智能照明系统,卫生间通过红外线检测到有旅客进入后,可自动调亮灯光,并且自动播放禁止吸烟等语音提示,在旅客离开后灯光自动熄灭。17 辆编组列车采用基于 5G 技术的列车 Wi-Fi,为旅客提供更优质的语音通话和移动网络服务。列车的空调机组采用变频技术,不仅节能 10%,噪音更小,还能够根据车内外环境自动调节温度。在车厢顶部设置 29 寸宽屏电视,可左右分屏同时显示列车运行和娱乐节目信息,LCD 触屏显示器使旅客服务信息更加清晰生动,同时还具有将文字自动转换成语音播报的功能。增设"静音车厢"设置功能,可根据旅客需求单独设置"静音车厢"。可智能调节列车运行时的内外压力差,减少旅客在列车进出隧道时的不适感。复兴号智能动车组旅客服务信息如图 2-3-15 所示。

图 2-3-15　复兴号智能动车组旅客服务信息

四、CR 系列动车组的编号构成

动车组技术配置代码以大写英文字母表示,用以区分同型号下不同编组型式、不同定员、不同车种、不同运用环境适应性和综合检测用途等不同技术配置的改进型产品。CR 系列动车组是以速度目标值命名,其编号构成如图 2-3-16 所示。

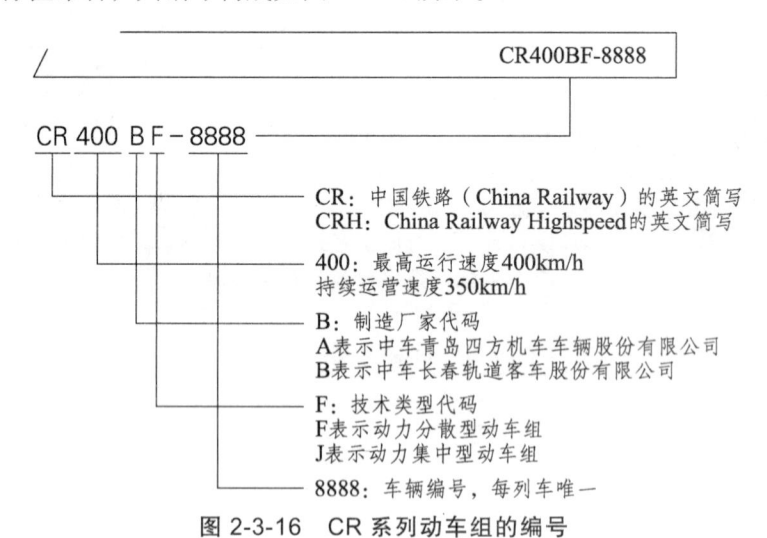

```
                                    CR400BF-8888
CR 400 B F - 8888
         │ │ │ │ │
         │ │ │ │ └─ CR:中国铁路(China Railway)的英文简写
         │ │ │ │    CRH:China Railway Highspeed 的英文简写
         │ │ │ └─── 400:最高运行速度400km/h
         │ │ │      持续运营速度350km/h
         │ │ └───── B:制造厂家代码
         │ │        A 表示中车青岛四方机车车辆股份有限公司
         │ │        B 表示中车长春轨道客车股份有限公司
         │ └─────── F:技术类型代码
         │          F 表示动力分散型动车组
         │          J 表示动力集中型动车组
         └───────── 8888:车辆编号,每列车唯一
```

图 2-3-16　CR 系列动车组的编号

【任务实施】

1. 任务准备

(1)设备准备:仿真复兴号智能动车组,专业训练服(可着正装)。

（2）实训资料准备：实训任务单、《动车组列车服务质量规范》、教材等。

（3）情景准备：实训前各小组查阅、收集资料，选择接车作业中巡检设备和验收出库时，动车组列车乘务组要按质量标准验收全列服务备品配备情景，情景中包括动车组列车乘务组中的列车长和乘务员。

（4）人员准备：实训分小组进行，每组6～8人，每小组做好人员分工。

2. 实施步骤

（1）熟悉并掌握 CR400AF-C、CR400AF-Z、CR400AF-BZ；CR400BF-C、CR400BF-Z、CR400BF-BZ、CR400BF-GZ 智能型动车组动车组列车设备和服务设施的位置、性能和作用。

（2）熟悉并掌握 CR400AF-BZ；CR400BF-C、CR400BF-Z、CR400BF-BZ、CR400BF-GZ 智能型动车组列车定员及车厢定员布局。

（3）正确操作 CR400AF-C、CR400AF-Z、CR400AF-BZ；CR400BF-C、CR400BF-Z、CR400BF-BZ、CR400BF-GZ 智能型动车组列车车内设备设施。

（4）组内互查，教师总结并评分、评价。

3. 任务单

任务训练	复兴号智能动车组列车车内设备设施检查与使用训练		
班　级		姓　名	
1. 熟悉并掌握 CR400BF-C 智能型动车组列车设备和服务设施的位置、列车定员及车厢定员布局。			
2. 熟悉并掌握 CR400BF-BZ 智能型动车组列车设备和服务设施的位置、列车定员及车厢定员布局。			
3. 熟悉并掌握复兴号智能型动车组列车无障碍服务设施位置。			
4. 熟悉并掌握复兴号智能型动车组列车商务座席设备和服务设施布局。			
5. 安全操作复兴号智能动车组列车车内设备设施。			
任务总结：			

4. 效果评价

	项目	A-优	B-良	C-中	D-及格	E-不及格	综合
小组评价	编挂位置（10%）						
	车厢定员布局（10%）						
	内部结构（30%）						
	团队合作（10%）						
教师评价	设备操作（20%）						
	任务单（20%）						
	教师签名						

复习思考题

1. CRH5 型动车组列车有哪些设备与设施？
2. CRH380BL 型动车组列车有哪些设备与设施？
3. CR400AF 型动车组列车有哪些设备与设施？
4. CR400BF 型动车组列车有哪些设备与设施？
5. 复兴号智能动车组车厢的设备与设施有哪些特点？
6. 复兴号智能动车组的智能服务设备与设施有哪些特点？

项目三　高速铁路动车组列车客运业务

项目描述

高速铁路旅客运输采用先进的信息化手段为旅客运输服务，在提高客运业务办理效率的同时，大幅度提升了服务质量。动车组列车的台账资料包括"铁路电报""客运记录"等。本项目主要介绍铁路客运站车无线交互系统操作与管理、客运记录的编制与铁路电报的拍发。

学习目标

1. 素质目标

通过学习高速铁路动车组列车客运业务内容及要求，要努力践行"全心全意为人民服务"的使命，要坚定信念、求真务实，不断努力钻研、开拓创新、提升服务技能。培养学生具有信息化管理意识、认真严谨的工作态度以及合作精神。

2. 能力目标

能熟练使用站车交互系统进行业务查询和业务操作；能够正确编制列车客运记录和列车客运业务电报。

3. 知识目标

掌握站车交互系统的组成；掌握客运记录和电报的填写要求。

任务1　铁路客运站车无线交互系统的应用

【任务引入】

动车组列车客运乘务人员在途中作业中要根据站车交互系统客票信息掌握旅客车票和到站信息，落实实名制验票制度，核实报点。利用站车交互系统查验电子票，对乘车证件、减价证件进行核对。对无票、延长、减价不符及违规使用票/证人员及时进行处理。掌握中途、终到客流量及流向，做到重点组织。

请思考：如何正确使用铁路客运站车无线交互系统？

【相关知识】

铁路客运站车无线交互系统由列车便携式移动终端和地面设备组成。地面设备由在国铁集团和中国铁道科学研究院集团有限公司设置的客票信息发布服务器、与GSM/GSM-R网络互联的信息交互平台GPRS接口服务器、路由器及防火墙等设备组成，客票信息发布服务器与既有客票信息系统互联。列车便携式移动终端通过公用无线网（非公众网）经由信息交互平台向客票信息发布服务器发送查询请求信息，客票信息发布服务器收到查询请求信息后，从客票系统获取该次列车席位等相关信息并反馈到列车便携式移动终端。

一、硬件和软件环境

手持终端设备支持 GSM/GSM-R 无线网络，支持 GPRS 数据通信；运行于 Android 6.0 及以上版本的操作系统；显示屏为触摸屏，尺寸为 4.7 英寸以上；运行内存为 4 GB 以上；可扩展存储空间为 32 GB 以上；配备 500 万及以上像素摄像头等组件。手持终端设备如图 3-1-1 所示。

铁路客运站车无线交互系统终端设备

图 3-1-1　手持终端设备

二、列车便携式移动终端的操作

（一）软件安装

下载"客运站车.apk"安装包；卸载手机 SD 卡装载到读卡器上，连接电脑，在 SD 卡根目录下新建"客运站车"文件夹，将安装包拷贝到"客运站车"文件夹下；卸载读卡器上的 SD 卡装载到手机上；操作手机系统，在手机 SD 卡里找到安装包并点击进行安装，安装完成后手机屏幕上将出现如图 3-1-2 所示图标。

图 3-1-2　站车交互系统 App 图标

（二）程序启动

启动程序前，请安装 SD 卡、专用的 GSM/GSM-R 卡，并确认本设备、SD 卡、GSM-R 卡信息已经注册。

点击【客运站车无线交互系统】图标（见图 3-1-3），程序将启动（见图 3-1-4），如果遇到系统权限提示请选择"始终允许"（存储数据、读取本机信息等）。程序启动成功后进入登录界面。

图 3-1-3　终端界面　　　　　图 3-1-4　程序启动

（三）系统设置

首次进入 App，可先点击【系统设置】，查看手机信息，根据本机信息进行注册，设置服务器信息、APN 等。

1. APN 设置

在登录界面上点击【系统设置】，进入我的界面，点击【APN 设置】设置 APN。

采用中国移动网络时：2G 卡【名称】请设为方便识别的名称，例如"kyzc"，【APN】设为"TDBKYZC"；4G 卡【名称】请设为方便识别的名称，例如"kyzc4g"，【APN】设为"CMIOTTDBKYZC"。

采用 GSM-R 网络时：【名称】请设为方便识别的名称，例如"gsmr"，【APN】【用户名】和【密码】分别设为路局 GSM-R 发卡部门分配的接入点名称、PDP 用户名和密码（注意区分字母大小写、中英文标点）。设置完毕后，即可返回 App 使用。

2. 服务器地址设置

点击【服务器地址设置】设置服务器地址。选择要设置的中心服务器，选择相应的中心，点击【确认】即立刻保存并重启服务（注意区分 GSM 和 GSM-R 中心以及对应的 APN）。

点击【修改】按钮，输入密码，验证成功后可点击各个参数分别进行修改，然后点击【保存】即立刻保存并重启服务。

3. 设备及软件信息

点击【设备及软件信息】查看设备信息。申请注册时请注意查看此页信息，GSM-R 网络注意检查 IP 地址，如未显示 IP 地址，请检查 APN 设置及网络连接状况，IP 地址在 APN 正确设置且数据连接正常后才分配。

（四）登录操作

1. 职位选择

点击登录界面，输入车次，点击职位弹出【职位】选择框，选择对应的职位；列车长有用户 ID 和密码输入框，在登录站车系统的同时登录客管系统。列车员没有用户 ID 和密码输入框，登录后无客运管理相关功能。

2. 首次登录

登录界面点击【选择登乘日期】，输入车次，选择职位、路局和客运段，输入姓名和电话号码，点击【登录】按钮进行登乘并进入主界面。

3. 非首次登录

点击车次右边的小箭头，弹出历史车次列表选择窗，可选择要登录的车次。【登录】按钮上方有历史人员信息，点击选择对应的人员，该人员信息会显示出来，点击【登录】按钮进行登乘并进入主界面。

登录成功后，系统将自动通过无线网络 APN 数据连接通道连接到服务器，进行设备验证、GSM-R 卡信息验证等安全操作后自动登录至站车系统后台服务，自动开始下载数据。

登录操作如图 3-1-5 所示。

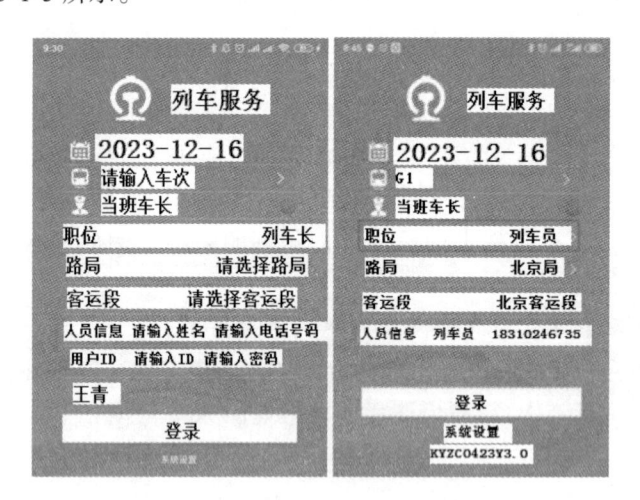

图 3-1-5 列车员和列车长登录操作

（五）数据下载

（1）登录成功后，进入数据下载界面自动下载基础数据，以及当前时间内的业务数据。

（2）点击标题栏中的【基础数据】和【业务数据】按钮，或左右滑动页面，可切换基础数据、业务数据界面，查看下载状况。数据下载界面如图 3-1-6 所示。

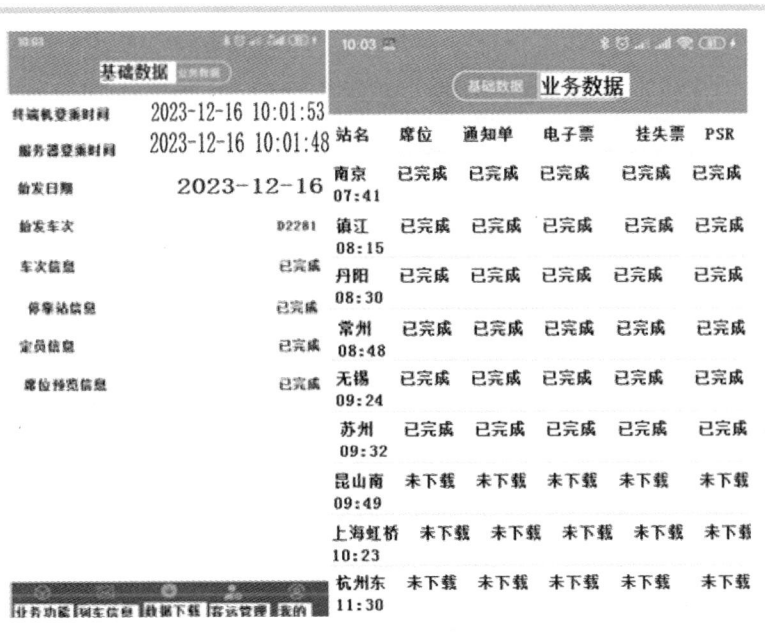

图 3-1-6 数据下载界面

（六）业务功能

点击底部【业务功能】，进入业务功能界面，也就是主界面。

1. 标题栏

（1）扫描功能。

点击左上角的扫描图标进入二维码扫描界面，可扫描车票（报销凭证）二维码、行程信息提示单、12306 上的动态二维码，识别车票信息，进入车票信息界面显示。扫描证件识别器二维码，连接该蓝牙证件识别器，通过识读器读取证件号并查询该证件号的购票信息，在车票信息界面显示，如图 3-1-7 所示。

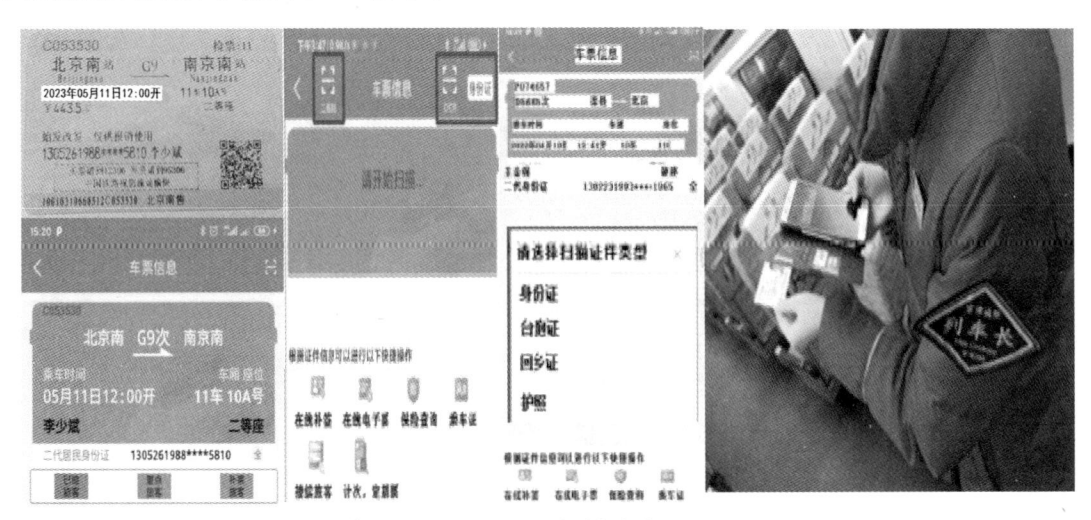

图 3-1-7 扫描功能

（2）搜索功能。

点击【搜索框】进入搜索界面，未输入内容时，显示功能建议，可点击功能建议下方具体功能按钮进行相关操作。输入功能名称（拼音及拼音缩写）、乘车人姓名、身份证号（可输入完整身份证号或后6位数字）、手机号等关键词进行查询，将会查出对应结果，点击【查询结果】将会跳转相应功能。搜索功能将会保留搜索历史，点击【搜索历史】可快速重新搜索，点击【清除历史记录】按钮，将会清除历史搜索记录。搜索界面如图3-1-8所示。

图 3-1-8　搜索

2. 主功能区

主功能区包含【席位统计】【席位管理】【信息查询】【业务操作】，如图3-1-9所示。

图 3-1-9　主功能区

（1）席位统计。

席位统计可查看【通知单】【车内人数】【密度表】等信息。点击【保存】按钮保存，把对应的信息，以工作表文件格式保存到手机本地（zcdata目录下面）。席位统计如图3-1-10所示。

图 3-1-10　席位统计

（2）席位管理。

点击主界面中的【席位管理】，进入席位管理界面，默认显示车厢定员信息，点击【车厢定员】【席别定员】或左右滑动界面，可切换查看车厢定员和席别定员信息。点击【席位管理】界面左上角的【菜单】图标，弹出策划菜单，点击进入相应的功能界面。

① 去向登记配置。

点击标题栏的【配置】按钮，进入去向登记配置界面，配置岗位、负责车厢、餐车、到站提醒席位和到站前提醒时间。配置的信息会在车厢定员界面显示，例如负责车厢置灰等。

② 席别定员。

点击标题栏的【席别定员】按钮或向左滑动界面，可切换到席别定员界面。默认是当前席别定员信息，点击【车站站名】弹出车站选择窗，可查看指定车站的席别定员信息。

车厢定员及席别定员界面如图 3-1-11 所示。

图 3-1-11　车厢定员及席别定员

③ 车厢定员详情。

车站车厢定员：点击【页面车站】按钮，弹出车站选择窗，可以切换查看不同车站的车厢定员信息。

空闲席位：点击【页面车厢号】与【空闲】交叉格，进入空闲席位界面，查询该车厢及当前站的所有空闲席位信息；可重新选择车厢和发站来筛选信息。

电子票查询：点击【页面车厢号】与【电子】交叉格，进入电子票查询界面，可查本地或联网查询旅客电子票信息。

特殊票种：点击【页面车厢号】与【特殊】交叉格，进入特殊票种界面，查询该车厢以及当前站的所有特殊票种信息，可重新选择车厢、发站以及票种来筛选信息。

登记席位：点击【页面车厢号】与【登记】交叉格，进入登记席位界面，可查看已登记的席位信息。点击【保存】按钮，把界面显示的信息以工作表的文件格式保存到手机本地（zcdata 目录下面）。

无座旅客：点击【车厢号】与【无座】交叉格，进入无座旅客界面，可查看对应车厢、发到站、票种的无座旅客信息。

车厢席位可视化界面：点击【车厢号】或【车厢号】与【定员】【实际】的交叉格后跳转到车厢席位可视化界面。

车厢定员详情信息界面如图 3-1-12 所示。

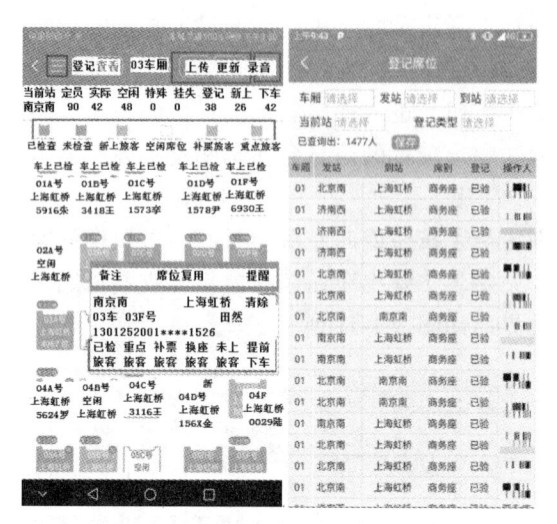

图 3-1-12　车厢定员详情信息界面

（3）信息查询。

点击【信息查询】按钮，进入信息查询界面，包括【客运信息查询】和【客管信息查询】两部分功能。客运信息查询包含【其他车次】【护照旅客】【余票查询】等；客管信息查询包含【铁路公安报警电话】【查看经停通讯录】【遗失物品查询】【调令历史数据查询】【晚点消息】【工单消息】等。

① 其他车次。

查询其他车次各站上下车人数信息。输入车次点击【查询】或点击【历史查询】车次，查询车次所有停靠站，点击要查询的站，查询该站上下车人数信息，如图 3-1-13 所示。

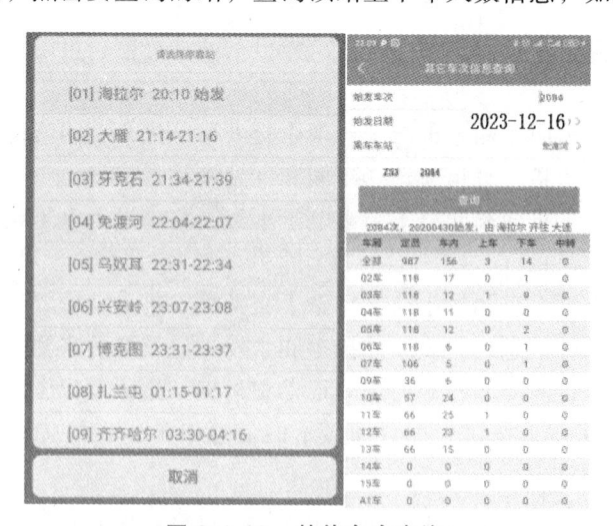

图 3-1-13　其他车次查询

② 护照旅客。

查询本趟车所有护照购票旅客信息，如图 3-1-14 所示。护照旅客席位复用框等页面有国籍码显示。

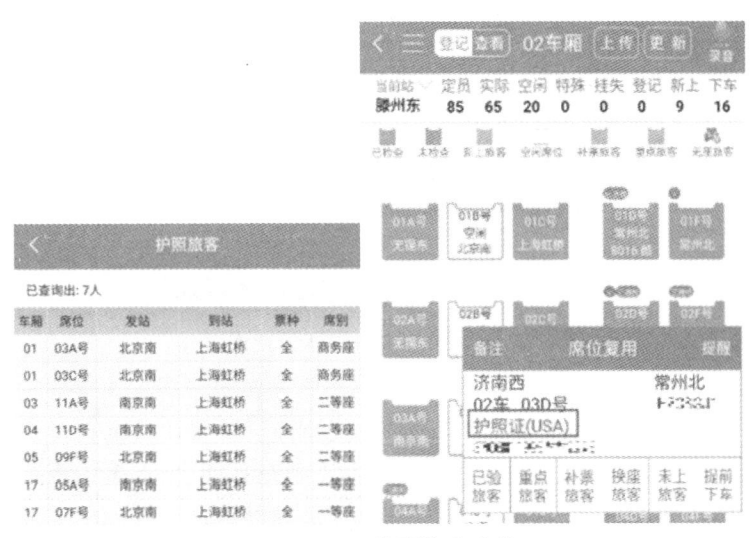

图 3-1-14　护照旅客查询

③ 余票查询。

查询本车次所选乘车日期、所选出发站、到达站内的余票信息。选择【乘车日期】【出发车站】【到达车站】，点击【查询】按钮即会实时查询余票信息。查询结果如图 3-1-15 所示，未查询出结果或查询出错将会显示提示信息。

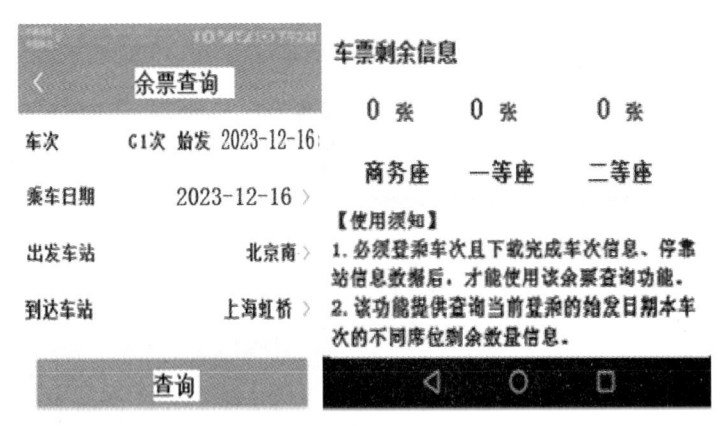

图 3-1-15　余票查询

④ 中铁银通卡信息。

根据登乘车次查询：选择【乘车日期】【乘车车站】，点击【查询】按钮即可实时进行查询。

根据银通卡号查询：输入卡号后 4 位，选择【乘车日期】,【乘车车站】，点击【查询】按钮即可实时进行查询，查询结果如图 3-1-16 所示，列表显示中铁银通卡信息。也可点击【金卡】或【银卡】选卡项，显示视图信息。未查询出结果或查询出错将会显示提示信息。

图 3-1-16　中铁银通卡查询

⑤ 会员信息查询。

根据始发日期、始发车次、乘车日期、证件类型及证件号码查询会员信息。

查询全部乘车信息：选择【始发日期】，选择【乘车日期】，点击【乘车信息】按钮查询全部该车次的全部乘车人信息。查询结果根据车厢分项显示，未查询出结果或查询出错将会显示提示信息。

查询指定乘车人信息：选择【始发日期】，选择【乘车日期】，选择【证件类型】，输入【证件号码】，点击【乘车信息】按钮查询该车次的该指定乘车人的乘车信息，未查询出结果或查询出错将会显示提示信息。

查询会员信息：选择【始发日期】，选择【乘车日期】，选择【证件类型】，输入【证件号码】，点击【会员信息】按钮查询该车次的该指定乘车人的会员信息，未查询出结果或查询出错将会显示提示信息。会员信息查询如图 3-1-17 所示。

图 3-1-17　会员信息查询

（4）业务操作。

点击【业务操作】按钮，进入业务操作界面，包括【客运业务操作】和【客管业务操作】两部分：客运业务操作包含【补检】【客运记录-挂失票】【客运记录-席位调整】【客运记录-空

调故障】【客运记录-核验补票】【客运记录-证件丢失】。

① 补检。

对于误乘旅客提出乘坐本趟列车直接去原票到站时，原车票未检票的，列车可以使用补检功能对旅客原车票进行补检。点击【补检】进入补检页面，选择乘车日期、证件类型，输入证件号、原票车次、发站、到站，点击查询按钮查询。查询到车票信息以列表形式显示。点击某一张车票信息，弹窗显示详细信息。确认信息无误，点击【补检】按钮，弹出提示确认信息，点击【取消】中断补检操作，点击【确定】进行补检（注意补检操作执行后，站车无线交互系统无法撤销）。对于已检票车票点击补签，弹窗提示电子票当前状态不支持补检操作。

② 席位调整。

对本车次的席别调整进行上报登记，也可根据席位调整登记记录进行登记取消的操作。点击【席位调整】按钮，进入席位调整界面。选择【车厢号】【故障区间】（起始站、到达站）【席别】（原席别、调整席别）【席位】，选择填写备注信息，点击【上报】按钮进行席位调整登记。点击右上角【席位调整记录】按钮，进入席位调整记录界面，查看席位调整登记记录。点击或左滑，会有取消登记提示，点击即可取消登记。

③ 空调故障。

对本车次的空调故障进行上报登记，也可根据空调故障登记记录进行登记取消的操作。点击【空调故障】按钮，进入空调故障界面。选择【车厢号】【故障区间】（起始站、到达站）【席位】，选择填写备注信息，点击【上报】按钮进行空调故障登记。点击右上角【空调故障记录】按钮，进入空调故障记录界面，查看空调故障登记记录。点击或左滑，会有取消登记提示，点击即可取消登记。

④ 核验补票。

对本车次的所有学生、残军优惠资质未认证的旅客进行核验，核验不通过需要补票，并生成电子客运记录。点击【核验补票】按钮进入核验补票界面，查询并显示所有优惠资质未认证的学生、残军票。点击标题栏下方【学生】或【残军】按钮可以切换对应列表。持学生票、残军票旅客已补票需要开具客运记录，【开具客运记录】按钮，弹窗提示是否开具客运记录，点击确定弹窗显示证件尾号后四位，确认无误即可点击确认提交，生成电子客运记录。页面显示提示语"旅客可凭购票证件和补票报销凭证到窗口退票"。点击右上角【核验补票记录】按钮进入核验补票记录界面，点击或右滑，有取消登记提示，点击即可取进行消登记。

⑤ 证件丢失。

对本趟车证件丢失的旅客进行登记，并生成电子客运记录。点击【证件丢失】按钮进入证件丢失界面，选择乘车日期、输入证件号码点击查询，可查询旅客详细信息。点击【开具客运记录】按钮，弹窗提示是否要开具客运记录，点击确认按钮，联网生成电子客运记录，并登记本次操作，登记结果。点击右上角【证件丢失记录】按钮，进入证件丢失记录界面，点击或左滑，会有取消登记提示，点击即可取消登记。儿童的证件丢失同样适用此功能。

3. 停靠站信息区

（1）首行显示担当车次信息和担当车长信息。

（2）当停靠站信息正确下载后，将按站显示停靠站信息。过站显示为灰色；当前站带小箭头；未过站为蓝色。首站显示发车时间，终到站显示到站时间，其他站自上而下显示到站时间和发车时间。

（3）当正确下载席位数据后，点击停靠站将显示当前站乘降信息。

上下车总人数及按车厢显示上下车人数（首站只显示上车人数，末站只显示下车人数），其他站显示上下车人数。停靠站信息区如图 3-1-18 所示。

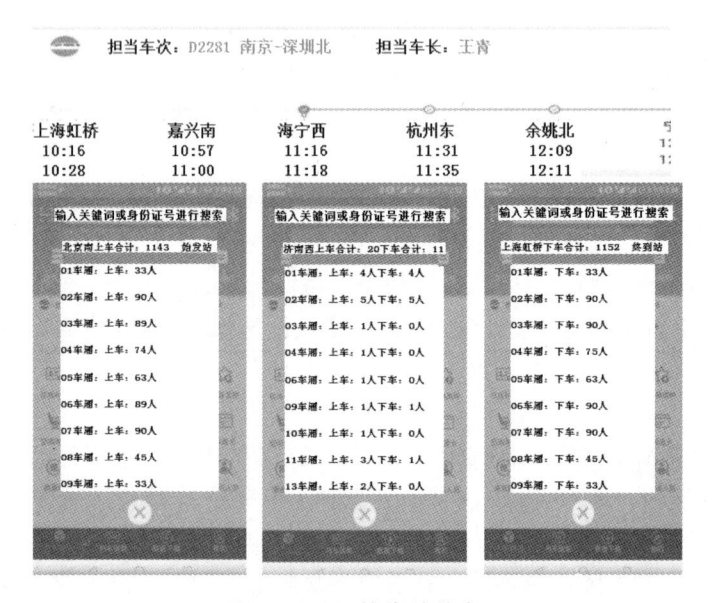

图 3-1-18　停靠站信息

4. 列车信息

查看列车停靠站、到站时间、发站时间等详细的列车信息。

（1）点击主界面底部【列车信息】，切换到车次信息界面。当停靠站信息下载完成后，将显示停靠站信息列表，表格可缩放进行查看。

（2）点击车次信息界面右上角【+】按钮，弹出正晚点调整窗，可调整选项来查看不同的车次信息。

（3）更新停靠站：标头栏有【更新】按钮，点击该按钮可获取当前车次最新停靠站信息。

列车信息界面如图 3-1-19 所示。

5. 我的信息区

可以查看操作员个人信息以及退出、退乘、系统设置等操作。点击主界面底部【我的】按钮，进入我的界面。

（1）信息区。

① 显示担当车长及其担当单位、担当车次信息，以及设备 ID 和 IP 地址。

② 点击信息区域，将弹出用户退乘对话框，点击确定，执行退乘并退出到登录界面。

（2）操作区。

包含功能操作区和退出系统按钮。系统设置区域，点击可进行相应的设置。

图 3-1-19 列车信息

（3）退出。

点击退出按钮后将退出 App，会保持登乘状态不变，如图 3-1-20 所示。

图 3-1-20 退出操作

三、客运功能快捷键区操作

（一）计次、定期票

查询旅客计次和定期票约单情况，以及补填约单。点击【计次-定期票】，进入计次-定期票界面。

1. 查询产品

可查询旅客购买了计次票和定期票哪些产品。输入证件号码，点击【查询产品】按钮，查询产品，多个产品会已列表形式展示。不可用的产品会在底部显示不可用原因，可以进行补填约单的产品，会显示【补填约单】按钮。

2. 补填约单

未约单旅客可上车后约单。点击【补填约单】按钮，进入新产品约单界面；如果该产品的区间方向是双向，则可以切换发到站。根据旅客乘车情况，确认发站、到站、乘车日期信息无误后，点击【补填约单】按钮，会弹出确认弹框，点击【确认】按钮进行约单，约单成功后会弹框提示。

3. 查询约单

点击【查询约单】按钮，可查询旅客购买的车票信息，查询结果以列表形式展示。非本列车约单，显示"非本列票"。查询旅客计次和定期票约单情况如图3-1-21所示。

图 3-1-21　查询旅客计次和定期票约单情况

（二）引导服务

查询高速动车组列车本趟车的所有商务座旅客，并根据旅客要求预约接车服务。点击【引导服务】按钮，进入引导服务界面。

1. 选择当前站

点击【当前站】弹出本趟车次停靠站选择窗，可以选择不同停靠站筛选商务座旅客信息。

2. 帮旅客预约服务

点击需要预约的旅客条目，弹出预约提示窗，填写【性别】【手机号】【备注信息】，点击【确认】按钮即可预约成功。

3. 取消预约

点击已经预约的旅客条目，弹出取消预约提示窗，点击【确认】按钮即可取消预约。引导服务预约如图 3-1-22 所示。

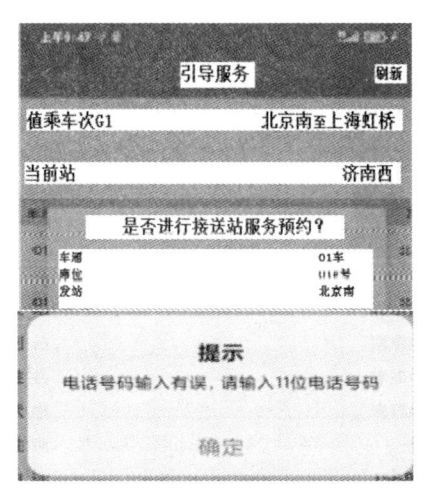

图 3-1-22　引导服务预约

（三）畅行码服务

点击进入【畅行码功能】按钮，进入畅行码服务界面。

1. 车次开班（仅列车长可见）

开班功能是用来开启畅行码服务的，车次开班是给旅客提供扫码服务的必要步骤。管理人员需要按照实际的车次信息，依次填入服务码（扫描席位二位码）、车次重联、实际席位编码、确认开班。以上开班填写内容将直接影响旅客扫码解析展示内容。进入畅行码页面时，自动查询当前车次开班情况。

2. 补码（仅列车长可见）

当畅行码有损坏无法正常识别时，维护人员将新的空白码贴在原来损坏位置，使用补码功能，点击扫码按钮，扫描附近座位【携带车底号的畅行码】自动填入车底号。

3. 畅行码查询

用于查看畅行码绑定的席位等信息，点击后自动进入扫码页面，扫码后会展示畅行码信息。

4. 旅客服务单

（1）商务座。

进入商务座服务单列表，可以看到旅客提交的商务座服务需求列表（按照车厢-席位-状态排序），点击任一行可进入该需求详情页。

点击【签收】按钮可以进行签收，签收后会显示签收人。签收后需要按旅客需求提供服务，完成服务后点击【服务】按钮完成该服务。

（2）补票/升席。

畅行码补票【开启】代表此时旅客可以通过扫描畅行码提交补票需求。【关闭】代表旅客无法通过扫描畅行码提交补票需求。如旅客提交的补票服务单过多时，可暂时关闭补票功能（即禁止旅客扫码提交补票需求，其他功能正常使用，此功能仅列车长可见），关闭后，可根据实际情况再次手动开启补票功能。

点击任一行数据进入详情页，选择【受理】或【不受理】，选择不受理时会弹出不受理的原因，选择后会自动提交。

处理补票服务单时，可根据不同的情况，进行排序。可按旅客优先到站顺序排序，也可以按照旅客提交服务单的时间进行排序。（默认按照车厢进行排序）。

（3）重点旅客。

① 标记重点旅客。

旅客通过扫码提交重点旅客需求，需要在站车交互端进行标记。标记方法包括在席位管理页面找到该旅客对应的席位；点击该席位，在弹出的对话框选择【重点旅客】；在弹出的类型中选择对应的类型；弹出标记成功提示即代表标记成功。

② 重点旅客服务单。

点击任一行数据进入详情页，根据实际情况，选择【受理】或者【不受理】。操作成功后，会显示操作人信息。

（四）换座退差

对旅客从高席别换低席别，产生的差额进行退款操作。

（1）点击【换座退差】按钮，进入换座退差界面。

（2）选择旅客乘车站，点击【查询】按钮，查询本车次席位置换记录（只显示席别有变化的车票），查询结果。

（3）点击要退差的车票，查询该车票是否可以办理退差；如可以，会弹窗显示原票价和新票价以及应退金额等信息。点击【退差】按钮，进行在线退差，退差成功后会显示退差成功提示窗，有交易订单号和退差金额信息。

点击退差成功提示窗【确认】按钮，跳到退差记录界面，也可通过换座退差界面右上角【退差记录】按钮。

电子支付且未领取报销凭证的系统将应退票款自动返还至原支付账户；使用现金购票或已领取报销凭证的，需到车站人工窗口办理领款手续，交回报销凭证。换座退差操作如图3-1-23所示。

项目三　高速铁路动车组列车客运业务

图 3-1-23　换座退差操作

（五）电子身份证查询

点击【电子身份证查询】按钮，进入查询界面。输入旅客身份证件号码，显示查询结果。列车内查验旅客临时身份证明如图 3-1-24 所示。

图 3-1-24　列车内查验旅客临时身份证明

（六）席位置换

根据乘车车站查询本车次的席位置换信息。

（1）点击【席位置换】按钮，进入席位置换界面。

（2）选择【乘车车站】，点击【查询】按钮，查询本车次的席位置换信息。

（3）查询结果：显示席位置换总数；根据原车厢、置换车厢分项显示置换席位信息。未查询出结果或查询出错将会显示提示信息。查询结果如图 3-1-25 所示。

图 3-1-25　席位置换

65

（七）中转查询

根据换乘日期、到站、换乘时间范围，查询到站的中转信息。

（1）点击【中转查询】按钮，进入中转查询界面。

（2）选择【换乘日期】，选择【到站】、【换乘时间范围】，点击【查询】按钮，查询该到站中转信息。

（3）查询结果：显示换乘旅客总人数及各车厢具体换乘人数。点击车厢条目，显示该车厢换乘乘客的车票具体信息。查询结果如图3-1-26所示。

图 3-1-26　中转查询

（八）电子票查询

本机查看本趟电子票和联网查看指定旅客电子票信息。

点击【电子票查询】按钮，进入电子票查询界面，包含本机查询和联网查询两个功能，点击标题栏按钮或者左右滑动可以来回切换。

1. 本机查询

显示本趟车本地已下载的电子票信息，输入证件号后六位、车厢号和发站可以精度筛选。

2. 联网查询

选择乘车日期、输入证件号，选择按发到站或者席位查询方式，输入相对应的信息，点击【查询】按钮联网查询该旅客的乘车信息。

（九）乘意险查询

根据乘车日期、证件类型、证件号码查询用户保险信息。

（1）点击【保险查询】按钮，进入保险查询界面。

（2）点击【乘车日期】、选择【证件类型】、输入【证件号码】，点击【查询】按钮，查询该用户保险信息。查询结果如图3-1-27所示。

图 3-1-27　保险查询

（3）未查询出结果或查询出错将会显示提示信息。

旅客发生疾病或意外伤害开具客运记录时，须在客运记录上注明乘意险相关信息。

四、客运管理功能操作

在客运管理主入口，点击主界面底部【客运管理】，包含【客运管理】【生产作业】两部分功能。客运管理包含【应急处置】【列车速报】【乘务日志】【晚点消息理】【工单消息】等。生产作业包含【班组信息】【客运记录】【调令历时数据查询】【设备检修与故障上报】等，如图 3-1-28 所示。

图 3-1-28　客运管理主入口

（一）铁路电报

提交新的和查看历史的铁路电报。

（1）点击【铁路电报】，进入列车电报界面。显示不同类型的电报模板。

（2）选择要发送的电报模板，进入电报填写信息界面填写信息相关内容，点击【保存】会保存到本地，在历史电报信息界面可以查询和提交。点击【提交】即可发送电报。

（3）点击列车电报界面底部【获取电报模板】可获取最新的电报模板。

（4）点击列车电报界面底部【历史电报信息】进入列车电报历史记录界面，默认显示未提交电报信息，点击下拉箭头弹出电报状态选择窗，可筛选查询已提交电报详细信息。

（5）点击未提交电报进入电报详情页；点击底部【提交】即可发送电报。

（二）上水管理

查询和上报上水计划。

（1）点击【上水管理】进入上水计划界面。

（2）选择始发车次和始发日期，点击【查询计划】，查询对应的上水计划表。

（3）点击停靠站以及其他项，会弹出对应的选择或输入框，填写上水计划详细信息。

（4）点击底部【提交】按钮，即可上报上水计划。

（5）点击底部【更新车次】会更新车次列表信息。上水管理如图3-1-29所示。

图3-1-29　上水管理

（三）乘务日志

客运管理系统中可编写上报出乘及当前登乘车次的乘务日志。具体的操作如下。

（1）点击业务操作界面的【乘务日志】，进入乘务日志主页后，选择【日志类型】及【出乘日期】，点击【添加】创建一份新的乘务日志。

（2）点击【出乘】进行出乘操作。

（3）点击【查询】或【更新】按钮查询或更新日志信息。

（4）点击日志查看详细信息及填报，详情界面点击右上角菜单键可以切换不同乘务信息界面进行填报。编写乘务日志操作如图 3-1-30 所示。

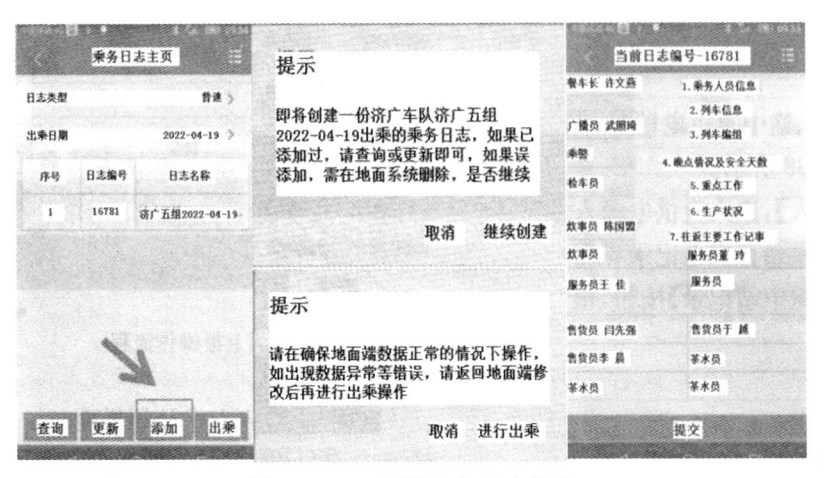

图 3-1-30　编写乘务日志操作

（四）晚点消息提醒

列车晚点时，乘务人员将收到语音及消息提醒，提示晚点消息，签收的消息表示已读签收，未签收的消息隔段时间将会继续提醒；已签收的消息可查看消息记录，如图 3-1-31 所示。

图 3-1-31　晚点消息提醒

（五）工单消息提醒与查询

客运管理系统中可查询当前登乘车次相关的历史工单详情及签收情况，系统中可查询的工单类型包括遗失物品工单、重点旅客工单两类。

（1）点击【工单消息】进入工单列表界面。

（2）点击工单状态，弹出工单状态选择窗，点击可以筛选不同状态的工单消息。

（3）点击某条工单消息，进入工单消息详情界面。工单消息提醒与查询如图 3-1-32 所示。

图 3-1-32　工单消息提醒与查询

（六）征信信息管理

客运管理系统可对旅客征信情况进行管理，包括填写上报和查询旅客征信信息。

1. 填写上报旅客征信信息

点击【征信信息管理】，进入征信信息管理界面；点击【信息添加】，首次进入填报界面会弹出【人员基础信息】界面，要求确认当前上报人员的信息，不完整的须填写完成并提交后才能使用填报功能；根据界面内容点选或是填写对应信息，点击【确定】进入【征信事件信息设置】界面；选择事件类型，根据事件类型填报旅客信息。

乘客信息分为两类：一类是不需要添加信息的，没有"添加补票信息"按钮；另一类是需要添加信息的，根据信息点填写相应的信息。

若需要填写旅客身份证号，系统将在线进行身份证核验，核验通过后才可保存该旅客信息。乘客信息中带＊号的字段为必填项。

2. 未上传信息

对于编辑好未上传的本地信息，点开本地保存的未上传信息，点击【上传】提交对应的信息。

3. 不良旅客信息查询

客运管理系统中查询不良旅客的征信信息的方式有三种，分别为：本车次不良旅客查询、旅客姓名查询和证件号查询。征信信息管理如图 3-1-33 所示。

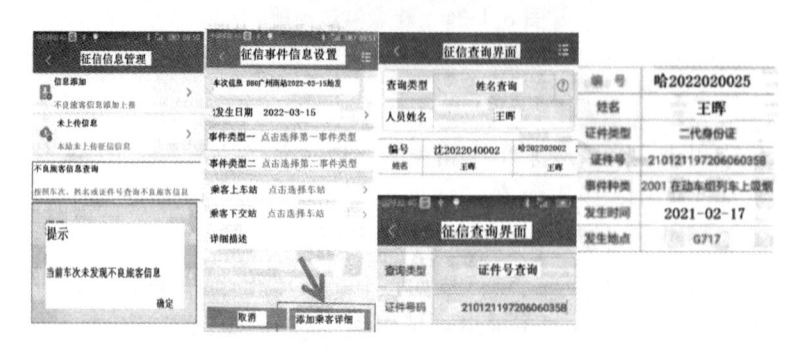

图 3-1-33　征信信息管理

项目三　高速铁路动车组列车客运业务

（七）客运记录模板

客运管理系统中设置有客运记录模板，列车长可以根据具体情况选择客运记录模板，进入客运记录详情页进行填报。客运记录模板如图 3-1-34 所示。

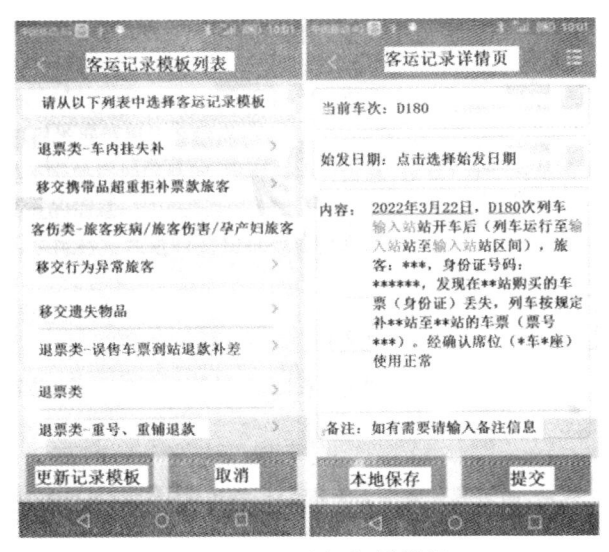

图 3-1-34　客运记录模板

（八）调令查询

客运管理系统中可以查询当前登乘车次相关的历史调令详情及签收情况，具体操作如下：点击【调令历史数据查询】，选择【接收期间】，选择【调令状态】，点击【查询】按钮查询相关调令信息，点击【单条调令状态】，即可查看调令详情（包含签收功能）。调令查询如图 3-1-35 所示。

图 3-1-35　调令查询

【任务实施】

1. 任务准备

（1）设备准备：仿真动车组车厢、模拟站车交互系统手持终端设备（模拟系统）、实训室、专业训练服（可着正装）。

（2）实训资料准备：旅客乘车证件、实训任务单、《动车组列车服务质量规范》、教材等。

（3）情景准备：实训前各小组查阅、收集资料，选择动车组列车票务作业情景，情景中包括动车组列车客运乘务组人员、旅客。

（4）人员准备：实训分小组进行，每组6~8人，每小组做好人员分工。

2. 实施步骤

（1）站车无线交互系统手持终端登录及系统设置。

（2）站车无线交互系统手持终端使用操作。

（3）站车无线交互系统客运管理系统操作。

（4）组内互查，教师总结并评分、评价。

3. 任务单

训练名称		站车无线交互系统列车便携移动终端操作训练	
班　级		姓　名	
1. 开车前及时登录站车无线交互系统。			
2. 使用站车无线交互系统做好席位管理工作。			
3. 使用站车无线交互系统做好信息查询工作。			
4. 使用站车无线交互系统做好客运记录详情填报工作。			
任务总结：			

4. 效果评价

	项目	A-优	B-良	C-中	D-及格	E-不及格	综合
小组评价	操作方法（15%）						
	操作流程（15%）						
	信息查询（20%）						
	团队合作（10%）						
教师评价	移动终端操作（20%）						
	任务单（20%）						
	教师签名						

任务2　动车组列车编制客运记录

【任务引入】

在高速铁路旅客运输过程中，会发生一些特殊情况，车站与列车均要编制客运记录，作为特殊情况的文字纪实或站车之间办理业务交接的文字凭证。

请思考：动车组列车列车长如何编制客运记录？

【相关知识】

动车组列车按规定配置业务资料，内容修改及时、正确。除携带铁路电报、客运记录外，车上不携带其他纸质资料台账。

一、客运记录的含义与作用

客运记录

（一）客运记录的含义

客运记录是在旅客运输过程中因特殊情况，铁路运输企业与旅客之间需记载某种事项或车站与列车之间办理业务交接的纸质或电子凭证。

（二）客运记录的作用

（1）客运记录是站车办理交接的依据。
（2）运输有关事件纪实的材料。
（3）旅客至到站或有关站办理退票的凭证。
（4）受理有关票据（单据）的依据。

（5）其他情况需要说明的证据。

二、客运记录编制要求

客运记录编制要求是目的清楚，内容准确，语言简练，书写清楚；记录事由填写客运记录主要内容的关键词语；记录文本填写受理站名、车次及有关部门。客运记录应有顺序编号，加盖编制人名章。客运记录一式两份，一份交接收人，另一份由接收人签字后自己留存，对留存的应装订成册，妥善保管，以备存查。

（一）编写方法

（1）编号填在右上角，标明月份和顺号（如1月份第1张记录编号为0101）。
（2）事由栏：注明交接主要事项。
（3）受理单位：站名（或车次）。
（4）内容。
记录旅客姓名、发到站、所持车票票号，旅客情况，旅客住址及身份证号。简单叙述事情梗概，将记录的旅客详细资料编写在客运记录内，复核所编制记录填写是否准确。
① 日期、车次。
② 运行区段、姓名、性别等。
③ 处理经过。
④ 落款（所属站、段、车次、列车长印章、日期）。

（二）编写客运记录的注意事项

（1）内容要符合铁路的规章制度。
（2）移交人员附带材料、人民币、证件、档案材料时，一定要在记录上注明。
（3）凡是交接的记录一定要接受人签字。
（4）记录存根要根据需要保存备查。
（5）客运记录保管期限为1年。

三、客运记录编写的范围

（1）因承运人责任致使旅客不能按票面记载的座别、铺别乘车时列车应重新妥善安排。重新安排的座别、铺别低于原票等级时，列车长编制客运记录交旅客，到站退还票价差额，不收退票费。编制时说明变更原因、变更区间、旅客车票的姓名、身份证号码、发到站、票号。
（2）发生车票误售、误购时，应退还票价时，列车应编制客运记录交旅客，作为乘车至正当到站要求退还票价差额的凭证。编制时要注明姓名、身份证号码、到站和旅客的实际的到站及从折返站至正当到站重新计算的车票有效期。

（3）旅客误乘列车或坐过了站，列车交前方停车站免费送回时应编制客运记录。

（4）旅客在列车上丢失身份证件的，须先办理补票手续，经站车核验席位使用正常的，开具客运记录交旅客。

（5）对无票乘车而又拒绝补票的人移交车站时，列车长可责令其下车并编制客运记录。注明其无票及违章乘车区间。

（6）在列车上，旅客因病不能继续旅行或发现旅客死亡，列车长可编制客运记录交中途有医疗条件的车站处理。

编制记录要注明旅客姓名、身份证号、年龄、性别、单位、及携带品，如无同行人时会同乘警清点旅客车票、携带品一并交站。旅客因病需下车救治或死亡时，列车长应会同乘警收集参加救治医生和旅客见证的证言。

（7）因铁路责任，致使旅客在中途站办理退票，退还票价差额时应编制客运记录。

（8）列车发现旅客携带国家禁止或限制运输的物品、危险品乘车时，交最近前方停车站或有关车站处理时，应编制客运记录进行移交。

（9）旅客携带品超过规定范围，旅客无钱或拒绝补交运费，列车可编制客运记录移交旅客到站或换乘站处理。

（10）发现旅客遗失物品时妥善保管，设法归还失主。如旅客已经下车，列车应编制客运记录，注明品名、件数等移交下车站。不能判明时，移交列车终点站。

（11）列车内发现无人护送的精神病旅客，列车可编制记录移交到站或换乘站处理。

（12）因意外伤害，招致旅客伤、亡时，列车可编制客运记录移交有关车站处理。

（13）列车发现违章使用铁路乘车证，需上报铁路局集团公司收入部门处理时，列车可编制客运记录进行上报。

（14）动车组列车办理高速铁路快运时，无押运员跟车作业的列车，发现高速铁路快运集装件短少或外包装、施封破损的，列车长到场确认后，组织查找，必要时报警。上述异常情况列车长开具客运记录，载明现有集装件数量、编号或内装物品实际情况，到站时交快运公司工作人员处理。

（15）遇列车故障途中需更换车底或终止运行时，无押运员跟车作业的列车，列车长报告被换乘车所在地铁路局集团公司高速铁路客服调度员（客运调度员）高速铁路快运装载情况，乘务组临时看管集装件。换乘地点在车站时，原列乘务组在车站协助下组织集装件换乘，不具备换乘条件时集装件随原列回程或交车站临时看管。换乘地点在区间时，集装件随原列回程；列车长在换乘或交车站前开具客运记录附于集装件上。

（16）其他应与车站办理的交接事项。

四、列车电子客运记录电子化相关要求

（1）因列车晚点影响旅客接续行程时，列车不开具客运记录，由车站通过客票系统查询列车晚点运行信息后，为旅客办理相关改签、退票手续。

（2）因临时更换车体、空调故障等原因旅客需到站退还票价差额或空调费时，列车使用站车交互系统终端客运记录功能的席位调整或空调故障模块，向客票系统发送确认退差信息。

（3）以下情况执行特殊规定

① 列车遇站车交互系统无信号、手持终端故障、登记失败时，应编制纸质客运记录，作为旅客到站办理退票的凭证。

② 列车上同一旅客同时发生退票价差、退空调费等情形时，分别按指定模块确认录入。

③ 同一车次途中更换乘务担当时，发生退票价差、退空调费等情形时，列车长办理口头或书面交接，旅客到站前，由担当乘务的列车长录入确认信息。

五、动车组列车编制客运记录案例

【例 3-2-1】移交无票且拒绝补票人员

××年×月×日，北京站开 D25 次列车，列车始发后发现 1 名无票人员乘车，旅客拒绝补票，列车移交前方停车站唐山北站处理。列车如何编制客运记录？

【解】列车长编制客运记录如图 3-2-1 所示。

```
××  铁  路  局        客统—1

            客 运 记 录
                        第  04  号

记录事由：无票
唐山北站：
    ××年×月×日北京至哈尔滨西 D25 次列车，北京站开车
后验票，在 8 车二等座发现一名无票人员（姓名：××，身份证号：
110102××××××1234）北京站上车，旅客拒绝补票，现交贵
站，请按章办理。

                      编制人员：D25 次列车长（印）
注：                   参加人签字：   （印）
1. 站、车需要编记录时均适用。
2. 本记录不能作为乘车凭证。
                              ××年×月×日编制
```

图 3-2-1 移交无票且拒绝补票人员客运记录样例

【例 3-2-2】移交误乘旅客

××年×月××日，北京西至深圳北 G71 次列车，北京西站开车后，发现一名旅客持当日 G651 次北京西至西安北站车票误乘本车，G71 次与 G651 次北京西至石家庄间同径路，旅客要求到石家庄站换乘，列车交石家庄站处理。列车如何编制客运记录？

【解】列车长编制客运记录如图 3-2-2 所示。

```
            ××铁  路  局          客统—1
        🚆    客 运 记 录
                              第  07  号
    记录事由：误乘
       石家庄站：
           ××年×月×日北京西至深圳北 G71 次列车，北京西站开
       车后，旅客××持当日 G651 次列车北京西站至西安北站车票（身
       份证号 110102××××××1234，车票票号 A123456），误乘
       我车，现移交贵站，请按章办理。
                       编制人员：G71 次列车长（印）
    注：
    1. 站、车需要编记录时均适用。 参加人签字： （印）
    2. 本记录不能作为乘车凭证。
                                       ××年×月×日编制
```

图 3-2-2　移交误乘旅客客运记录样例

【例 3-2-3】移交旅客遗失物品

××年×月×日 G40 次列车，北京南站终到后，列车检查旅客遗失品，发现 6 车 1A 座椅上方行李架有一个黑色书包，列车长会同乘警检查包内物品，发现包内白色衬衣 1 件，保温杯 1 个，褐色钱包 1 个内有现金 300 元银行卡 2 张。列车长编制客运记录交北京南站处理。

【解】列车长编制客运记录如图 3-2-3 所示。

```
            ××铁  路  局          客统—1
        🚆    客 运 记 录
                              第  17  号
    记录事由：旅客遗失物品
       北京南站：
           ××年×月×日，杭州至北京南的 G40 次列车，北京南站
       到站后，经检查在 6 车 1A 号座席上方行李架上发现一个黑色书包，
       无法判明旅客身份及下车站，列车长会同乘警清点包内物品，现交
       贵站，请按章办理。
           附：旅客遗失品清单
           白色衬衣壹件，保温杯壹个，褐色钱包壹个（内有现金叁百元
       整，银行卡贰张）。
                       编制人员：G40 次列车长（印）
    注：
    1. 站、车需要编记录时均适用。参加人签字： （印）
    2. 本记录不能作为乘车凭证。
                                       ××年×月×日编制
```

图 3-2-3　移交旅客遗失物品客运记录样例

【例 3-2-4】减价不符

××年×月××日，××次列车××站开车后一名学生旅客减价不符。列车如何编制客运记录？

【解】列车长编制客运记录如图 3-2-4 所示。

记录事由：减价不符到站退票

××站

××年×月×日，××次列车××站开车后发现一名旅客（姓名××，身份证号：110102××××××1234）持××站—××站电子学生优惠票，票号：×××××××，由于列车无法核验减价资质，列车按章补票××站—××站，票价：00.00 元，票号：A000001，学生减价不符的旅客凭车补车票、减价优惠（待）证件和购票时所用有效身份证原件（列车如开具纸质客运记录，还应携带纸质客运记录），××天内到全国任意车站退票窗口办理资质检验和退票手续。

图 3-2-4　减价不符到站退票客运记录样例

【例 3-2-5】身份证件丢失

××年×月×日，北京西至广州南 G79 次列车石家庄站开车后，旅客李×找到列车长自称身份证件丢失，旅客自述在铁路 12306 手机客户端购买了当日当次 6 车 6A 北京西—郑州东车票一张，列车如何编制客运记录？

【解】列车长告知旅客相关规定，按旅客实际乘车区间，使用补票机为旅客办理"车票丢失"事由车票。到站前，列车长确认该席位使用正常，为旅客开具客运记录，如图 3-2-5 所示。

记录事由：旅客丢失身份证件

××站：

　　××年×月×日北京西至广州南 G79 次列车，石家庄站开车后旅客李×自称身份证件丢失，为旅客办理北京西至郑州东二等座车票壹张，北京西站至郑州东站间该席位使用正常，现编制客运记录交贵站，请按章办理。

图 3-2-5　列车开具旅客丢失身份证客运记录样例

【任务实施】

1. 任务准备

（1）设备准备：仿真动车组车厢、实训室、专业训练服（可着正装）。

（2）实训资料准备:"客运记录"纸质样张若干、"客运记录"电子模板、列车长印章、实训任务单、《动车组列车服务质量规范》、教材等。

（3）情景准备:实训前各小组查阅、收集资料,选择动车组列车运行中需要编制客运记录某个情景,情景中包括动车组列车客运乘务组人员、旅客。

（4）人员准备:实训分小组进行,每组 6~8 人,每小组做好人员分工。

2. 实施步骤

（1）熟知客运记录编制范围及要求。
（2）熟知列车电子客运记录电子化相关要求。
（3）编制动车组列车各种客运记录。
（4）组内互查,教师总结并评分、评价。

3. 任务单

训练名称		动车组列车客运记录编制训练	
班　级		姓　名	
1. 结合实际谈谈客运记录编制范围及要求。			
2. 编制旅客误乘客运记录。			
3. 编制学生旅客减价不符到站退票客运记录。			
4. 编制旅客购票身份证件丢失客运记录。			
任务总结:			

4. 效果评价

	项目	A-优	B-良	C-中	D-及格	E-不及格	综合
小组评价	记录认知（15%）						
	文字能力（15%）						
	记录处理（20%）						
	团队合作（10%）						
教师评价	编制记录（20%）						
	任务单（20%）						
	教师签名						

任务3　动车组列车拍发电报

【任务引入】

铁路电报是铁路部门之间处理紧急公务的通信工具，目前铁路列车电报大部分通过电子形式拍发。列车拍发纸质电报时一般需要用铁路客运站、车交接的方式交由有电报所的车站代为拍发。

请思考：如何正确拍发电报？

【相关知识】

铁路电报是处理生产业务的通信工具，是办理紧急事务的公文的表现形式。铁路电报为铁路内部业务使用，列车运行中发生临时紧急情况需通知有关部门，或本次列车不能解决，需请示立即支援或汇报领导时，均可拍发铁路电报。

一、铁路电报的等级

1. 特提电报

特提电报（TT）指特别紧急的命令、指示，处置重大突发事件等性质的电报。受理后即行办理，从受理到送达用户原则上不超过2 h。

铁路电报

2. 特急电报

特急电报（TJ）指非常紧急的命令、指示，处理较大突发事故等性质的电报。从受理到送达用户原则上不超过 4 h。

3. 加急电报

加急电报（JJ）指紧急命令、指示，时间紧迫的会议通知，列车改点、变更到站和收货人、车辆甩挂、超限货物运行及行车设备施工、停用、开通、限速的电报及其他时间紧迫的电报。从受理到送达用户原则上不超过 8 h。

4. 平急电报

平急电报（PJ）指一般性命令、指示，会议通知等性质的电报。从受理到送达用户原则上不超过 24 h。

5. 限时电报

限时电报（X）指限定时间到达的电报。根据需要与收发报条件，由用户与电报所商定，在附注栏内填记送交收报单位的时间，如限时 8:30，应写"XS8:30"。

6. 列车电报

列车电报（L）指处理列车业务，必须在列车到达以前或在列车到达当时送交用户的电报。

7. 国际联运电报

国际联运电报（G 或 C）指处理国际铁路联运业务的电报，办理限时同特急电报。中朝报代码为 C，其他代码为 G。从受理到送达用户原则上不超过 4 h。

二、发报权限及范围

（一）发报权限

（1）国铁集团及其机关各部门、各直属机构、驻外单位、控股公司。
（2）国铁集团所属单位，所属单位机关各部门、各直属机构、驻外单位、控股公司。
（3）铁路局集团公司所属站段或同级单位。
（4）站段与运输有直接关系的生产部门（车站、折返段、救援列车、公寓等）制发电报权限，由铁路局集团公司批准。
（5）执行列车乘务工作的负责人员，包括列车长、随车机械师等。
（6）铁路公安系统各单位（公安局、公安处、公安派出所、乘警队等）。
（7）执行公务的各级监察、稽查、审计人员。

（二）发报范围

（1）国铁集团（包括国铁集团机关各部门、各直属机构）发报范围不限。
（2）国铁集团所属单位可向国铁集团所属其他同级单位及其所属站段发报。

（3）铁路局集团公司所属站段（或同级单位）可向本局集团公司或外局集团公司同级单位发报，基层站段向所属车间、班组（工区）制发电报权限由铁路局集团公司规定。

（4）站段（或同级单位）所属机构可向本局集团公司和外局集团公可与其有直接工作关系的运输生产单位或其所属机构发报。

（5）担当列车乘务的负责人员（列车长、乘警长等工作人员）执勤时，根据工作需要，可向有关站段、车站、铁路局集团公司调度和公安部门发报。

（6）铁路公安系统各单位（公安局、公安处、公安派出所、乘警队等）根据工作需要，可向有关单位发报。

（7）拍发给铁路乘务人员的电报，必须指定能够代其负责收转的铁路单位。

三、制发电报的具体要求

根据所拍发电报种类进行分类详细记录。拍发声明电报时应了解伤亡旅客姓名、发到站、所持车票票号，旅客伤亡情况，旅客住址及身份证号。拍发超员时电报应了解车内实际乘车人数，计算列车超员率。填写需要协助解决问题的部门、车站或人员。编写电报内容应简明扼要，简单叙述事情梗概编写内容。将记录的旅客的伤亡情况进行简单叙述。复核所编制电报填写是否准确。加盖名章。制发电报的具体要求如下：

（1）制发铁路电报应符合国铁集团公文管理的有关规定。

（2）电报稿应符合铁路传真电报办事要求，报文内容一般采用3号仿宋体字，特定情况可适当调整字号，线条宽度一般不小于0.25 mm。

（3）报文拟稿应做到：收报单位明确，拟稿人姓名和电话号码齐全，文字简练、准确、通顺、无歧义，报文清晰，标点符号完整、准确。收报单位栏主送单位以冒号作为结尾，中间不得使用冒号；抄送单位以句号作为结尾，中间不得使用句号。未纳入铁路电报所投送范围的收报单位，拟稿时应在主送单位和抄送单位名称后标记"（自办）"字样，由发报单位自行办理电报投送。

（4）发报单位应编制电报发电编码，格式为"单位代字（年份）序号"，其中单位代字在本单位公文代字后加"电"字；年份用全称，使用阿拉伯数字，用六角括号围括；序号由发报主办单位编制流水号。

（5）报文可使用下列文字、符号、记号：

① 汉字、英文单词；

② 汉语拼音字母；

③ 阿拉伯、罗马数字；

④ 通用的符号、记号。

⑤ 图、表。

（6）电报稿应加盖电报专用章或单位公章。使用电报专用章单独发报时，电报专用章应加盖在电报稿首页左上角发报单位处。使用单位公章单独发报时，单位公章应加盖在电报稿末页发报单位名称和成文日期上，居中下压，不得压正文。多个发报单位联合发报时，原则上应使用单位公章，一律加盖在电报稿末页发报单位名称和成文日期上。

（7）发报单位公章或发报专用章应事先向电报所办理印鉴登记，留存印鉴图样。以传真、电话方式办理电报业务的单位，应制定发报经办人员，并持单位证明、单位印鉴、个人有效工作证件向电报所办理备案手续，留存相关资料。

（8）非常设机构或临时机构制发电报时，可由日常主管单位（部门）加盖单位（部门）公章或电报专用章，按用户提供的机构名称拍发。

（9）下列情况不准拍发电报：

① 处理个人私事的电报。
② 已经有文电的重复通知。
③ 由于工作不协调、互相申告（执行列车乘务工作的负责人，在列车运行中向上级领导汇报列车运行中发生的问题不在此限）的电报。
④ 不符合规定的电报版式或书写格式的电报。
⑤ 未签订服务协议的非铁路单位制发的电报。
⑥ 非铁路单位超出服务协议规定的业务范围的电报。

四、受理电报

（1）以传真、话传方式受理的电报，报务员应核对该单位备案人员信息，非备案人员制发的电报不予受理。受理后报务员应将电报号码和受理时间通知发报单位，互报姓名或代号，通话应全程录音。

（2）用户可自行配备电报终端（以下简称用户终端）办理电报业务。使用用户终端发送电报时，应符合铁路传真电报的相关规定，将发报原稿发送至电报所，电报所终端收到用户电报后，报务员应按受理电报流程，审核用户电报原稿，确认符合发报要求后，将受理印鉴、受理时间、报文等级等受理信息反馈给用户。

（3）列车乘务人员值乘期间需拍发电报时，可委托经停车站代发电报，并在电报原稿空白处填写证件名称、号码或加盖证明发报人身份、职位的印章。委托车站转交拍发的电报，如有不符合规定或内容有疑问时，由被委托的车站工作人员解释或处理。

（4）执行非图定列车乘务工作的负责人拍发电报时，应写明经由区间，并在附注栏内注明本次列车在发报站的开车时间。

五、高速铁路动车组列车业务电报的拍发范围

（1）列车发生旅客人身伤害时，可用电话向所在单位或上级主管部门报告概况；但发生重伤以上旅客人身伤害时，应在第一时间以短信方式向所属铁路局集团公司主管部门报告，随后向有关铁路局集团公司主管部门拍发速报，并逐级向上级主管部门和宣传部门报告。

报告（含速报）内容主要包括：

① 发生日期、时间、车次、地点、车站、区间里程。
② 伤亡旅客的姓名、性别、年龄、国籍、民族、职业、单位、有效身份证件号码、联系方式、住址以及车票种类、号码、发站、到站、车厢、席位等基本情况。

③发生经过、旅客伤亡及现场处理简况。

（2）遇特殊情况，途中发生餐料不足，应向前方客运段拍发电报，请求补充，并抄送其主管铁路局集团公司。

（3）列车超员时发电报通知前方停车站采取控制客流措施，并抄送主管铁路局集团公司，必要时抄送国铁集团。

（4）列车发生爆炸、火灾及重大刑事案件等突发事件，应向国铁集团、所在地铁路局集团公司、公安部门、铁路派出所拍发电报，抄送列车配属铁路局集团公司公安局、乘警支队。

（5）列车内发生运输收入现金、客票票据丢失、被盗和短少等事故，应向铁路局集团公司收入部门和公安部门拍发电报报案，并通知有关单位协助查扣。

（6）列车有关业务声明澄清责任时，应向有关站（段）发电报，抄送国铁集团、主管铁路局集团公司业务部门。

（7）列车空调故障不能修复，应电告前方各停车站，并抄送上级部门。

（8）列车上发生旅客食物中毒，应电告所属铁路局集团公司及前方局集团公司相关部门。

（9）其他紧急情况，需迅速报告时。

六、动车组列车电报编写案例

【例3-3-1】××年×月×日G7598次列车（无锡东—宁波），8节编组，无锡东站开车后，车厢内旅客共计789人，旅客列车严重超员，列车如何拍发铁路电报？

【解】拍发电报样例如图3-3-1所示。

铁路传真电报							
发报单位：		会签单位：		拟稿部门： 电话：		拟稿人：	
发报所	电报号码	等级	受理日	时分	收到日	时分	值机员

主送单位　上海虹桥站至宁波站G7598次各停车站：
抄送单位中国国家铁路集团有限公司客运部、上海局集团公司客运部、客调、南京客运段。
报　文

××年×月×日G7598次列车，无锡东站开车后，车厢内旅客共计789人，超出规定人数，为确保行车及人身安全，望上述各站见电后停售G7598次车票（固定票额除外）。

G7598次列车长（印）
××年×月×日

图3-3-1　超员电报

【例3-3-2】××年×月×日，G129次列车（北京南—上海虹桥，上海局集团公司上海客运段担当乘务工作）济南西站开车后，旅客张××，身份证号210522××××××××6789，持北京南站至上海虹桥站的高铁车票，06车08A号二等座，票号Y069346，不慎烫伤，伤势较重，旅客要求下车治疗，列车如何拍发铁路电报？

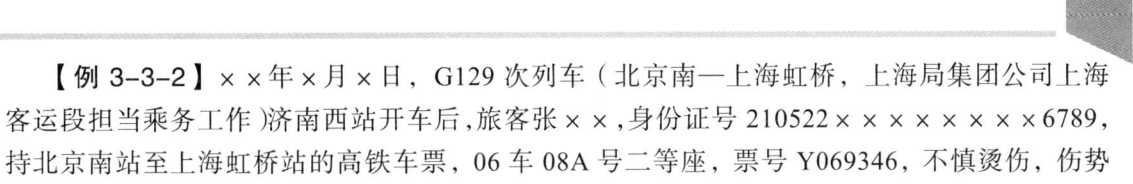

【解】拍发电报样例如图3-3-2所示。

铁路传真电报

发报单位：　　会签单位：　　拟稿部门：　　拟稿人：
电话：

发报所	电报号码	等级	受理日	时分	收到日	时分	值机员

主送单位　徐州东站：
抄送单位　济南西、北京局集团公司客运部、上海客运段。
报　文

　　××年×月×日，G129次列车济南西站开车后，旅客张××，身份证号210522××××××××6789，持北京南站至上海虹桥站的高铁车票，06车08A号二等座，票号Y069346，在为同行儿子张××（男，3岁），泡面时，不慎将面碰倒，造成其子大腿内侧烫伤，伤势较重，旅客要求下车治疗，列车编制了××号客运记录将旅客移交德州东站，特此电告。

G129次列车长（印）
××年×月×日

图3-3-2　旅客伤害电报

七、使用站车无线交互系统移动终端拍发电报

（一）列车速报

在客运管理系统中设置有列车速报模板，可以根据现有模板进行列车速报上报。

1. 填报列车速报

进行列车速报操作时，在业务操作界面点击点【列车速报】，进入列车速报界面后，在右上角菜单选择对应速报模板，填写相应信息后，点击【提交】按钮提交上报。

2. 更新列车速报

各铁路局集团公司可在客运管理系统中自定义的速报模板进行信息上报。点击【更新模板】，网络更新对应铁路局集团公司的速报模板，选择模板进入填报界面，填写相关内容后，点击【提交】按钮提交上报即可。列车速报上报操作如图3-3-3所示。

图 3-3-3　列车速报上报

(二) 列车电报

客运管理系统中设置有动车超员电报的模板，可以通过铁路电报进行信息上报，对于上报的铁路电报可进行历史信息查询。

1. 铁路电报上报

在业务操作界面下点击【铁路电报】按钮，进入列车电报界面。点击【获取电报模板】，更新模板。点击【模板】填写对应内容，点击【提交】按钮提交上报，或是点击【保存】按钮保存本地。列车电报上报（保存）操作如图 3-3-4 所示。

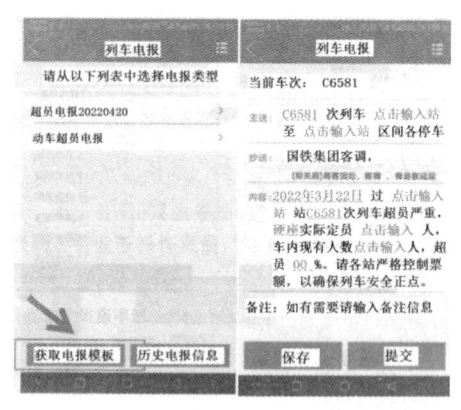

图 3-3-4　列车电报上报（保存）操作

2. 查询历史电报信息

客运管理系统中可查询已上报的电报信息。在列车电报界面点击【历史电报信息】按钮查看本地未提交电报及查询对应时间段的已提交电报信息及详情。选择提示状态查看本地未提交电报，或是选择查看时间查询已提交的电报信息。点击【单条信息】展示电报的详细内容，点击该界面下的【提交】按钮可以提交上报对应电报。

【任务实施】

1. 任务准备

（1）设备准备：仿真动车组车厢、模拟站车交互系统手持终端设备（模拟系统）、实训室、专业训练服（可着正装）。

（2）实训资料准备：《铁路传真电报》纸质样张若干、列车长印章、实训任务单、《动车组列车服务质量规范》、教材等。

（3）情景准备：实训前各小组查阅、收集资料，选择动车组列车运行中某个情景，情景中包括动车组列车客运乘务组人员、旅客。

（4）人员准备：实训分小组进行，每组6~8人，每小组做好人员分工。

2. 实施步骤

（1）动车组列车途中空调发生故障不能修复时拍发电报。
（2）动车组列车超员时拍发电报。
（3）发生旅客疾病或死亡时拍发电报。
（4）发现旅客携带危险品时拍发电报。
（5）组内互查，教师总结、评分、评价。

3. 任务单

训练名称	动车组列车拍发电报训练		
班　级		姓　名	
1. 拍发动车组列车空调故障电报。			
2. 拍发动车组列车超员电报。			
3. 拍发动车组列车旅客疾病或死亡电报。			
4. 拍发动车组列车旅客携带危险品电报。			
任务总结：			

4. 效果评价

	项目	A-优	B-良	C-中	D-及格	E-不及格	综合
小组评价	主送单位（15%）						
	抄送单位（15%）						
	报文内容（20%）						
	团队合作（10%）						
教师评价	拍发电报（20%）						
	任务单（20%）						
	教师签名						

复习思考题

1. 叙述站车无线交互系统的组成。
2. 站车无线交互系统的客管系统可以进行哪些业务操作？
3. 客运记录的作用是什么？
4. 客运记录的编制要求有哪些？
5. 动车组列车业务电报的拍发范围有哪些？

项目四　动车组列车收入管理工作

项目描述

铁路电子客票以电子数据替代纸制车票作为铁路旅客承运合同，承载了运输服务所关联的相关要素信息，是推动智能客运发展的重要载体，是客运生产组织和服务流程全面优化和重构的重要基础。本项目主要介绍动车组列车电子客票查验工作、动车组列车电子化移动补票及动车组列车收入管理工作。

学习目标

1. 素质目标

通过学习动车组列车收入管理工作的内容及要求，要在新时代的赛道上奋勇争先，努力做到以真学实干服务人民、以创新开拓贡献国家。要弘扬中华传统美德，弘扬诚信文化，具有严于律己的工作作风和高度的工作责任心。

2. 能力目标

能正确使用铁路客运站车无线交互系统手持终端查验电子客票；熟练使用移动补票机办理补票业务；正确运用铁路旅客运输收入管理的相关规章。

3. 知识目标

掌握高速铁路电子客票发售基本规定。掌握高速铁路动车组列车电子客票查验工作的主要内容；掌握移动补票机的操作方法；掌握动车组列车客运乘务相关的铁路旅客运输收入管理知识。

任务1　动车组列车电子客票查验

【任务引入】

车票是铁路旅客运输合同的凭证，可以采用电子数据形式或者纸质形式。《中国国家铁路集团有限公司铁路旅客运输规程》中的车票是以电子数据形式体现的铁路旅客运输合同的凭证，并实施车票实名制（车票实名购买和实名查验）管理。列车对乘车旅客应验票。对应当持证购买的优惠票、优待票，铁路运输企业还需核验旅客相应证件。

请思考：动车组列车客运乘务人员如何查验旅客车票？

【相关知识】

电子客票实现了旅客票务、进站、候车、乘车、出站、换乘全过程信息化服务。

一、铁路电子客票概述

《中国国家铁路集团有限公司铁路旅客运输规程》中的旅客是指持有铁路有效乘车凭证的人。旅客应向铁路运输企业提供真实有效的联系方式。发售实名制车票时，铁路运输企业可以记录、保存并在铁路服务过程中使用旅客信息、联系方式，按国家规定承担相应的保密义务。铁路运输企业发售车票时，根据旅客需要提供载有车票主要信息的"行程信息提示"。通过12306网站购票的，"行程信息提示"可通过网站自行打印或下载。如需报销凭证的，应在开车前或乘车日期之日起180日以内，凭购票时所使用的有效身份证件到车站售票窗口、自动售票机换取。旅客在行程结束或者支付退票（改签）费用后180天内，可登录本人铁路12306账户申请开具电子发票。"行程信息提示"和报销凭证不能作为乘车凭证使用。"行程信息提示"和报销凭证如图4-1-1所示。

图 4-1-1 "行程信息提示"和报销凭证

旅客的乘车凭证是购票时使用的有效身份证件；随行免费乘车儿童的乘车凭证是其申明时所使用的儿童有效身份证件。

旅客应当按有效车票载明的日期、时间、车次、车厢号、席位号和席别乘车。

二、购票有效身份证件

列车上购票、补票时，可以使用的有效身份证件包括：中华人民共和国居民身份证（含中华人民共和国临时居民身份证），居民户口簿，中华人民共和国护照，中华人民共和国出入境通行证，中华人民共和国旅行证，新生儿出生医学证明，军官证、警官证、文职干部证、义务兵证、士官证、军士证、警士证、文职人员证，海员证，以及公安机关出具的临时乘车身份证明；中华人民共和国港澳居民居住证，中华人民共和国台湾居民居住证，港澳居民来往内地通行证，往来港澳通行证，大陆居民往来台湾通行证，台湾居民来往大陆通行证；外国人永久居留身份证，外国人护照，外国人出入境证，公安机关出具的外国人签证证件受理回执、护照报失证明，各国驻华使领馆签发的临时性国际旅行证件（应当附具公安机关签发的有效签证或者停留证件。）

三、丢失乘车凭证的处理

旅客购买车票后，丢失购票身份证件的，按以下方式处理：

（1）旅客在乘车前丢失证件的，应到该有效身份证件的发证机构办理临时身份证明，凭临时身份证明进出站乘车。

（2）旅客在列车上、出站前丢失证件的，须先办理补票手续，凭后补车票检票出站。在列车上办理时，列车核验席位使用正常的，开具客运记录；在车站办理时，车站核验车票无出站检票记录的，开具客运记录。旅客应在乘车日期之日起 30 日以内，凭该有效身份证件发证机构办理的临时身份证明和后补车票（如开具纸质客运记录，还应携带纸质客运记录），到列车的经停站退票窗口办理后补车票与原票乘车区间一致部分的退票手续。办理退票手续时，如核查丢失证件所购原票有出站记录的，后补车票不予退票；无出站记录的，办理退票时，不收退票费。

四、误乘、误降的处理

发生误乘、误降时，旅客应向站车工作人员提出。列车长应编制客运记录交前方停车站；车站对本站发现或列车移交的误乘、误降旅客，应指定最近列车免费送回车票到站或原票乘车站。如误乘旅客提出乘坐本趟列车直接去原票到站时，所乘列车票价高于原票价时，核收票价差额；所乘列车票价低于原票价时，票价差额部分不予退还。

在免费送回区间，旅客不得中途下车。如中途下车，对往返乘车的免费区间，按返程所乘列车等级分别核收往返区间的票款。免费送回区间，旅客应按照铁路运输企业指定的席别乘坐，旅客如提出乘坐高票价席别时，应重新支付高票价席别票款。

五、动车组列车电子客票查验工作

车票实名查验，是指铁路运输企业对实行车票实名购买的车票记载的身份信息与乘车人及其有效身份证件进行一致性核对，并记录旅客乘车信息的行为。旅客应配合铁路运输企业实施的车票实名制查验工作，携带免费乘车儿童还应提供其购票申明时使用的儿童有效身份证件。

列车查验电子客票

动车组列车查验铁路电子客票的硬件设备主要是铁路客运站车无线交互系统手持终端。站车客运信息无线交互系统是车地协作的信息平台。地面售票情况通过该系统及时报送到指定列车，动车组列车客运乘务人员可以精确掌握每个席位的使用情况、乘降区段，包括旅客实名信息和互联网电子客票信息。

（一）站车无线交互系统手持终端的车票查询及查验

铁路客运站车无线交互系统手持终端设备主要提供乘车人数通知单统计、列车席位信息查询及车票查验等功能。

1. 电子票夹功能

车厢可视化界面根据旅客不同的状态显示不同的背景颜色：在席位管理页面选择车厢视图，会将列车席位以可视化的方式展示出来，同时将旅客的证件号后四位和旅客姓名第一位显示在列车席位视图的下方，方便工作人员快速核验。已检查、未检查、新上旅客、空闲席位、补票旅客、重点旅客和无座旅客。点击标题栏中【上传】按钮提交本车厢登记信息；点击【更新】按钮下载所有车厢席位登记信息；点击【菜单栏】弹出侧滑菜单。

车厢可视化界面如图 4-1-2 所示。

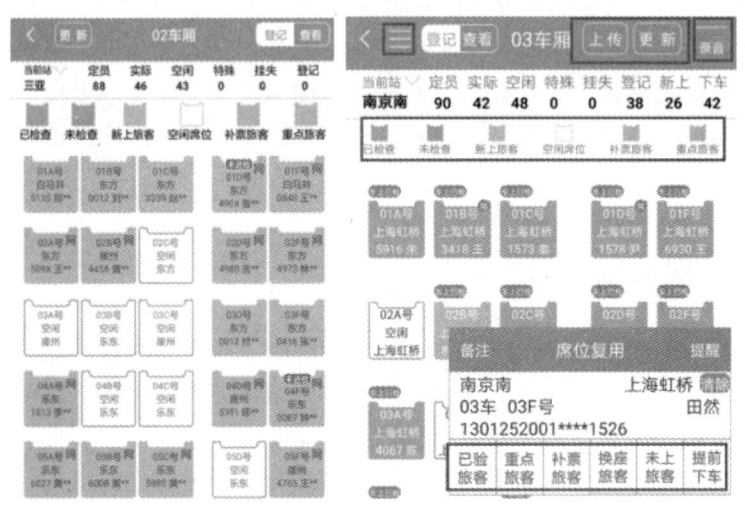

图 4-1-2　车厢可视化界面

（1）录音。

车厢可视化界面标头右上角有【录音】按钮，点击【开始录音】，录音完毕再次点击【录音】按钮，停止录音并以站名加当前时间作为文件名保存到指定路径下，有弹窗提示。

一个车站可多次录音，文件有时间后缀来区分。在快捷按键区点击【录音】到录音列表界面，可以播放录音。点击首页侧滑菜单录音进入录音列表界面。点击想要播放的条目即可播放该条录音；点击叉号删除录音。点击右下角【话筒】按钮，打开录音功能，点击【开始】即可开始录音，点击【停止】完成录音，并把该录音添加到录音列表，如图 4-1-3 所示。

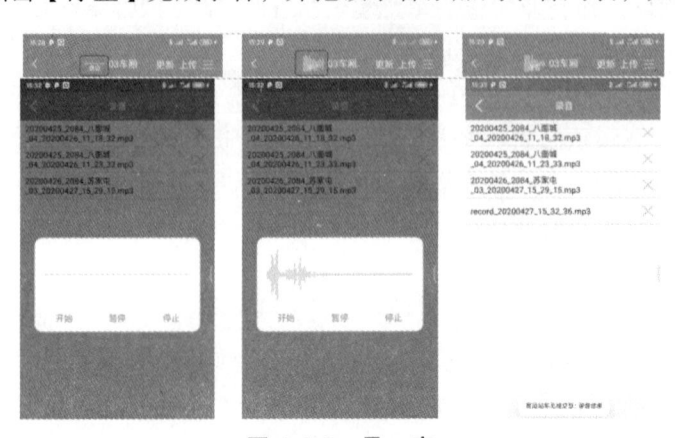

图 4-1-3　录　音

（2）登记旅客席位信息。

① 登记已检、未上车、补票旅客和重点旅客。

在席位管理页面选择车厢视图，选择"登记"，点击对应的席位弹出登记菜单，会在登记的同时将核验数据发送到后台 PSR 数据库，对应的电子票会打上"车上已验"标记。电子票核验界面如图 4-1-4 所示。

图 4-1-4　车上已验界面

例如登记 04F 席位旅客是重点旅客，点击该席位，弹出席位复用框，点击【重点旅客】，弹出重点旅客类型选择框，点击选择的类型，即可标记为"重点旅客"，如图 4-1-5 所示。补票和重点旅客会有补票类型和重点类型选择，选择的类型会在席位复用框上显示，如图 4-1-6 所示。登记未上车的旅客（席位左上角有红色未字），点击该席位弹出席位复用框中的【未上旅客】按钮改为【已上旅客】。点击【已上旅客】，该旅客标记为【已上车旅客】；标记已上车旅客席位的左上角有红色"已"字，如图 4-1-7 所示。如遇有未进检旅客，在进行已验旅客操作时，需输入旅客身份证后六位校验后，再登记席位信息，并修改背景色。

图 4-1-5　登记重点旅客

图 4-1-6　补票类型和重点类型选择

图 4-1-7　登记未上车旅客

② 登记换座旅客信息。

例如登记 6 车 1F 换到 6 车 1D，点击席位 1D，弹出席位复用框，选择原车厢号 6、原席位号 1F，输入该旅客的信息，点击【确认】，完成换席位登记。两个席位左上角都有个红色"换"字，如图 4-1-8 所示。

图 4-1-8　登记换座旅客

③ 登记提前下车旅客。

例如 12 车 1A 席位旅客要在济南西提前下车，并且是重点旅客。点击【1A】席位弹出席位复用框，点击【提前下车】会弹出提前下车登记框选择提前下车站，点击【重点旅客】，即可登记完成，如图 4-1-9 所示。

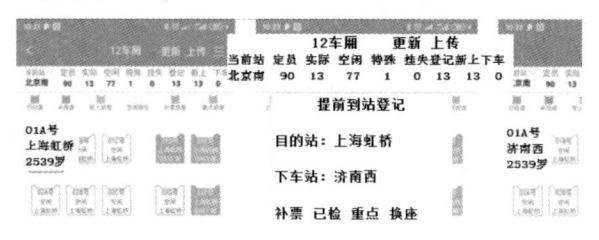

图 4-1-9　登记提前下车旅客

④ 登记旅客有同行儿童。

例如点击 12 车 01D 席位弹出席位复用框，点击【备注】按钮跳转到备注登记界面。输入同行儿童信息，点击【保存】，返回席位可视化界面。12 车 01D 席位左上角有一个红色"注"字，点击该席位弹出复用框，证件号码下面会有备注的信息。点击儿童票席位，备注登记界面同行儿童变为同行家长，可登记随行家长备注信息，如图 4-1-10 所示。

图 4-1-10　登记旅客有同行儿童

⑤ 登记已提醒。

提醒旅客（下车）后登记已提醒。点击【旅客席位】，弹出复用窗，点击右上角【提醒】，该席位显示对勾即登记成功，如图 4-1-11 所示。

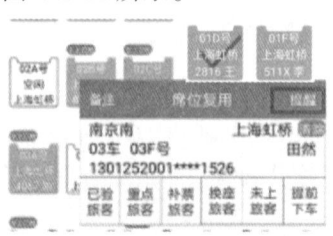

图 4-1-11　登记已提醒

⑥ 空闲席位登记旅客信息。

点击【空闲席位】，弹出选择类型对话框，可进行换座、席位复用和登记进行相应操作。弹出登记换座信息框，可进行换座操作。进入席位信息界面，可查询席位详细信息。弹出登记信息框，根据旅客实际情况选择发站、到站、票种并输入姓名及证件号码，点击【确定】即可登记成功。登记后，根据登记的信息更新席位显示信息，并且在该席位左下角标记"登"，如图 4-1-12 所示。

图 4-1-12　空闲席位登记旅客信息

⑦ 清除登记信息。

点击登记过的信息旅客的席位，弹出席位复用框，会有【清除】按钮，如图 4-1-13 所示，点击即可清除登记信息。

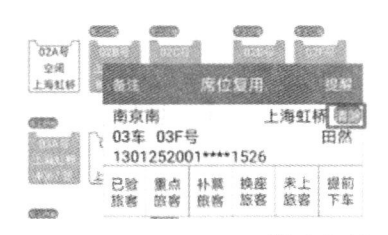

图 4-1-13　清除登记信息

2. 联网电子客票查询

根据证件号码查询本车次联网电子票信息。

（1）输入证件号码，点击【查询】按钮，可查询本车次联网电子票信息。

（2）查询结果如图 4-1-14 所示。未查询出结果或查询出错将会显示提示信息。

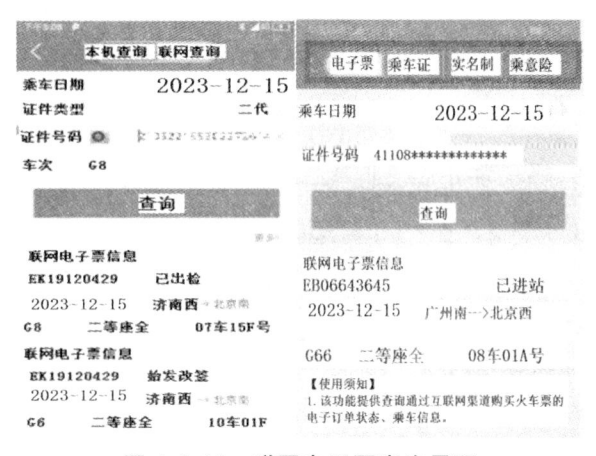

图 4-1-14　联网电子票查询界面

3. 离线电子客票查询

点击【离线电子客票】，可查询本次列车全部电子客票旅客乘车信息；点击【进入】，可查看本车次电子客票旅客相关信息。（常见显示内容有："进站未检，车上已验""进站检票，车上已验""实名验证""未检""进站未检，到站已检""已进检""已出检"等）。

如查询中显示"未进检"字样，说明该旅客已进站但未检票，列车应重点关注、查验。

如查询旅客具体相关信息，点击"证件号"输入被查询旅客购票证件后六位号码，进行查询。

根据乘车日期、证件号码、始发车次查询实名制信息。

（1）选择"乘车日期"，输入证件号码，点击"查询"按钮，查询本车次的实名制信息。点击"×"按钮，可直接清空证件号码。

（2）未查询出结果或查询出错将会显示提示信息。

离线电子客票查询如图4-1-15所示。

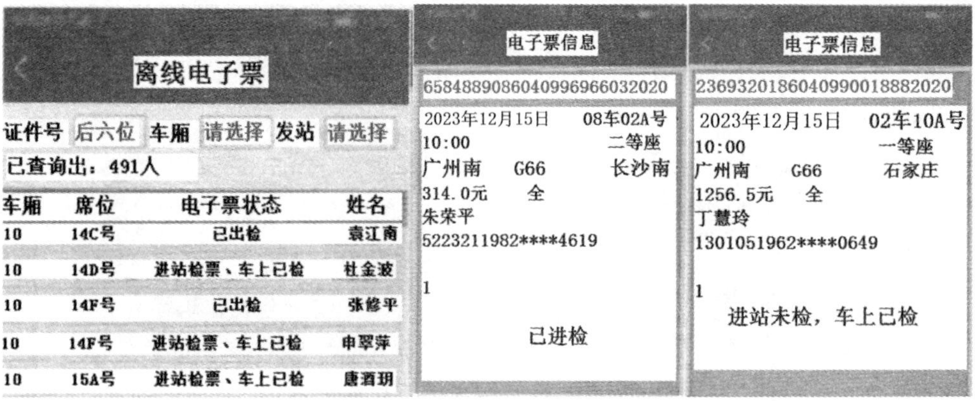

图 4-1-15　离线电子客票查询

（二）动车组列车电子客票核验

1. 复兴号动车组列车电子客票核验

乘务员结合席位显示系统或站车交互终端（席位显示系统故障时）针对性查票，红色显示席位免扰，只针对橙色和绿色显示席位、站立旅客核验车票。对无票、延长、漏检、减价不符及其他需要办理补票的旅客，引导办理补票手续。对违规使用票、证行为按收入管理规定处理，对符合失信人条件的，列车长及时汇报，并录入征信系统。商务、一等座乘务员根据席位显示系统或站车交互系统准确掌握旅客车票和到站信息，不再核验旅客票、证。

2. 其他动车组列车电子票核验

乘务员根据站车交互终端下载的客票信息进行针对性查票。对未发售席位及站立旅客进行重点查验，对特殊票种的乘车证件、减价证件进行核对。对无票、延长、漏检、减价不符及其他需要办理补票的旅客，引导办理补票手续。商务、一等座根据站车交互终端客票信息掌握旅客车票和到站信息，不再核验旅客票、证。

六、动车组列车特殊票种的查验

动车组列车核验车票时，常见的特殊票种包括儿童优惠票、铁路乘车证、残疾军人（伤残人民警察）优待票和学生优惠票等。

（一）儿童优惠票查验

1. 儿童优惠票购票条件

《中国国家铁路集团有限公司铁路旅客运输规程》所指的儿童是指符合购买铁路儿童优惠票条件和免费乘车条件的未成年人。除需要乘坐旅客列车通勤上学的学生和铁路运输企业同意在旅途中监护的儿童外，未满14周岁的儿童应当随同成年人旅客旅行。

（1）随同成年人乘车的儿童，年满6周岁且未满14周岁的应当购买儿童优惠票；年满14周岁，应当购买全价票。每一名持票成年人旅客可免费携带一名未满6周岁且不单独占用席位的儿童乘车，超过一名时，超过人数应购买儿童优惠票。儿童年龄按乘车日期计算。

（2）旅客携带免费乘车儿童时，应当在购票时向铁路运输企业提前申明，购票申明时使用的免费乘车儿童有效身份证件为其乘车凭证。

（3）免费乘车的儿童单独使用席位时应购买儿童优惠票。

（4）儿童优惠票的乘车日期、车次及席别应与同行成年人所持车票相同，到站不得远于成年人车票的到站。

2. 儿童优惠票查验

儿童优惠票查验应核对购票信息、本人的有效身份证件原件。如旅客已申领了免费儿童票，点开席位对免费儿童票进行验票，没有办理免费儿童票申领的在列车席位上为旅客申领免费儿童票。儿童优惠票查验如图4-1-16所示。

图 4-1-16　儿童优惠票查验

3. 申领免费儿童票

在站车交互终端，例如点击 01 车 09D 席位，弹出席位复用框，点击【申领免费儿童票】按钮，进入到申领免费儿童票界面。选择证件类型、输入姓名、证件号码，点击【免费儿童票申领】按钮即可申领。其他证件如出生证明需乘务员根据证件信息判断年龄是否符合要求。在车票信息界面和搜索界面也可找到【申领免费儿童票】入口。

申领失败会提示失败原因。申领成功会弹窗提示申领成功；成人车票票号后边显示"已申领儿童票"标记，页面下方显示【免费儿童票核验按钮】可核验免费儿童票。车厢席位可视化页面对应席位上方显示申领儿童标记，车票信息页面车票信息区域显示免费儿童票标记。

取消申领入口包括席位可视化界面的复用框【查验/取消申领免费儿童票】和车票信息界面，旅客车票信息显示区域【取消申领儿童票】。点击入口【取消申领儿童票】进入免费儿童票申领信息页面，页面依次显示成人票信息和免费儿童票信息。点击【取消儿童票申领】按钮，提示"确定要取消已申领的免费儿童票吗？"点击【确定】按钮，即可取消申领。

免费儿童申领如图 4-1-17 所示。

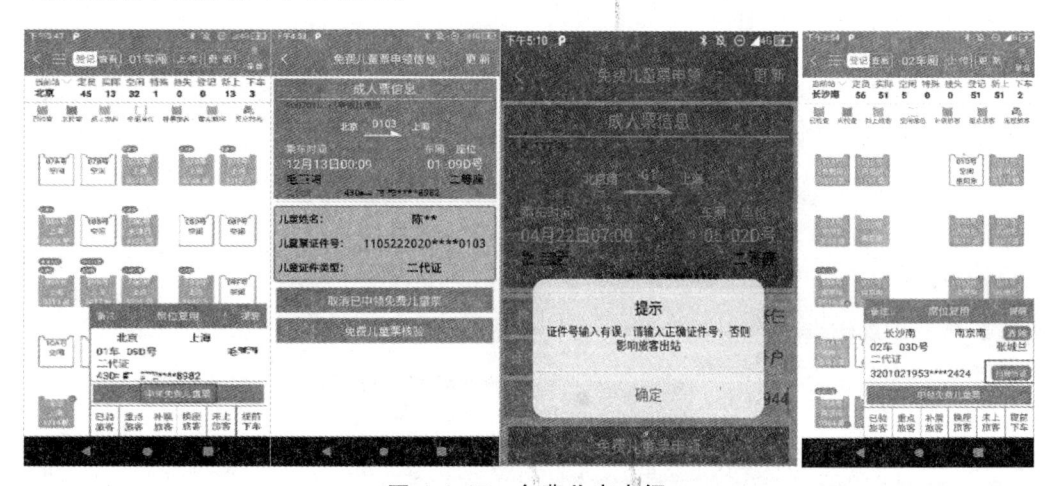

图 4-1-17　免费儿童申领

（二）铁路乘车证查验

铁路乘车证查验应核对签证信息、本人有效身份证件原件和工作证、乘车证等。

（1）点击【证件查询】，进入证件查询界面。

（2）点击【证件类型】，弹出选择窗，选择要查询人员的证件类型。

（3）输入姓名、证件编号、证件号三项中的一项，点击【查询】，即可查询到对应的人员信息。

查询结果如图 4-1-18 所示，上滑可显示全部查询结果。未查询出结果或查询出错将会显示提示信息。

图 4-1-18　铁路乘车证查验

（三）残疾军人（伤残人民警察）优待票查验

1. 残疾军人（伤残人民警察）优待票查验

持中华人民共和国残疾军人证、中华人民共和国伤残人民警察证、国家综合性消防救援队伍残疾人员证的人员凭证可以购买优待票。残疾军人（伤残人民警察）优待票查验应核对购票信息、减价凭证和本人有效身份证件原件，如图 4-1-19、图 4-1-20 所示。

图 4-1-19　残疾军人票查验　　　　图 4-1-20　伤残人民警察票查验

2. 残疾军人优待票优惠资质查询

对于持有残疾军人优待票的旅客，应首先查验其优惠资质。输入残疾军人（伤残人民警察）的身份证号码，查询该人员是否有优惠资质，没查到会提示；查到会显示的相关信息。

3. 核验补票操作

点击【核验补票】进入核验补票界面，显示所有未认证残军票。点击切换对应列表；点击【开具客票记录】按钮，弹窗提示，通知列车长给该乘客补票，补完票点击【确认】，弹窗输入补票票号，输入补票票号并点击【确认】提交，生成电子客运记录，并登记本次操作；点击右上角【核验补票记录】进入核验补票记录界面，如果核验的乘客有问题，点击该乘客条目取消登记。

残疾军人优待票核验补票如图 4-1-21 所示。

图 4-1-21　残疾军人票核验补票

（四）学生优惠票查验

1. 学生优惠票购票条件

（1）学生优惠票范围及时间。

在全日制高等学校（含国务院教育行政部门、省级人民政府审批设置的实施高等学历教育的民办学校）、承担研究生教育任务的科学研究机构、军事院校、普通中、小学和中等职业学校（含有实施学历教育资格的公办及民办中等专业学校、职业高中、技工学校），国务院或国务院宗教事务局批准的正式宗教院校就读的学生、研究生，家庭居住地和学校所在地不在同一城市时，凭附有标注减价优惠区间和火车票学生优惠卡的学生证（中、小学生凭加盖学校公章的书面证明），优惠区间应加盖院校公章，每学年（10月1日至次年9月30日）可购买家庭居住地至院校（实习地点）所在地之间四次单程的学生优惠票。新生凭录取通知书、毕业生凭盖有院校公章的学校书面证明当年可买一次学生优惠票。学生优惠票限于使用普通旅客列车硬座、硬卧和动车组列车二等座。

华侨学生和港澳台学生可购买学校所在地车站至口岸城市车站间的学生优惠票。铁路运输企业另有规定的除外。

（2）优惠资质核验要求。

学生每学年乘车前，应在线完成学生优惠资质核验，或持本人居民身份证件与火车票学生优惠卡到车站人工售票窗口或自动售票机办理一次。未办理或未通过优惠资质核验购买学生优惠票乘车时，列车应先办理补收票价差额手续，开具客运记录。旅客到站后可凭车补车票、学生证和购票时所使用的有效身份证件（列车如开具纸质客运记录，还应携带纸质客运记录），30日以内到车站售票窗口办理资质核验和退票手续。

车站核实学生所购学生优惠票符合有关规定后，为其办理资质核验，扣减学生火车票优惠卡次数，退还车补车票票款，不收取退票费。

已经购买学生优惠票的旅客，乘车途中不再核验学生证内是否附有学生优惠卡。

学生优惠票查验如图4-1-22所示。

图4-1-22 学生优惠票查验

2. 优惠资质查询核验

输入学生身份证，查询该学生是否有优惠资质，查到会显示学生的相关信息。查询到优惠资质的对该学生优惠票进行车上验票，在验票的同时进行资质核验。如未查询到优惠资质，则需要进行优惠资质采集。点击要核验的学生优惠票，弹出提示框。点击【确定】按钮，进行查询。查询成功，点击【验票】按钮，进行核验，核验成功后，修改学生票核验状态，扣减次数。学生优惠票资质核验如图 4-1-23 所示。

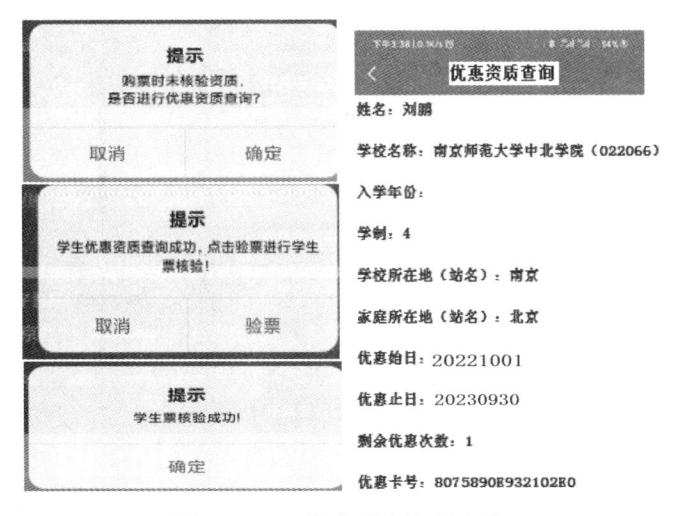

图 4-1-23　学生优惠资质查询

3. 优惠资质采集

如果未查询到优惠资质，需要使用蓝牙证卡识读设备识读学生优惠卡信息进行优惠资质采集。采集完成后对该学生票进行车上验票，在验票的同时进行资质核验。蓝牙设备连接通过点击首页右上角菜单【蓝牙证件识读器】，连接成功后，进入核验补票页面，刷学生优惠卡，弹出学生资质采集页面。需确认优惠卡和身份证信息匹配。所选购票证件号与优惠卡证件号不一致提示证件号不一致，重新选择再采集。未选择要核验的学生票进行采集，提示先选择要核验的学生票再采集学生优惠资质。点击【确定】，信息采集成功后，弹出成功提示信息，点击【验票】按钮，进行核验，核验成功后，自动修改学生票核验状态，扣减次数。学生票优惠资质采集如图 4-1-24 所示。

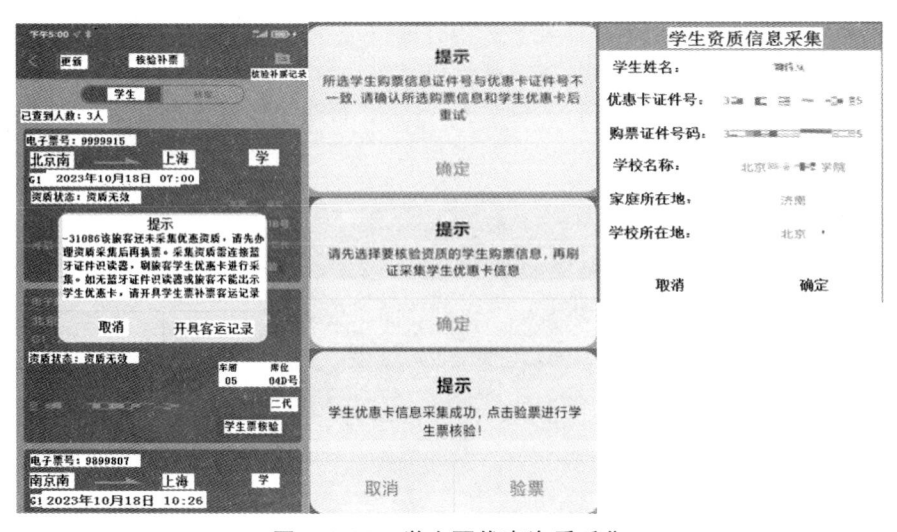

图 4-1-24　学生票优惠资质采集

4. 开具学生优惠票补票客运记录

旅客无法出示学生优惠卡、学生优惠资质采集失败、核验失败的学生票提示失败原因，开具学生优惠票补票客运记录。

点击【开具客票记录】按钮，弹窗提示，通知列车长给该乘客补票，补完票点击【确认】，弹窗输入补票票号，输入补票票号并点击【确认提交】，生成电子客运记录，并登记本次操作；点击右上角【核验补票记录】进入核验补票记录界面，如果核验的乘客有问题，点击该乘客条目，取消登记。核验补票操作如图 4-1-25 所示。

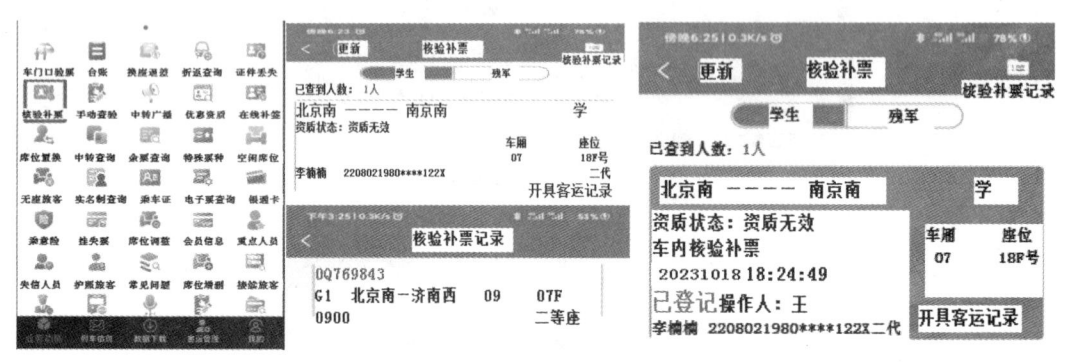

图 4-1-25 核验补票操作

【任务实施】

1. 任务准备

（1）设备准备：仿真动车组车厢、模拟站车交互系统手持终端，实训室，专业训练服（可着正装）。

（2）实训资料准备：相关电子客票乘车凭证、实训任务单、《动车组列车服务质量规范》、教材等。

（3）情景准备：实训前各小组查阅、收集资料，选择动车组列车查验车票作业中利用站车交互系统，对儿童优惠票、学生优惠票、伤残优待票等特殊票种、乘车证件、减价证件进行核对情景，情景中包括动车组列车客运乘务组人员、旅客。

（4）人员准备：实训分小组进行，每组 6~8 人，每小组做好人员分工。

2. 实施步骤

（1）高速铁路电子客票认知。
（2）动车组列车电子客票查验。
（3）动车组列车特殊票种的查验。
（4）优惠资质核验。
（5）组内互查，教师总结并评分、评价。

3. 任务单

训练名称	动车组列车电子客票查验工作训练		
班　级		姓　名	

1. 结合实际谈谈高速铁路电子客票的优越性。

2. 使用站车交互系统手持终端查验电子客票。

3. 使用站车交互系统手持终端查验特殊票种。

4. 使用站车交互系统手持终端核验学生票资质。

任务总结：

4. 效果评价

	项目	A-优	B-良	C-中	D-及格	E-不及格	综合
小组评价	电子客票查验（15%）						
	特殊票种查验（15%）						
	优惠资质确认（20%）						
	团队合作（10%）						
教师评价	票务作业（20%）						
	任务单（20%）						
	教师签名						

任务 2　动车组列车电子化补票

【任务引入】

动车组列车电子化补票是列车长通过手持终端机为旅客办理补票业务，补票完成后，无需打印纸质车票，旅客收到 12306 系统发送的补票信息通知，显示列车补票信息。如果需要报销，在车站换取报销凭证。车票最远发售至本次列车终到站。铁路运输企业另有规定的票种除外。

请思考：如何正确使用列车移动补票机为旅客办理各种补票业务？

【相关知识】

动车组列车客运乘务组在出乘作业时列车长请领移动补票机。途中作业中需对无票、延长、漏检、减价不符及其他需要办理补票的旅客，办理补票手续。

有补票需求的旅客，可在列车上向工作人员出示有效身份证件和手机号码，使用现金、支付宝或微信支付票款后，补票信息会以短信的形式发送到旅客的手机上，直接凭补票证件检票出站。在列车补票后，可在 12306 移动端、自助票务终端、车站窗口查询列车补票记录。

旅客要求越过车票到站继续乘车时，须在原车票到站前提出，在有运输能力的情况下列车可予以办理，核收越站区间的票款；无运输能力时，列车有权拒绝旅客补票和继续乘车。

一、列车电子化补票移动终端操作

（一）出乘初始化

出乘前到票据室请领票机。班组出乘时，第一次打开补票终端应用进入出乘界面，选择铁路局集团公司后，点击【出乘】，根据该终端的"设备 ID"联网获取初始化信息，跳转到登乘界面并显示可用电子票据等基本信息，即表示出乘成功。选择补票员工号，输入密码，点击【登乘】按钮，登乘成功。

出乘初始化如图 4-2-1 所示。

列车移动补票机的操作管理

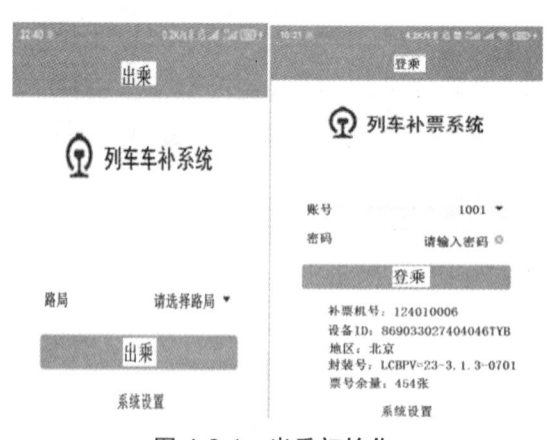

图 4-2-1　出乘初始化

（二）车次数据下载

登乘成功后，进入班组交路界面，在交路界面可见补票终端上趟值乘的车次及始发日期，可以根据本趟值乘的车次进行修改。也可对车次添加和删除，可操作的车次范围受地面管理应用管控，如遇临时增开车次需向地面申请后才允许添加。

交路车次维护完毕，点击【车次下载】按钮更新车次数据，将本趟值乘的车次均下载更新至客票系统当前最新有效的运行图。

进行车次下载时一定要看到显示最后一步，如"G41车次文件下载完成"，才算下载完成。车次数据下载如图4-2-2所示。

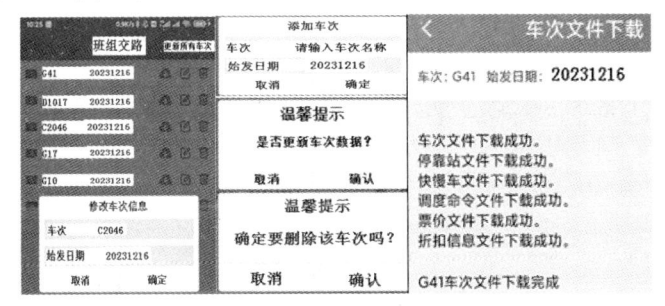

图 4-2-2　车次数据下载

车次数据下载完成后，点击【补票车次】进入补票作业界面。补票作业界面如图4-2-3所示。

图 4-2-3　补票作业界面

（三）电子票号初始化

开始补票作业前，补票终端首先获取为该设备发放的电子票据号段，并更新登乘界面的剩余张数，如出现当前票号超出发放的票号段将明确提醒，此时需向地面管理人员申请发放电子票号，随后可退出重新登乘，或在业务处理界面点击【领取车票】重新获取电子票据号段，无可用票号的情况下禁止补票。电子票号初始化如图4-2-4所示。

图 4-2-4　电子票号初始化

(四)补票作业

列车补票包括四种类型,分别为:无原票(无票)、本列票(有本车票)、非本列票(有非本车票)、公免签证(乘车证)。

1. 无原票补票

无原票事由包括旅客无票上车,欲补一张座席或卧铺全票和无票加罚。顺序选择发站、到站、票种、席别、铺别、事由等信息后,选择支付方式,在票面信息界面选择"只上传存根数据"或者"上传数据并打印凭条"。上传成功后即可在地面管理应用查询到该条存根信息。无原票补票操作如图 4-2-5 所示。

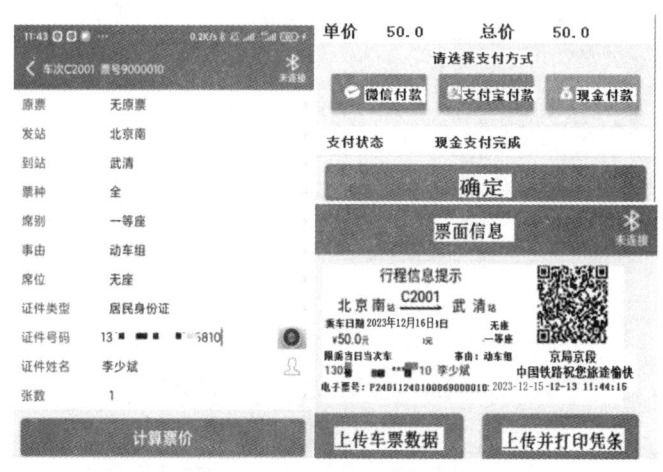

图 4-2-5 无原票补票操作

点击证件姓名条目的右侧图标按钮,查询证件号对应的名字并显示。姓名查询辅助功能如图 4-2-6 所示。

图 4-2-6 查询证件号对应的姓名

2. 本列票补票事由

（1）补卧：旅客有一张本列车的座席票，欲补一张卧席票。例如，硬座补硬卧或者软座补软卧。

（2）变座：旅客有一张本列车的座席票，欲补一张高于此席别的座席。例如，硬座补软座。

（3）变座补卧：旅客有一张本列车的硬座票，欲补一张软卧票。

（4）变铺：旅客有一张本列车的卧席，欲补一张相同卧席不同铺别的票。例如，硬卧上铺补中铺，或者软卧上铺补下铺。

（5）越站：旅客有一张本列车从 A 到 B 的车票，欲补一张从 B 到 C 的同席别的票。

（6）越站变座：旅客有一张本列车从 A 到 D 的硬座票，欲补一张从 D 到 F 或者从 B 到 F 的软座票。

（7）变座变卧：旅客有一张本列车的硬卧票，欲补一张软卧票。

（8）越站变座变卧：旅客有一张本列车从 A 到 D 的硬卧票，欲补一张从 D 到 F 或者从 C 到 F 的软卧票。

（9）变座变高包：旅客有一张本列车的硬卧票，欲补一张高级软卧票。

（10）越站变座变高包：旅客有一张本列车从 A 到 D 的硬卧票，欲补一张从 D 到 F 或者从 C 到 F 的高级软卧票。

（11）越站变座补卧：旅客有一张本列车从 A 到 D 的硬座票，欲补一张从 D 到 F 或者 C 到 F 的软卧票。

（12）补高包：旅客有一张本列车的软座票，欲补一张高级软卧票。

（13）越站补高包：旅客有一张本列车从 A 到 D 的软座票，欲补一张从 D 到 F 或者从 C 到 F 的高级软卧票。

（14）变座补高包：旅客有一张本列车的硬座票，欲补一张高级软卧票。

（15）越站变座补高包：旅客有一张本列车从 A 到 D 的硬座票，欲补一张从 D 到 F 或者从 C 到 F 的高级软卧票。

（16）越站补卧：旅客有一张本列车从 A 到 D 的硬座票，欲补一张从 D 到 F 或者从 C 到 F 的硬卧票。

（17）退差补卧：旅客有一张本列车的软座票，欲补一张硬卧票。

（18）减价不符或补价：旅客有一张本列车的学生票或军残票，但是他的学生证或军残证不符合规定（减价不符要加收差价的 50%）。

（19）越席加价：低席别占用高席别。

3. 非本列票补票事由

非本列票为有其他车次或有本车次但日期不符的车票。

（1）补差：旅客有一张非本列车票，欲补一张本列车硬座票，原票作价小于所要补的票价，需要补差价。

（2）补差变座：旅客有一张非本列车票，欲补一张本列车软座票，原票作价小于所要补的票价，需要补差价。

（3）补差补卧：旅客有一张非本列车票，欲补一张本列车硬卧票，原票作价小于所要补的票价，需要补差价。

（4）补差变座补卧：旅客有一张非本列车票，欲补一张本列车软卧票，原票作价小于所要补的票价，需要补差价。

（5）补差变座补高包：旅客有一张非本列车票，欲补一张本列车高级软卧票，原票作价小于所要补的票价，需要补差价。

（6）改签：改签车票。

4. 本列票、非本列票补票

（1）查询原票信息。

选择证件类型，输入证件号，点击证件号码条目最右边的"搜索"图标按钮，查询原票信息，根据情况在原票列表中选择正确的原票信息。选择原票信息如图4-2-7所示。

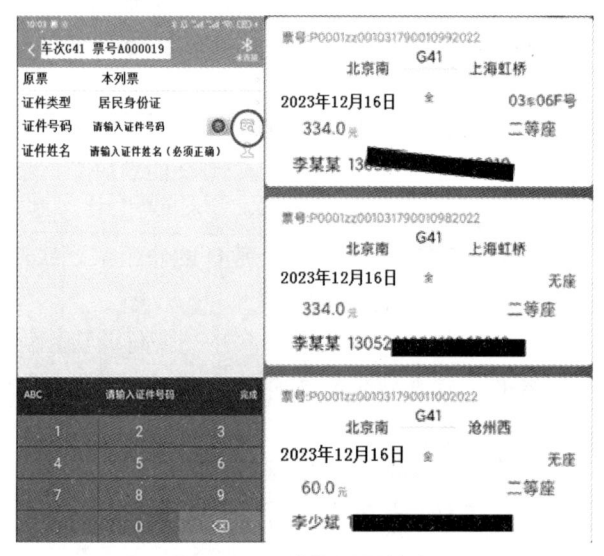

图4-2-7 选择原票信息

（2）本列票、非本列票补票。

顺序选择发站、到站、事由等信息进行补票操作，选择完支付方式。在票面信息界面选择只上传存根数据或者上传数据并打印凭条。本列票、非本列票补票如图4-2-8所示。

图4-2-8 本列票、非本列票补票

5. 乘车证签证

乘车证签证是旅客携带公免证件，上车补一张对应的车票，例如硬公免补硬席。公免签证的票种有四种：硬公免（相当于硬座、二等座、硬卧、混编硬座和混编硬卧）、软公免（除了商务座和高包都免费）、探亲票（相当于硬座、二等座）、通勤票（相当于硬座、二等座）。

公免签证的事由（变座、变座变卧、变座变高包、补卧、变座补卧、补高包、补硬包以及变座补高包）都和本列票一样。

输入身份证号或者公免号，点击公免条目右边的"搜索"图标按钮，便可查询到公免或身份证信息，并显示姓名，也可以手工输入公免信息。公免签证如图 4-2-9 所示。

图 4-2-9　公免签证

6. 短信通知

补票时，预留旅客手机号，补票完成后根据该手机号关联的 12306 账户通知设置里绑定的渠道进行支付宝或微信通知，若未绑定，则进行短信通知。短信通知如图 4-2-10 所示。

图 4-2-10　短信通知

（五）业务处理

1. 存根查询

进入存根查询界面，可以查询本趟车补票情况、并显示存根上传状态。存根已上传显示绿色"已上传"（订单、PSR、存根），未上传显示红色字"未上传"（出现未上传情况意味着旅客将无法检票出站和换取报销凭证），需要点击"补传信息"或"一键上传"按钮进行数据补传。存根查询如图 4-2-11 所示。

图 4-2-11　存根查询

2. 补打凭条

在存根查询界面也可以点击【存根条目】，进入补打凭条界面，点击【补打凭条】。补打凭条如图 4-2-12 所示。

图 4-2-12　补打凭条

3. 废票处理

点击业务处理界面的废票处理按钮，进入废票处理界面，可作废一定时间内的车票，作废限时 30 分钟。废票处理如图 4-2-13 所示。

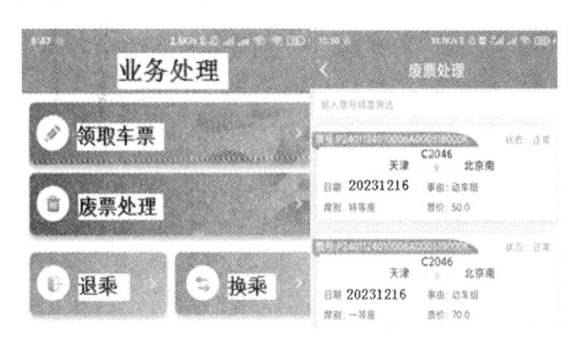

图 4-2-13　废票处理

（六）退乘结账

点击【退乘】会自动检查是否有未上传存根，并要求补传存根数据。如存根全部上传完毕，点击【退乘】，并输入有效的校验密码，即可退乘成功。

正常情况【退乘】为一次性操作不可逆，操作需明确已退乘结账不再补票。退乘结账如图 4-2-14 所示。

图 4-2-14　退乘结账

（七）旅客打印车补报销凭证

列车补票后不能当场领取报销凭证。旅客到达后凭补票有效身份证件检票出站，可在 180 天内前往全路任一车站窗口、自助票务终端领取报销凭证。车补报销凭证标明补票渠道、票价组成和补票事由。列车补票报销凭证票样如图 4-2-15 所示。

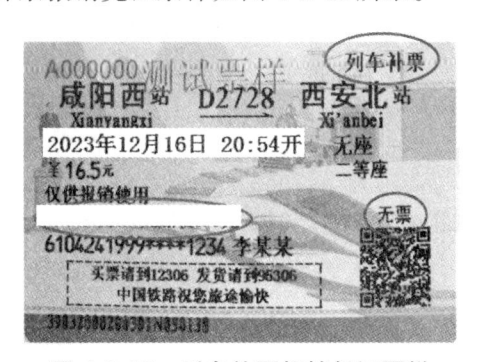

图 4-2-15　列车补票报销凭证票样

(八)异常情况处理

(1)需在列车开车前登录补票应用程序并完成数据下载,补票时如遇网络异常导致数据上传失败,待信号恢复后会自动进行补传,也可在临近到站具备网络条件时进行手工补传;到站仍上传失败的,需告知旅客持补票证件及"行程信息提示"凭证通过人工口核验出站,或通过出站闸机扫"行程信息提示"凭证上的二维码校验出站。列车打印"行程信息提示"如图4-2-16所示。

图4-2-16 列车打印"行程信息提示"

(2)通过移动终端完成列车补票的,数据上传成功后,旅客方可刷证出站及领取报销凭证,工作人员需要重点关注数据上传异常情况,并及时手工补传。

(3)列车补票移动终端要加强设备维护与管理,仅允许使用GSM-R或指定的物联网SIM卡,不得插入普通SIM卡,终端不得安装与工作无关的应用程序。

二、铁路"畅行码"列车补票操作

铁路畅行码粘贴在动车组列车的座椅扶手上。铁路畅行码将旅客所乘列车的相关信息以及12306网站中最常用的功能集合在一起,扫码即可看到所乘列车的车次、日期、车厢号、席位号、始发终到站名、列车时刻表、终到站天气情况、正晚点信息、列车行驶轨迹等,具有餐饮服务、补票升席、遗失品查找、商务座服务、重点旅客、问题反馈、问卷、建议、信息服务、畅行商城等功能。其中,补票升席、商务座服务、重点旅客、问题反馈、信息服务五个功能需要扫描列车上的二维码才能使用。可以填写铁路旅客服务质量满意度测评调查问卷或对本次列车进行评价及建议。

1. 旅客提交补票需求

旅客扫码畅行码进入畅行码小程序,在畅行码小程序填写并提交补票需求。旅客提交补票需求如图4-2-17所示。

图 4-2-17　旅客提交补票需求

2. 列车长查看需求列表

旅客提交补票需求后，列车长在票机程序即可查看旅客提交的补票需求。补票需求包含车次、发到站、乘车日期、席别、证件类型、证件号、旅客位置以及订单状态。列车长根据现场情况，可以拒绝受理或受理补票需求订单。列车长查看需求列表如图 4-2-18 所示。

图 4-2-18　旅客补票需求列表

3. 补票作业

受理成功后，自动跳转到补票作业界面，并带有旅客提交的补票信息。信息有误可点击

【修改】。无误则依次选择原票信息、事由、席位等信息进行补票操作。补票作业如图 4-2-19 所示。

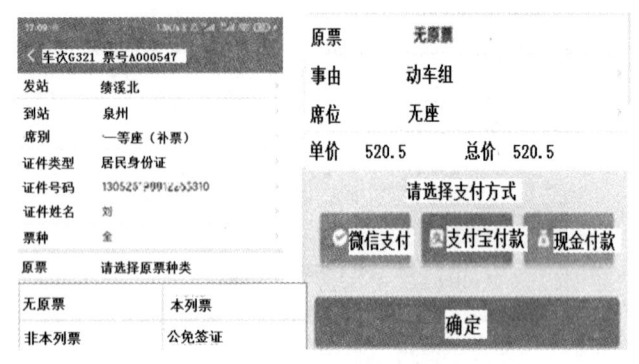

图 4-2-19　补票作业

4. 补票完成

补票完成后订单即为完成状态，票机需求订单列表和旅客小程序旅客提交记录都会显示完成状态，如图 4-2-20 所示。

图 4-2-20　补票完成

三、动车组列车纸质车票补票机正常补票操作

（一）主界面补票操作

在主界面选择【补票操作】（以正常补票为例，其他事由操作相同，只是选择的具体项目不同）。界面显示当前系统的票号，补票员需要核实是否正确。票号格式根据各地的要求自行

设置是 7 位还是 8 位。

需要修改票号点击【修改】按钮，如果地面系统设置的输入票号，会弹出输入框，直接输入即可。

确认无误后点击【下一步】，当前车次是现在正在使用的车次。这里的车次是地面系统预先下载进来的，车班不可改变。出乘日期是本车次始发站的开车日期。主界面补票操作如图 4-2-21 所示。

图 4-2-21　主界面补票操作

（二）选择继续使用当前车次进行正常补票

1. 补票类型

列车上根据不同情况划分为 10 种补票类型。补票类型如图 4-2-22 所示。

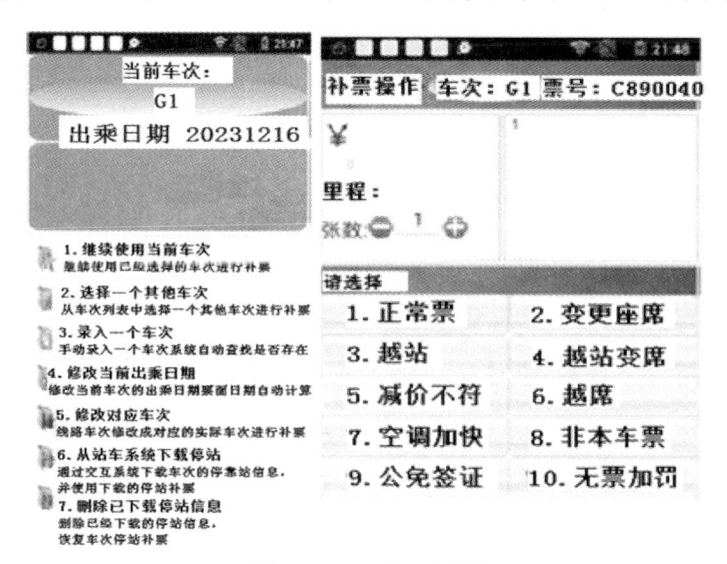

图 4-2-22　补票类型

2. 正常票补票操作

（1）选择票种。

选择正常票后进入界面，根据旅客的实际情况选择旅客上车的起始站："客（特快卧）"为正常无票旅客；"补签"为提前乘车未办理改签的旅客。根据实际情况进行选择：全价票、小孩票、学生票、残军票。选择票种操作如图 4-2-23 所示。

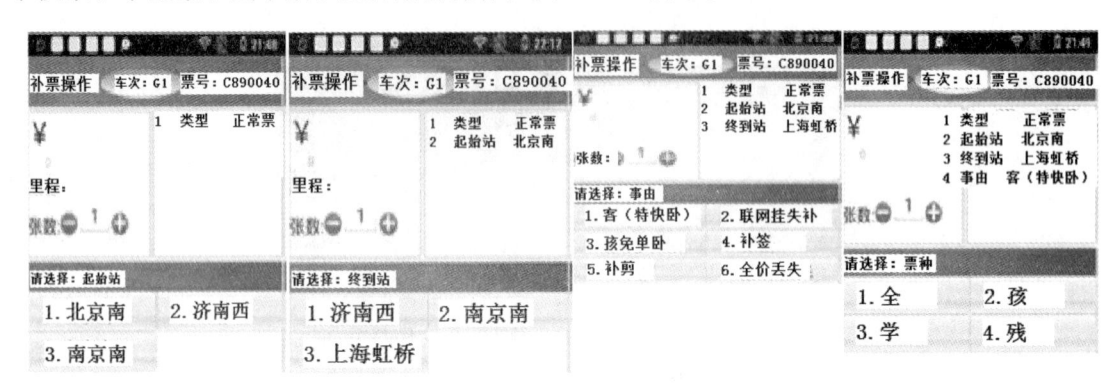

图 4-2-23 选择票种

（2）选择座别。

进入座别选择界面，座别信息是地面系统根据实际情况预先设定好的，根据实际情况选择即可，如选择二等座选择座别后，屏幕上显示票价里程等信息。选择座别如图 4-2-24 所示。

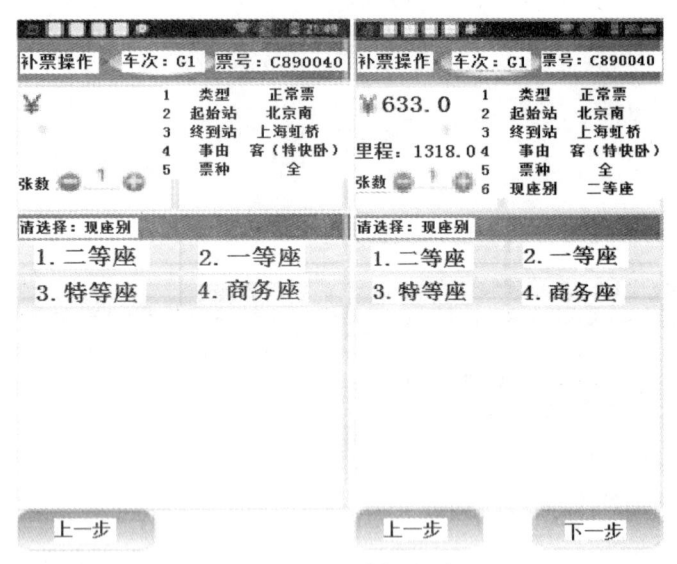

图 4-2-24 选择座别

（3）票面预览。

选择张数点击【下一步】按钮，可预览整个票面信息，与旅客核对所选信息正确后，输入车厢号、座位号，不输默认为无座。选择证件类型，输入证件号。有原票的根据要求输入原票号。联网取席位：从客票网查询是否有空余席位，如果有客票网返回车厢席位号，没有则提示相关信息。票面预览如图 4-2-25 所示。

（4）支付票款。

选择微信支付时显示微信支付码，旅客扫码支付票款。选择支付宝支付时显示支付宝支付码，旅客扫码支付票款。同时支持微信与支付宝支付，二维码界面可以滑动切换微信或支付宝。支付票款如图 4-2-26 所示。现金支付时跟微信支付宝一样，多一步提示。

图 4-2-25　票面预览　　　图 4-2-26　支付票款

（5）打印车票。

二维码界面点击【打印车票】，车票标记相关支付方式。打印列车补票如图 4-2-27 所示。

图 4-2-27　打印列车补票

四、不符合乘车条件的处理

（一）加收应补票价

有下列行为时，铁路运输企业按规定补票，并加收已乘区间应补票价 50% 的票款：

（1）无票乘车且未主动补票时，补收自乘车站（不能判明时自始发站）起至到站止的车票票款。持失效车票乘车或在车票到站后不下车继续乘车的，按无票处理。

（2）持用变造、伪造或涂改的乘车凭证乘车时，除按无票处理外并送交公安部门处理。

（3）票、证、人不一致的，按无票处理。

（4）持用低票价席别车票乘坐高票价席别时，补收所乘区间的票价差额。

（5）旅客持优惠票、优待票没有规定的减价凭证或不符合减价条件时，按照全价票价补收票价差额。

（二）补收票款

有下列情况时应当补收票款：

（1）应购买儿童优惠票而未买票的儿童，补收儿童优惠票票款。

（2）应购买全价票而购买儿童优惠票乘车的未成年人，应补收儿童优惠票票价与全价票票价的差额。

（3）主动补票或者经站、车同意上车补票的。

（4）对无票乘车而又拒绝补票的人，列车长可责令其下车并应编制客运记录交前方三等以上车站或县、市所在地车站处理（其到站近于上述车站时应交到站处理）。车站对列车移交或本站发现的上述人员应追补应收和加收的票款。

（5）对拒不支付应补票款和加收票款的，以及不接受车票实名制查验的旅客，站、车均可拒绝其进站、上车或责令其下车；对责令其下车的，其未使用至到站的票款不予退还，运输合同即行终止。

五、违规携带物品处理

旅客携带品由自己负责看管。旅客需妥善放置携带品，不得影响公共空间使用和安全。每人免费携带品的重量和规格是：儿童 10 kg，外交人员 35 kg，其他旅客 20 kg。乘坐动车组列车均不超过 130 cm。每件重量不超过 20 kg。平衡车、滑行器等轮式代步工具须使用硬质包装物妥善包装。

依靠辅助器具才能行动的老、幼、病、残、孕等特殊重点旅客旅行时代步的折叠式轮椅，以及随行婴儿使用的折叠婴儿车，可免费携带并不计入上述范围。

旅客违规携带的物品按下列规定处理。

（1）在乘车站禁止进站上车。

（2）在车内或下车站，对超过免费重量的物品，其超重部分应自上车站至下车站补收行李运费。对不可分拆的整件超重、超大物品、活动物，按该件全部重量补收上车站至下车站行李运费。

（3）发现危险品或禁止、限制运输的物品，妨碍公共卫生的物品，损坏或污染车辆的物品，按该件全部重量补收上车站至下车站加倍补收行李运费。危险品交前方停车站处理；涉嫌违法犯罪的送交公安部门处理。对有必要就地销毁的危险品应按有关规定处理。

（4）如旅客超重、超大的物品价值低于运费时，可按物品价值的 50% 核收运费。

（5）补收运费时，不得超过本次列车的始发站和终到站。不能判明上车站时，自始发站起计算。

六、动车组列车补票计算案例

【例 4-2-1】2023 年 12 月 2 日，D39 次列车（京沪高速线）济南西到站前，发现一名旅客持北京南至南京南军残票 1 张，无减价凭证，并携带一名 15 岁儿童（持有儿童票 1 张），要求越站至上海虹桥站，列车二等座 5 车 DF 有席位，请按章办理。

【解】

1. 事由

减价不符、越站

2. 运价里程

北京南—南京南 1023 km；北京南—济南西 406 km；南京南—上海虹桥 295 km。

3. 处理减价不符

（1）补收旅客票价：

全价票：$0.3366 \times (1 + 10\%) \times 1023 = 379.0$（元）

半价票：$379 \times 50\% = 189.5$（元）

全半差：$379.0 - 189.5 = 189.5$（元）

加收北京南至济南西 50%票款：

$0.3366 \times (1 + 10\%) \times 406 = 150.5$（元）；$150.5 \times 50\% = 75.25 \approx 75.5$（元）

（2）补收儿童票全半差：

$379.0 - 379 \times 50\% = 189.5$（元）

4. 处理越站

$0.3366 \times (1 + 10\%) \times 295 = 109.0$

$109.0 \times 2 = 218.0$（元）

5. 共计补收

$189.5 + 75.5 + 189.5 + 218.0 = 672.5$（元）。

【例 4-2-2】2023 年 12 月 19 日，太原开往重庆的 G2233 次列车（大西高速线、南同蒲线、陇海线、宝成线、成渝线），广元站到站前，在 9 车 18 号铺位发现一名旅客携带摔炮 6 kg（其中包装物 2 kg），另携带两个旅行包共 23 kg，列车应如何处置？

【解】

1. 事由

携带品违章

2. 运价里程

西安—重庆 1346 km，西安—广元 523 km，西安—内江 1061 km，广元—重庆 823 km。

3. 运费计算

成年人可携带 20 kg，旅客携带危险品乘车，加倍补收上车站至前方站行李运费。

加倍补收西安—广元 523 km 的 6 kg 行李运费：$6 \times 2 \times 0.292 = 3.5$（元）

补收西安—重庆 1346 km 的 3 kg 行李运费：$3 \times 0.643 = 1.9$（元）

补收广元—重庆 823 km 的 2 kg 行李运费：$2 \times 0.435 = 0.9$（元）

4. 运费合计

$3.5 + 1.9 + 0.9 = 6.3$（元）

旅客列车行李运价表（含填写说明）见表 4-2-1。

表 4-2-1　行李运价表　　　　　　　　　　　单位：元/千克

里程	千克运价	里程	千克运价	里程	千克运价
1-20	0.012	781-820	0.416	3141-3220	1.266
21-30	0.015	821-860	0.435	3221-3300	1.289
31-40	0.021	861-900	0.454	3301-3380	1.313
41-50	0.026	901-940	0.472	3381-3460	1.336
51-60	0.032	941-980	0.491	3461-3540	1.360
61-70	0.038	981-1020	0.51	3541-3620	1.383
71-80	0.044	1021-1060	0.526	3621-3700	1.407
81-90	0.050	1061-1100	0.543	3701-3790	1.432
91-100	0.056	1101-1150	0.561	3791-3880	1.458
101-110	0.062	1151-1200	0.582	3881-3970	1.484
111-120	0.067	1201-1250	0.602	3971-4060	1.511
121-130	0.073	1251-1300	0.623	4061-4150	1.537
131-140	0.079	1301-1350	0.643	4151-4240	1.563
141-150	0.085	1351-1400	0.664	4241-4330	1.590
151-160	0.091	1401-1450	0.684	4331-4420	1.616
161-170	0.097	1451-1500	O.705	4421-4510	1.643
171-180	0.103	1501-1550	0.724	4511-4600	1.669
181-190	0.108	1551-1600	0.741	4601-4700	1.697
191-200	0.114	1601-1660	0.761	4701-4800	1.726
201-220	0.122	1661-1720	0.782	4801-4900	1.755
221-240	0.133	1721-1780	0.803	4901-5000	1.785
241-260	0.144	1781-1840	0.824	5001-5106	1.814
261-280	0.154	1841-1900	0.845	5101-5200	1.843
281-300	0.165	1901-1960	0.866	5201-5300	1.873
301-320	0.175	1961-2020	0.887	5301-5400	1.902
321-340	0.186	2021-2080	0.908	5401-5500	1.931
341-360	0.196	2081-2140	0.930	5501-5600	1.961
361-380	0.207	2141-2200	0.951	5601-5700	1.990
381-400	0.217	2201-2270	0.974	5701-5800	2.019
401-430	0.231	2271-2340	0.998	5801-5900	2.048
431-460	0.246	2341-2410	1.023	5901-6000	2.078
461-490	0.262	2411-2480	1.047	6001-6100	2.107
491-520	0.278	2481-2550	1.071	610 1-6200	2.136
521-550	0.292	2551-2620	1.092	6201-6300	2.166
551-580	0.306	2621-2690	1.112	6301-6400	2.195
581-610	0.320	2691-2760	1.133	6401-6500	2.224
611-640	0.334	2761-2830	1.153	6501-6600	2.254
641-670	0.348	2831-2900	1.174	6601-6 700	2.283
671-700	0.362	2901-2980	1.196	6701-6800	2.312
701-740	0.379	2981-3060	1.219	6801-6900	2.341
741-780	0.397	3061-3140	1.243	6901-7000	2.371

注：1. 行李重量以千克为单位，不足1千克进为1千克。
2. 行李起码重量为5千克，每张行李票的起码运费为1元。
3. 本表给出各个里程段上的千克运价，计算运费时用该运价乘以行李重量。
4. 行李运费以元为单位，尾数保留到角。
5. 行李7001千米以上，每增加100千米或不足100千米，每千克增加0.029元。

【例 4-2-3】2023 年 12 月 9 日由昆明南开往厦门 G1682 次（沪昆高速线、昌福线、永莆线、杭深线、鹰厦线），南昌西到站前在一等座车厢 1 车 7A 发现韩某持本人 2023 年度贵阳北—三明北全年硬席乘车证，并持有本次列车二等座 5 车 15 号签证票，携带一名儿童，证件号码（350000×××××××1239），携带包 1 个重 40 kg，内有香水 2 瓶，各 150 mL，要求继续乘车至莆田站，一等座车除 7A 外无其他空余席位，请问列车如何办理？（1 mL = 1 g）

【解】

1. 事由

到站前发现：越席、越站、儿童无票、违章携带品。

2. 运价里程

贵阳北—南昌西 1048 km，贵阳北—三明北 1400 km，三明北—莆田 196 km，贵阳北—莆田 1596 km。

3. 票价计算

（1）处理职工越席：

贵阳北—三明北 1400 km 一等座票价：0.3366 × (1 + 10%) × 1400 = 518.5（元）

贵阳北—三明北 1400 km 二等座票价：0.2805 × (1 + 10%) × 1400 = 432.0（元）

补收贵阳北—三明北 1400 km 一等座与二等座票价差：518.5-432.0 = 86.5（元）

贵阳北—南昌西 1048 km 一等座票价：0.3366 × (1 + 10%) × 1048 = 388.0（元）

贵阳北—南昌西 1048 km 二等座票价：0.2805 × (1 + 10%) × 1048 = 323.5（元）

加收贵阳北—南昌西 1048 km 一等座与二等座票价差的 50%：(388-323.5) × 50% = 64.5 × 50% = 32.5（元）

（2）处理职工越站：

补收三明北—莆田 196 km 一等座票价：0.3366 × (1 + 10%) × 196 = 72.5（元）

（3）处理儿童补票：

补收贵阳北—莆田 1596 km 半价二等座票价：

0.2805 × (1 + 10%) × 1596 × 50% = 492.5 × 50% = 246.5（元）

（4）票价合计：

86.5 + 32.5 + 72.5 + 246.5 = 458.0（元）

4. 处理携带品

香水、花露水、喷雾、凝胶等含易燃成分的非自喷压力容器日用品，单体容器容积不超过 100 mL，每种限带 1 件。

（1）加倍补收贵阳北—南昌西 1048 km 的 2 瓶 150 ml 的香水行李运价：1 × 0.526 × 2 = 1.1（元）

（2）补收贵阳北—莆田 1596 km 的（40 - 30 - 0.3 = 10）千克行李运价：0.741 × 10 = 7.4（元）

（3）运价合计：1.1 + 7.4 = 8.50（元）

【例 4-2-4】2023 年 12 月 4 日京广线、北京西到广州南的列车发现一名旅客持北京西到广州南的二等车票，携带一件，长 45 cm、宽 30 cm、高 100 cm 的汽车配件，重 12 kg，带一个 13.5 kg 的背包。请按章办理。

【解】

里程：北京西—广州南 2314 km

计算运费：45 + 30 + 100=175 cm＞130 cm，补收：12 × 0.998 = 11.976 = 12.0（元）

应收合计 12.0 元。

【任务实施】

1. 任务准备

（1）设备准备：仿真动车组车厢、模拟移动补票机、实训室，专业训练服（可着正装）。

（2）实训资料准备：票据、实训任务单、《动车组列车服务质量规范》、教材等。

（3）情景准备：实训前各小组查阅、收集资料，选择动车组列车运行中补票作业情景，情景中包括动车组列车客运乘务组人员、旅客。

（4）人员准备：实训分小组进行，每组 6~8 人，每小组做好人员分工。

2．实施步骤

（1）启动列车移动补票机系统。

（2）列车移动补票机操作。

（3）补票处理。

（4）组内互查，教师总结并评分、评价。

3．任务单

训练名称		使用移动补票机办理补票作业训练	
班　级		姓　名	
1. 使用模拟移动补票机办理正常票补票。			
2. 使用模拟移动补票机办理越站补票。			
3. 使用模拟移动补票机办理减价不符补票。			
4. 使用模拟移动补票机办理越席补票。			
任务总结：			

4. 效果评价

	项目	A-优	B-良	C-中	D-及格	E-不及格	综合
小组评价	设备认知（15%）						
	设备操作（15%）						
	补票业务（20%）						
	团队合作（10%）						
教师评价	补票操作（20%）						
	任务单（20%）						
	教师签名						

任务 3　动车组列车收入管理

【任务引入】

《中国铁路运输收入管理规定》是铁路旅客运输的重要规章。动车组列车在途中业务办理要符合规定，票据、台账、报表填写规范、内容准确、完整清晰。配备保险柜，营运进款结算准确，票据、现金及时入柜加锁，到站按规定解款。

请思考：动车组列车客运乘务人员如何做好铁路运输收入管理工作？

【相关知识】

铁路运输收入是指运输企业在办理客货运输业务和辅助作业中，向旅客、托运人、收货人核收的运输全程票款、运费和杂费等运输费用的总称，其资金形态统称为运输收入进款。铁路企业实行运输收入进款的集中管理与监督机制。

一、铁路运输收入管理的任务与分类

（一）铁路运输收入管理工作的基本任务

运输企业收入管理部门和工作人员，通过系统、规范和专业的方法，对铁路旅客运输票据、运输收入进款资金运动和运输收入实现的全过程进行监督、核算与管理，保证运输收入的正确、及时、完整和安全，维护各运输企业的经济利益和铁路运输合同各方当事人的合法权益。

（二）铁路旅客运输收入分类

铁路运输收入分为客运收入、货运收入、铁路建设基金和代收款。

（1）客运收入是指运输企业在办理旅客运输业务和辅助作业中，使用客货票据，按规定向旅客、托运人、收货人核收的票款、运费、杂费。

（2）代收款是指客运营业单位核收铁路运输费用时，按规定一并核收其他费用，或使用其他企业专用票据为其代收的款项等。

① 国际联运应清算给外国铁路的旅客票价收入，行李、包裹、货物运杂费。

② 内地与香港直通运输中，应支付给有关铁路方的旅客票价收入及代办费，行李、包裹、货物运杂费。

③ 代收的旅客保险费等。

④ 旅客、托运人、收货人预付款。

⑤ 经批准的其他代收款等。

铁路运输企业受其他单位的委托为其代收费用时，双方应当签订代收合同，代收方应按合同日期向委托方办理结算。

二、铁路旅客运输票据管理

（一）铁路旅客运输的票据范围与性质

铁路办理旅客运输使用的各种车票、行李票、客运杂费收据和定额收据，以及电子票据等统称为铁路旅客运输票据。铁路旅客运输票据分为以印刷或打印形式体现的铁路纸质票据，或以电子数据信息形式体现的铁路电子票据。

铁路旅客运输票据是铁路收取旅客运输费用的结算单据和运输企业核算运输收入的原始凭证。任何单位或个人不得篡改铁路电子票据数据信息。

（二）铁路旅客运输票据的印制与请领

纸质铁路旅客运输票据的格式、底纹、规格、墨色、用纸等标准由国铁集团规定（国际联运票据的样式、规格按国际铁路合作组织规章规定）。印票底纹版由国铁集团监制。

纸质铁路旅客运输票据应在铁路印刷企业印制。铁路印刷企业应严格遵守保密和安全制度，按季将票据印制情况报国铁集团业务主管部门备案。

（三）铁路旅客运输票据的订印

铁路运输企业收入管理部门负责统一向印刷企业订印。其他任何企业、单位和部门，一律不准印刷、使用与铁路旅客运输票据相同样式的收款票据。

铁路旅客运输票据印刷费列运营成本。运送铁路旅客运输票据时，按铁路客运列车运送公文管理办法的有关规定办理。

（四）铁路旅客运输票据的使用与管理

铁路旅客运输票据的印制和使用应当遵守以号控票、以票控款原则。按照铁路旅客运输票据编码规则和票符票号顺序连续性，不得间断或缺失。任何单位和个人不得篡改电子票号。

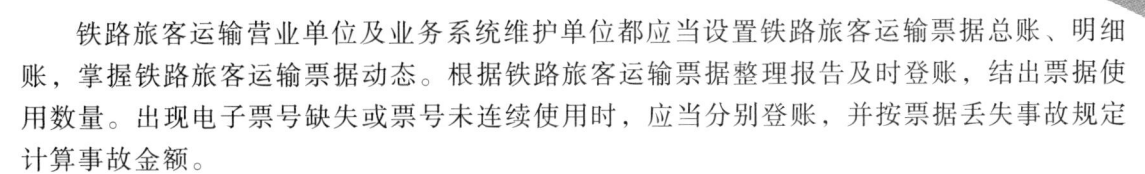

铁路旅客运输营业单位及业务系统维护单位都应当设置铁路旅客运输票据总账、明细账，掌握铁路旅客运输票据动态。根据铁路旅客运输票据整理报告及时登账，结出票据使用数量。出现电子票号缺失或票号未连续使用时，应当分别登账，并按票据丢失事故规定计算事故金额。

铁路旅客运输营业单位应当设置票据库保管纸质票据。票据库必须配备安全设施，并实施票账分管制度、票据出入库和交接制度，定期清查。纸质票据未经收入管理部门批准，不准相互调拨和借用。

中铁银通卡实体卡片（包括铁路 E 卡通等）相关票据，执行铁路旅客运输票据管理的相关规定。

三、铁路旅客运输费用的核收与结算

铁路运输企业在办理旅客运输业务时，必须使用国铁集团规定的铁路旅客运输票据核收运输费用。使用计算机制票的，必须使用国铁集团统一制、售票软件计算运输费用。不得使用铁路旅客运输票据核收国铁集团规定以外的任何费用。

（一）铁路旅客运输费用的核收

旅客票价、行李以及发站发生的杂费实行发送核算制，由发站负责计费收款，发送运输企业审核列账。由客运售票或站点负责计费收款，收款运输企业审核列账。12306 网站售票，通过旅客运输业务信息系统和铁路电子支付计费和结算运输费用，由票面发站的运输企业审核列账。

（二）铁路旅客运输费用的结算方式

铁路旅客运输费用结算方式分为现金结算和非现金结算两种。非现金结算包括支票、电子支付等。

1. 支票结算

对企业、事业单位、机关团体和签有合同的单位发生的铁路运输费用，可以使用支票结算。发生退款时，按原收款结算方式办理。

2. 铁路电子支付结算

铁路电子支付是指铁路客户直接或授权他人通过电子终端发出支付指令，实现铁路客户接受铁路运输服务向铁路运输企业进行货币支付的行为。

铁路电子支付方式结算款，通过铁路电子支付平台专户集中汇缴至国铁集团运输收入专户。结算单位列报已缴款。

铁路旅客列车扫码支付方式结算款，通过企业商户账户结转到结算单位运输收入专户。结算单位列报应缴款。

3. 国际联运旅客车票的结算

国际联运清算中心负责办理国际联运客运收入结算。

国际联运旅客车票由售票运输企业审核列账。委托中国国际旅行社总社及其分社代售的国际联运旅客车票,由国铁集团指定的铁路局集团公司审核列账。代收的国外铁路票价、代收其他运输企业担当的国际联运列车国内段客票票价及全程卧铺票价转报国际联运清算中心办理结算。

到达我国铁路旅客的客票、卧铺票和补加费收据,在旅客乘车终了时,由列车长收回报本企业收入管理部门。

过境我国铁路旅客的卧铺票及补加费收据由列车长在旅客到达出境站以前收回,并编制"过境中国国际联运旅客客票统计单"随"车内补票移交报告"报本企业收入管理部门。

4. 香港地区发售的内地段旅客车票

香港地区发售的内地段旅客车票款,由接轨铁路局集团公司审核列账。

5. 预付款管理

旅客交纳预付款时,受理单位应当填开"预付款存入凭证"作为收款依据。

已交纳预付款的旅客发生购票费用,或者要求退还预付款时,受理单位根据应收费用或应退预付款金额,填开"预付款抵用凭证",或者"预付款退款凭证",作为已缴运输收入或退还预付款的依据。

6. 多、少收款处理

收入管理部门审核客运票据查出多、少收款时,应当填发"票价订正通知书""补款通知书""退款通知书",通知原收款营业单位办理退补。

多、少收款超过180天无法处理时,少收款由责任者归还;责任者无力归还或少收款属单位责任的,由单位负责归还,在责任单位营业外支出科目列支。多收款转运营财务部门列营业外收入。

7. 多、少缴款处理

营业窗口(指客运营业单位、客票代售点、铁路无轨车站、旅客列车班组等)结账时,出现应缴款和实缴款不符时,列报溢收款、短少款科目。在进款交接款后的对账或收入管理部门的审核,查出应缴款和实缴款不符时,应当填发通知书列报相应科目,处理时列报相应科目。

多缴款超过180天未能处理的,转运营财务部门列营业外收入。

少缴款处理期限不得超过30天。对超过期限未处理的少缴款,转同级运营财务部门先予垫付,由其向责任单位追款,由责任人赔偿。

四、旅客列车运输收入进款管理

(一)运输收入进款管理基本要求

运输企业应当健全运输收入进款管理制度,实施账款分管制度。旅客列车应当配备保险柜存放票据和现金,并由列车长或指定专人负责管理,确保票据和现金安全。列车乘务工作终了交款时,应当由专人护送至交款处所。

（二）运输收入进款专户管理

铁路电子支付平台管理部门开设电子支付进款资金专户，旅客列车扫码支付结算单位开设商户账号和运输收入专户。铁路电子支付结算手续费费率执行国铁集团统一的费率。

运输收入进款遵守专户管理的原则，专户内不得办理运输收入范围以外的其他收付款业务，不得与运输企业财务会计账户混用，不得经由个人账户办理。

（三）运输收入进款存缴管理

铁路电子支付平台结算的运输收入进款，按照规定时间汇缴至国铁集团运输收入专户。旅客列车扫码支付结算单位商户账号的运输收入进款，应当在办理结账后，及时结转到本单位运输收入专户。

（四）运输收入进款结账与报账

运输收入进款遵守先交款后结账原则，按日进行结账。结账时间除特殊规定外统一规定为18点，客运营业单位的售票结账时间可为交接班时间，12306网站售票结账时间为24点，旅客列车结账时间为本次乘务工作终了。当月运输收入进款应当在当月列账。

现金交接应当面清点，不准以支票套取现金。结账时出现多出款，应当在当日列账上缴，严禁保留账外现金。短少款由责任者当时赔偿，不准以运输收入进款或找零款顶数滚欠。每次值乘终了列车长办理交款手续后，再办理未使用票据的交接或保存手续。

五、运输收入事故处理

（一）运输收入事故分类

铁路运输收入事故种类分为现金事故、票据事故和坏账损失。

1. 现金事故

现金事故包括现金丢失、被盗、被抢劫。

2. 票据事故

纸质铁路旅客运输票据在印制、保管、发放、寄送、运输和使用过程中所发生的（含使用过的发送、到达铁路旅客运输票据和印刷过程中的半成品）丢失、灭失、被盗、短少，以及未连续使用或缺失电子票据号码、篡改、丢失铁路电子票据数据信息。

3. 坏账损失

因失职造成的无法收回的运输收入。

（二）运输收入事故等级

1. 一般事故

损失金额不足100万元。

2. 大事故

损失金额 100 万元及其以上，不足 1000 万元。

3. 重大事故

损失金额 1000 万元及其以上。

（三）运输收入事故金额计算

（1）现金、银行票据和坏账损失按实际损失计算。

（2）印有固定金额的纸质票据，按票面金额计算。

（3）未印金额的纸质票据，按每组（张）1000 元计算。

（4）使用过的铁路旅客运输票据和到达票据的事故金额按实际损失计算，不能确定的按上述相应票据计算；

（5）上述以电子数据信息形式体现的铁路电子票据事故的金额按上述相应票据计算。

（四）运输收入事故处理

发生运输收入事故时，应保护好现场并立即报告运输企业收入管理部门和公安部门，及时组织破案。

事故发生后，应于 5 个自然日内向本企业收入管理部门提出"运输收入事故报告表"并附责任人书面材料。重大、大事故应及时书面报告国铁集团收入管理部门。发生运输收入事故除按事故金额追款外，可视情节轻重对责任者给予企业纪律规定处理，情节严重的应追究主管领导的企业纪律责任。

一般事故由营业单位处理，并报本企业收入管理部门备案。

重大、大事故由运输企业处理，并报国铁集团收入管理部门备案。

（五）事故的经济承担

发生运输收入事故造成的经济损失须由责任者和责任单位承担，责任者无力承担的部分由事故发生单位负责承担，收回的事故追款交同级财务部门。

六、运输收入稽查管理

铁路运输收入稽查工作是运输收入监督检查重要组成部分。

（一）铁路运输收入稽查工作的基本任务

铁路运输收入稽查工作的基本任务是依据国铁集团有关规章、规定和运输企业制定的补充规定，对管辖区域内从事铁路旅客运输单位及相关单位的运输收入工作进行监督检查；对旅客运输业务信息系统以及铁路电子支付结算系统中涉及运输收入管理的部分的合规性、原始数据信息和信息网络传输的安全性进行监督检查；查处各种违反铁路运输收入纪律的行为，保证铁路运输收入的正确、及时、完整和安全，维护各运输企业的经济利益和铁路运输合同各方当事人的合法权益。

（二）铁路运输收入稽查证和稽查臂章

铁路运输收入稽查证和稽查臂章是运输收入稽查人员执行任务的凭证和标志。在执行稽查任务时，应当向被查单位的有关人员出示稽查证。查验旅客乘车凭证时应按规定着装，佩戴稽查臂章。稽查证正面式样如图 4-3-1 所示。

稽查臂章为菱形，用绿色呢料制作，黄色丝线绣边绣字。外形边长 100 mm，"稽查"二字为宋体，尺寸宽 23 mm，高 26 mm；"×局×号"为正楷字体，尺寸宽 10 mm，高 12 mm。

稽查印章式样为圆形印章。尺寸为：外形直径为 25 mm，外环宽 1.5 mm；"稽查"为宋体，置图章下方；其他字体大小适当。稽查印章式样如图 4-3-2 所示。

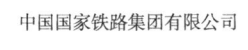

图 4-3-1　稽查证正面式样　　　图 4-3-2　稽查印章

七、铁路旅客列车运输收入相关报表填制

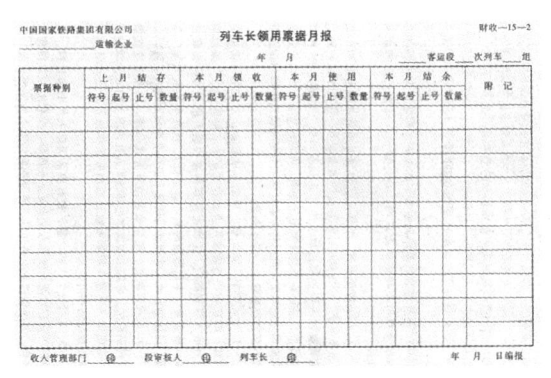

（一）列车长领用票据月报

（1）列车长领用票据月报是列车长每月向客运段票据库报告客运票据业务事项和客运段票据库向运输企业票据库报告月度票据动态情况并进行对账的报表。

（2）列车长每月月终，根据全月各种票据的实际领收、使用、结存数量，编制列车长领用票据月报一式 3 份，1 份留存，2 份于本月退乘的 2 日内报本段票据库。

（3）客运段票据库管账人员，经审核无误后报送运输企业票据库。运输企业票据库审核发现不符时，应及时通知客运段查明处理。运输企业票据库审核后，1 份留存据以核对票据账，1 份盖章后返回客运段。

（4）按照规定时间和数据格式向运输企业收入管理部门提报数据信息。纸质报表由运输企业或车站根据需要打印或报送。列车长领用票据月报格式见图 4-3-3。

图 4-3-3　列车长领用票据月报

（二）车内补票移交报告

（1）车内补票移交报告是列车整理车内补票和向运输企业收入管理部门报告相关情况的专用报告，也是列车运输收入进款结账的原始依据。

（2）车内补票移交报告由客运段收入管理部门根据列车乘务终了的移动补票机信息编制，手工办理补票业务的由列车长负责填制。需上报纸质报表时，填制本报告一式 2 份，1 份编制单位留存，1 份列车长留存。

（3）车内补票移交报告应按列车班组使用的票据号码顺序编制。本次票据号码应与上次报告的票据号码相衔接。列车班组同时使用两组票据或因其他原因票号不衔接时，应分格填记。作废票据应全部上报。报告中的款额按该组票据合计数加总填记，应与“运输收入进款收支报告（财收-8）”对应项目金额相符。

（4）车内补票移交报告结账的应缴款与列车长的“车补进款交接单（财收-22-2）”的实交款相符，出现不符时，按多少缴款处理。

（5）按照规定时间和数据格式向运输企业收入管理部门提报数据信息。纸质报表由运输企业或车站根据需要打印或报送。车内补票移交报告格式见图 4-3-4。

中国国家铁路集团有限公司　　　　　　　　　　　　　　　　　　　　　　财收—17
__________运输企业
__________客运段

车内补票移交报告

第______次列车第______组　　　　　　　　　年　月　日

票据种别	符号	起号	止号	张数	其中作废	金额	进款项目		金额
							1	补收票价	
							2	补收卧铺票价	
							3	卧铺订票费	
							4	补票手续费	
							5	补超重运费	
							6	溢收款	
							7	少缴款	
							8		
							9		
							10		
							11	合　计	
							12	其中：现金	
							13	支付宝	
							14	微信	
合计							15		

收回原票张数	缴款收据编号	补无票人数	补卧铺人数	补超重重量公斤数	补超重批数	备注

始发车次	始发站	终到站	硬座定员	软座定员		硬卧定员			软卧定员		高包定员	
			含二等	含一等	特等	上	中	下	上	下	上	下

列车长______　　　　　签收人______　　　　　月　日　收

图 4-3-4　车内补票移交报告

（三）车补进款交接单

（1）车补进款交接单是列车班组在乘务终了时与本段收入部门或代缴站办理车补现金进款交接时的凭证。

（2）列车长根据当次乘务实际使用各种票据的起止号码、张数和实际核收的现金款额编制一式 4 份。

（3）列车长应连同现金一并交收款人。经收款签认后，交接双方各留 1 份。交列车长 2 份（1 份留存，1 份随"车内补票移交报告（财收-17）"报本段收入部门），收款人留 2 份（1 份留存，1 份报收款单位收入部门）。车补进款交接单格式见图 4-3-5。

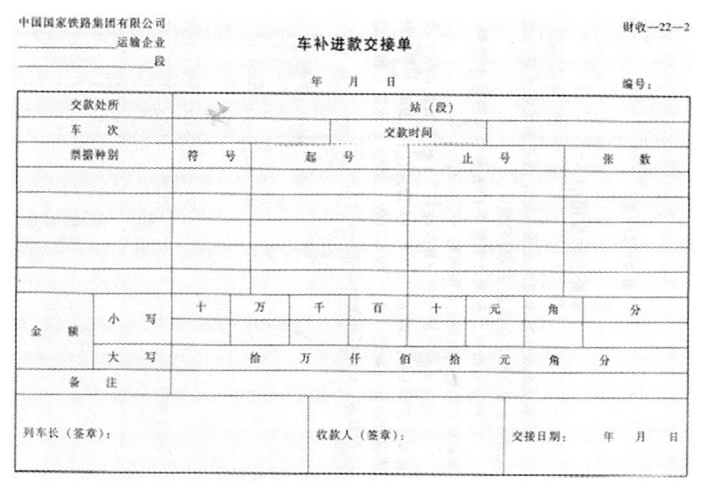

图 4-3-5　车补进款交接单

（四）列车扫码结算车补进款结账交接单

（1）列车扫码结算车补进款结账交接单是列车长与本单位收入管理部门双方办理车内扫码结算车补进款互相交接时的凭证。

（2）列车扫码结算车补进款结账交接单由扫码支付系统按照列车班组出乘至退乘结账时止，列车车内扫码结算车补的金额。其结算金额应与本列车班组车移报告相应的结算方式金额一致。

（3）列车扫码结算车补进款结账交接单打印一式 2 份，经签认后，1 份结账人员留存，1 份列车长留存。列车扫码结算车补进款结账交接单格式见图 4-3-6。

图 4-3-6　车扫码结算车补进款结账交接单

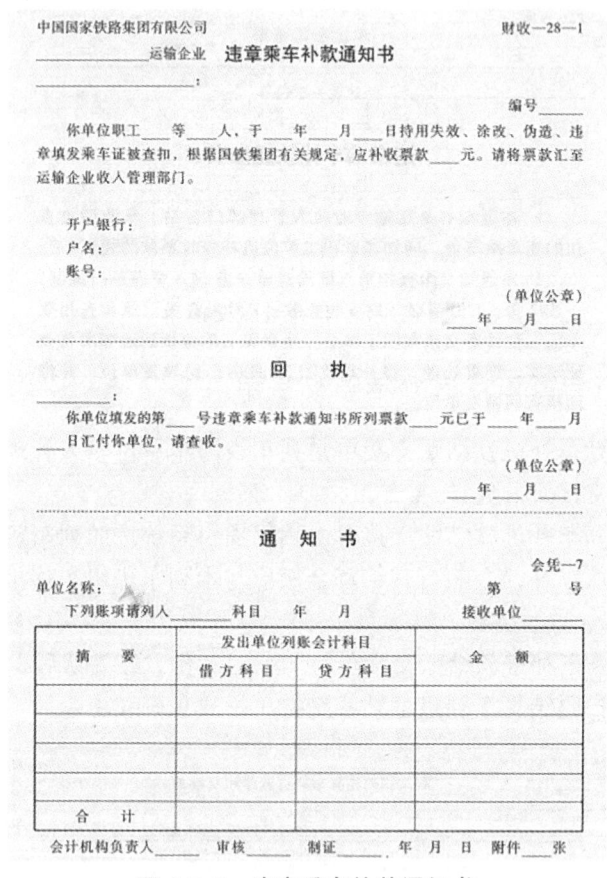

（五）违章乘车补款通知书

（1）违章乘车补款通知书是运输企业收入管理部门对站、车及稽查查扣的违章乘车证，通知违章职工单位追补应收票款的凭证。

（2）违章乘车补款通知书由查扣乘车证的运输企业收入管理部门编制，一式2份。1份留存，列应收账款；1份附有关记录和查扣乘车证、证件寄交违章职工单位。违章职工单位接到通知书要查证落实，严肃处理，将补票款于30日内汇付填发单位，并将回执寄回填发单位。违章乘车补款通知书格式见图4-3-7。

图4-3-7 违章乘车补款通知书

【任务实施】

1. 任务准备

（1）设备准备：仿真动车组车厢、实训室，专业训练服（可着正装）。

（2）实训资料准备：铁路运输收入管理规章、铁路旅客列车运输收入相关报表、实训任务单、《动车组列车服务质量规范》、教材等。

（3）情景准备：实训前各小组查阅、收集资料，选择动车组列车运行中相关运输收入管理情景，情景中包括动车组列车客运乘务组人员、旅客。

（4）人员准备：实训分小组进行，每组6~8人，每小组做好人员分工。

2. 实施步骤

（1）电子支付补票操作。

（2）相关票据填制。

（3）铁路运输收入稽查。

（4）组内互查，教师总结并评分、评价。

3. 任务单

训练名称	动车组列车旅客运输收入管理训练		
班　级		姓　名	
1. 结合实际谈谈铁路旅客运输收入管理的概念及分类。			
2. 电子支付补票。			
3. 动车组列车扫码支付运输收入管理。			
4. 动车组列车旅客运输收入相关报表填制。			
任务总结：			

4. 效果评价

	项目	A-优	B-良	C-中	D-及格	E-不及格	综合
小组评价	概念理解（15%）						
	电子支付管理（15%）						
	票据填制（20%）						
	团队合作（10%）						
教师评价	收入管理（20%）						
	任务单（20%）						
	教师签名						

复习思考题

1. 旅客购票可用哪些有效身份证件?
2. 移动补票机能够实现哪些补票业务类型?
3. 叙述不符合乘车条件的处理要求。
4. 铁路运输收入管理的基本任务有哪些?
5. 运输收入事故如何分类?

项目五 高速铁路客运乘务工作

项目描述

高速铁路客运乘务工作是指在动车组列车上组织、服务旅客的工作。动车组列车客运乘务人员应当坚持"人民铁路为人民"的服务宗旨，严格作业流程和作业标准，以保障旅客安全为前提，为旅客营造温馨舒适的旅行环境。本项目主要介绍动车组列车客运乘务计划、动车组列车客运乘务作业组织、"复兴号"智能动车组客运乘务作业、动车组卧铺列车客运乘务作业以及高铁快运作业组织的相关知识。

学习目标

1. 素质目标

通过学习高速铁路客运乘务工作内容及要求，要自信自强、守正创新，踔厉奋发、勇毅前行。树立爱岗敬业、吃苦耐劳的意识；严格遵守规章制度和劳动纪律；具有较强的集体精神和社会责任感。

2. 能力目标

能够熟知本岗位作业程序和作业标准。熟知值乘列车的站顺、到开时刻、停靠站台、主要换乘站接续列车的车次、方向和到开时刻。熟知车门管理和乘降组织要求，能利用广播宣传组织旅客安全、有序、顺利乘降，确保安全正点。能整理行李架上的行李物品，能更换、折叠、摆放卧具，备品定置定位。

3. 知识目标

掌握动车组列车客运乘务工作的特点和乘务人员需要数的确定；掌握动车组列车客运乘务工作的作业程序和作业标准。

任务1 动车组列车客运乘务计划

乘务员运用计划

【任务引入】

动车组列车客运乘务计划主要是在列车车底交路计划的基础上对客运乘务组的值乘交路进行科学、合理的安排，形成乘务计划。各乘务组按照分配的交路进行担当，以保证乘务单位担当的所有车次都能正常开行。

请思考：如何按照客运乘务计划担当乘务工作？

高速铁路
动车乘务实务

【相关知识】

动车组列车客运乘务计划是根据既定的动车组开行计划、动车组交路计划、乘务模式等条件，对乘务人员（组）在某一时期内的出乘时间、退乘时间、出乘地点、退乘地点以及担当车次的时间和地点、休息时间和地点等给定相应的具体安排，以确保列车运行计划及旅客运输服务任务的完成。编制客运乘务计划的影响因素主要有列车运行计划、动车组交路计划、动车段（所）布局、乘务制度、人员配置、工时要求、出退乘地点、交接作业流程等。

一、动车组列车开行计划

列车开行计划是客运乘务计划编制的基本依据。主要内容包括：列车开行车次；列车始发站、终到站、运行径路、沿途客运业务办理站及其到（发）时分、动车组（吸污、上水）股道运用计划；开行动车组列车所对应的车组（型号、车组号）、动车组车底运用方案及路用列车开行计划。其中，运行线的数量、运行区段、列车等级、沿途停站时分等内容直接影响到乘务计划的编制。列车开行计划对列车接续方案会产生一定的影响，而列车的接续情况和接续时间的长短将影响客运乘务人员的换乘时间长短。

动车组运用计划的编制

动车组按状态分为运用、备用、检修。运用动车组是指旅客列车车次开行的动车组和热备动车组。其中，热备动车组是指停放在动车基地或动车存放点内，技术状态良好、作为应急备用、随时可以上线运行的动车组。备用动车组指停放在动车基地等动车存放点内，不上线运行的动车组。检修动车组指正在实施一至五级检修、临修、技术改造及待修的动车组。

二、动车组交路计划

高速铁路的列车运行需要一定数量的动车组来完成，而动车组交路计划则是保证完成这些任务所需要的动车组周转接续方案。动车组交路计划规定动车组按什么顺序担当列车，并指定每一动车组担当的具体交路，动车组交路计划与列车运行图一同编制。

在实行新运行图时，旅客列车编组表由局集团有限公司根据客流性质、列车类型、列车重量、速度、车站到发线有效长度等因素确定，由中国国家铁路集团有限公司批准并公布执行。旅客列车编组表规定了该次列车编挂的车种、辆数、顺序及车底周转图。

动车组的周转接续方案作为动车组交路计划中的一个关键问题，其不仅影响着动车组的运用数量，也对减少乘务人员（组）的换乘次数等方面有着重要的作用。良好的动车组交路计划，对提高客运乘务计划的编制质量具有深远的影响。乘务组的乘务交路计划还必须要服从于乘务单位整体的排班要求。在任何一个时刻，某一班组只能担当一个交路；在任何一个时刻，任意交路都有乘务组担当；乘务员月度乘务总工时应接近客运段规定的月度乘务总工时；乘务组担当任意交路，交路中不同接续车次间隔休息时间不同，最短时长应符合规定的换乘时长。

CRH380BL 和 CR400BF-A 型动车组编组及交路计划如图 5-1-1 所示。

项目五 高速铁路客运乘务工作

杭州东 上海虹桥	车辆	乘务	顺序	宁开	1	2	3	4	5	6	7	8	9	10	11	12	13	14	15	16		计	
				温开	16	15	14	13	12	11	10	9	8	7	6	5	4	3	2	1			
			车厢编号		1	2	3	4	5	6	7	8	9	10	11	12	13	14	15	16		16	16
上海 北京南 高速		上海 杭州 动车 客运 段 段 担 当	车种		ZYS	ZY	SW	ZY	ZE	ZE	ZE	CA	ZE	ZE	ZE	ZE	ZE	ZE	ZE	ZYS			
			定员		39	56	24	58	71	80	80		80	80	80	80	80	80	80	39		1005	
			吨数																			0	
			附注						残													CRH380BL	

CRH380BL型，1、16号车各2个商务座席。

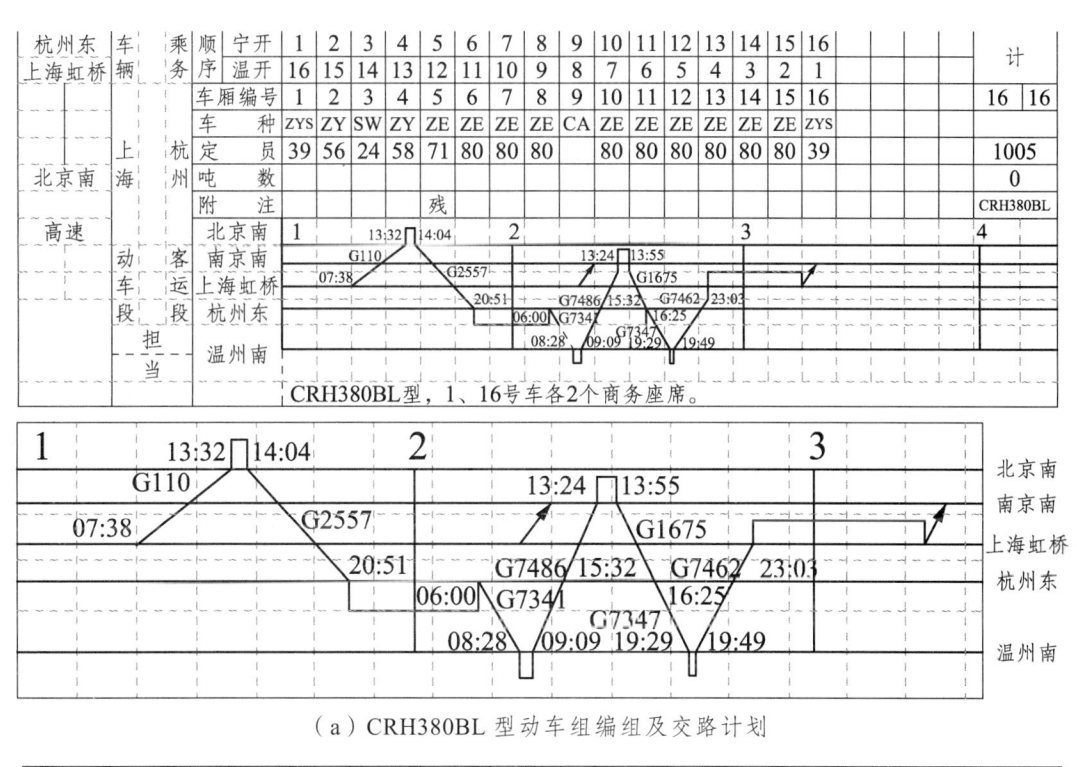

（a）CRH380BL 型动车组编组及交路计划

上海虹桥 北京南 高速 G8/G15 G10/G17 次	车辆	乘务	顺序	沪开	16	15	14	13	12	11	10	9	8	7	6	5	4	3	2	1		计	
				京开	1	2	3	4	5	6	7	8	9	10	11	12	13	14	15	16			
			车厢编号		1	2	3	4	5	6	7	8	9	10	11	12	13	14	15	16		16	16
		上海 动车 客运 段 段 担 当	车种		SW	ZY	ZE	ZE	ZE	ZE	ZE	ZBC	ZE	ZE	ZE	ZE	ZE	ZE	ZY	ZYS			
			定员		17	60	90	90	90	90	90	75	48	90	90	90	90	90	60	33		1193	
			吨数																			0	
			附注									残									CR400BF-A	

16车5个商务座

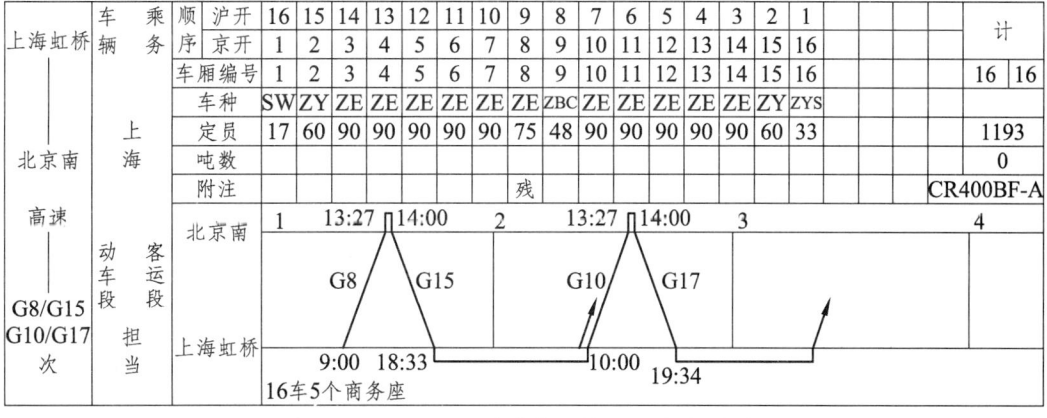

（b）CR400BF-A 型动车组编组及交路计划

图 5-1-1　CRH380BL 和 CR400BF-A 型动车组编组及交路计划

三、动车组列车客运乘务制度

我国高速铁路客运乘务组织模式基本有两种：以车底交路为基础的包乘制模式、以担当区段为基础的轮乘制模式。

1. 包乘制模式

包乘制模式为按照既定列车行驶区段和车次由固定的列车乘务人员（组）包乘完成。包乘制模式的动车组列车因班组固定服务于一个区间（交路），乘务工时难以保证。不足乘务工时可采用乘务员套跑短途列车或长途车底套跑短途列车（一车底多车次），可节省车底并弥补乘务工时不足。

2. 轮乘制模式

轮乘制模式是在有较大运行密度旅客列车，并且列车车底种类及编组形式又基本相同的运行区段，为使能够较为紧凑地组织完成乘务交路和班次，使得乘务人员（组）按照固定出乘顺序，分别轮流值乘乘务任务的制度，并可以彼此嵌套运用，不固定某一乘务组值乘某一列车。

四、乘务工时

我国采用 8 h 工作制，全年 12 个月，全年日历日 365 d，全年周休日 104 d，全年法定节假日合计 11 d。

乘务员每月工作小时 =(365−105−11)÷12×8 = 166.7（h）

按照国铁集团的规定，各局集团公司每人月均乘务工作时间按 166.7 h 标准执行。

动车组列车乘务工作人员工作时间包括：值乘时间、出退勤时间和热备工时。乘务工时不足的要合理调整交路，实行长套短轮。乘务工时超标的要创造条件，实行乘务、整备分离，整备作业专业化，减少乘务人员工作时间，降低劳动强度。

1. 值乘时间

值乘时间是指乘务人员（组）在担当乘务任务的工作时长。换乘时间是指乘务人员（组）在担当乘务任务的过程中，根据乘务交路计划更换值乘车次列车而发生的换乘，在换乘阶段，乘务人员（组）需要一些时间来完成工作交接。若乘务交路计划中无换乘计划则不产生换乘时间。便乘时间指当乘务交路段开始的车站或者结束的车站与乘务人员（组）所属高铁车队（或休息公寓）所在地车站不是同一车站时，乘务人员（组）将通过搭乘"便车"的形式到相关车站担当值乘任务，或者值乘任务结束后通过搭乘"便车"的形式返回所属高铁车队（或休息公寓）所在地车站，该阶段乘务员不进行任何乘务工作，其主要目的是为了确保乘务交路计划的可实施性。

动车组列车实行单班作业形式，乘务班组的值乘时间按其实际出乘时所在车次的列车运行图规定的运行时间计算。

采用包乘制的动车组列车，由于固定区间由固定班组值乘，其值乘时间即为乘务交路中的所值乘车次的图定运行时间（不含折返站停留时间）。

采用轮乘制的动车组列车，在一个完整的乘务交路周期中，可能会存在中途某个站点进行交接班的情况，即一个交路由两个甚至多个班组共同完成。故采用轮乘制的乘务组，其乘务工作人员的值乘时间为其实际担当车次的运行时间之和，不等于该交路的图定时间。

动车组列车乘务工作人员在外段停留休息时间不算乘务工时。

2. 出退勤时间

出勤和退勤时间是指开始值乘前，以及值乘工作结束后乘务人员（组）需要完成一些出乘准备、退乘等工作的时长，其主要目的是保证乘务交路完成的质量。动车组列车乘务工作人员在出乘前和退乘后，在单位参加的学习、汇报会等记为出退勤时间，一个完整的出退勤工时由本段出乘、外段到达、外段出乘和本段到达四个环节组成。

3. 热备工时

当运营中的动车组列车运行途中发生故障无法继续运行或遇行车设备故障、自然灾害、行车事故等严重影响列车运行秩序，造成动车组车底接续不上图定交路时，或正常运用动车组在动车所内检查、存放时发现故障不能及时出库，且影响到列车始发作业时，需要启动热备动车组列车进行救援。为确保热备动车组及时救援出动，运输企业每日按照热备车型对应的出乘人员标准进行人员配备（含餐服员、保洁员、安全员）。热备动车组乘务组成员按出乘标准着装，佩戴标志，携带相关设备、备品、台账，备足商品、食品、保洁用品，每日 20:00 到指定的动车队报到，参加点名后到指定地点进行 24 h 热备。乘务组工作人员每热备 24 h，折算为 11 h 工作时长，即为热备工时。

五、客运乘务计划的编制

高速铁路客运乘务计划是根据既定的列车运行计划、动车组交路计划、乘务模式等条件，考虑优化目标（如总的乘务时间成本最小、需求的乘务人员（组）数量最小、乘务人员（组）工作强度的均衡性等），对乘务人员（组）在某一时期内的出乘时间、退乘时间、出乘地点、退乘地点以及担当车次的时间和地点、休息时间和地点等给定相应的具体安排，以确保列车运行计划及旅客运输服务任务的完成。

客运管理信息系统包括地面端应用和手持终端应用。客运管理信息系统地面端主要功能包括乘务计划管理。乘务计划管理包括基础信息维护、车底交路计划、编制乘务计划、检查乘务计划。

1. 基础信息维护

在基础信息维护中可以对人员、班组、车队等信息进行维护。车队用户可以为自己的车队挑选担当车次。

2. 车底交路计划

在编制乘务计划之前要做好交路标识、车底交路计划、车底编组。

3. 编制乘务计划

选择好车队、交路标识及车次后，根据系统提示，设置班组任务、出退乘站、车站类型及天数，保存交路表，并选择担当班组，设置开始及结束时间。

4. 检查乘务计划

乘务计划编制完成后,可以进行查看及修改等操作,可以编辑当月车队的乘务计划,临时调整计划等。乘务计划编辑界面如图 5-1-2 所示。

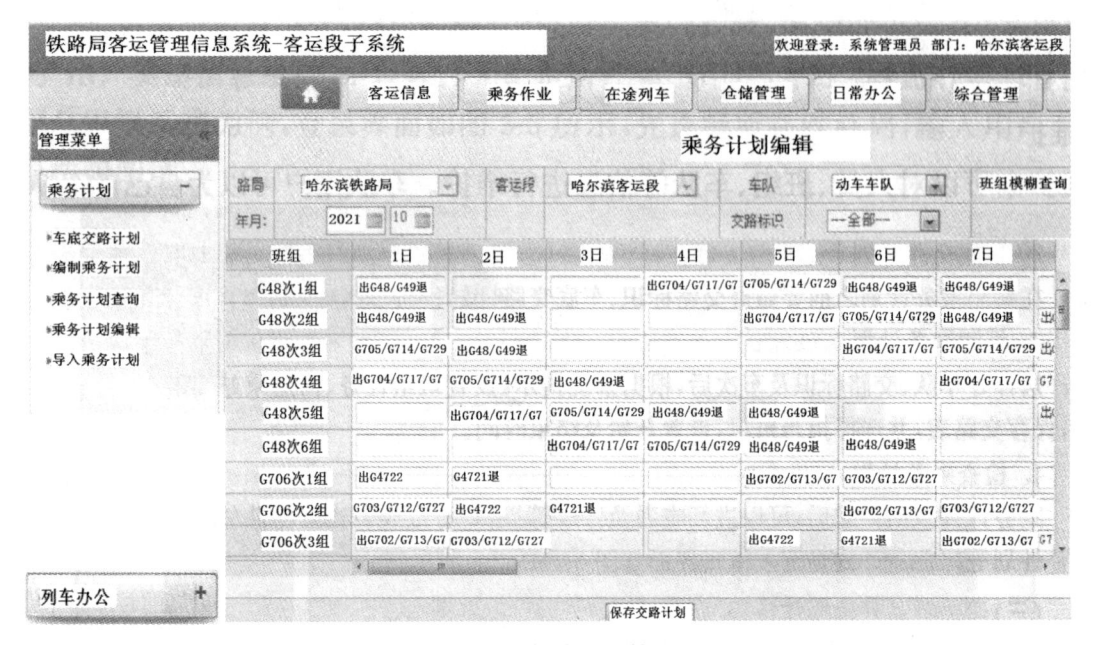

班组	1日	2日	3日	4日	5日	6日	7日
G48次1组	出G48/G49退			出G704/G717/G7	G705/G714/G729	出G48/G49退	出G48/G49退
G48次2组	出G48/G49退	出G48/G49退			出G704/G717/G7	G705/G714/G729	出G48/G49退 出
G48次3组	G705/G714/G729	出G48/G49退				出G704/G717/G7	G705/G714/G729 出
G48次4组	出G704/G717/G7	G705/G714/G729	出G48/G49退				出G704/G717/G7 G7
G48次5组		出G704/G717/G7	G705/G714/G729	出G48/G49退		出G48/G49退	
G48次6组			出G704/G717/G7	G705/G714/G729	出G48/G49退	出G48/G49退	
G706次1组	出G4722	G4721退			出G702/G713/G7	G703/G712/G727	
G706次2组	G703/G712/G727	出G4722	G4721退			出G702/G713/G7	G703/G712/G727
G706次3组	出G702/G713/G7	G703/G712/G727		出G4722	G4721退	出G702/G713/G7	G7

图 5-1-2 乘务计划编辑界面

【任务实施】

1. 任务准备

(1)设备准备:仿真动车组车厢、模拟客运管理信息系统、实训室,专业训练服(可着正装)。

(2)实训资料准备:实训任务单、《动车组列车服务质量规范》、教材等。

(3)情景准备:实训前各小组查阅、收集资料,选择动车组列车乘务人员用工分析情景,情景包括动车组列车客运乘务组人员。

(4)人员准备:实训分小组进行,每组 6~8 人,每小组做好人员分工。

2. 实施步骤

(1)认知动车组列车编组表。

(2)认知动车组列车交路计划。

(3)动车组列车客运乘务人员乘务工时确定。

(4)组内互查,教师总结并评分、评价。

3. 任务单

训练名称	动车组列车客运乘务计划编制训练		
班　级		姓　名	

1. 结合实际谈谈动车组列车客运乘务计划作用。

2. 确定动车组列车客运乘务人员的需要数量。

3. 确定动车组列车客运乘务人员工作时间。

4. 编制动车组列车客运乘务计划。

任务总结：

4. 效果评价

	项目	A-优	B-良	C-中	D-及格	E-不及格	综合
小组评价	编组表认知（15%）						
	交路计划认知（15%）						
	乘务人员数量（20%）						
	团队合作（10%）						
教师评价	乘务计划（20%）						
	任务单（20%）						
	教师签名						

任务 2　动车组列车客运乘务作业管理

【任务引入】

动车组列车客运乘务人员承担旅客运输服务、处理客运业务、检查督促列车卫生保洁和餐饮质量等工作。发生危及旅客安全情况时，客运乘务人员应立即通知司机、随车机械师和公安乘警等相关人员，共同采取有效措施，确保旅客安全。

请思考：如何按照作业标准做好客运乘务工作？

【相关知识】

动车组列车客运乘务作业包括出乘准备作业、出乘作业、途中作业、退乘作业几个乘务阶段的作业组织工作。

一、动车组列车安全秩序管理

动车组列车客运乘务工作人员在乘务作业过程中应确保防火防爆、人身安全、食品安全、现金票据、结合部等安全管理制度健全有效。乘务人员进出车站和动车所（客技站）时走指定通道，通过线路时走天桥、人行地道，进出车站时集体列队。乘务人员在接班前充分休息，保持精力充沛，不在班前、班中、折返站饮酒。

（一）动车组列车设施设备安全管理

（1）出、入动车所前，由车辆、客运人员对上部服务设施状态进行检查，办理一次性交接；运行途中，发现上部服务设施故障时，客运乘务人员立即向列车长报告，并通知随车机械师共同确认、处理。

（2）各车厢灭火器、紧急制动阀（手柄或按钮）、烟雾报警器、应急照明灯、防火隔断门、紧急门锁、紧急破窗锤、气密窗、厕所紧急呼叫按钮及车门防护网（带）、应急梯、紧急用渡板、应急灯（手电筒）、扩音器等安全设施设备配置齐全、作用良好、定位放置。乘务人员知位置、知性能、会使用。

（3）安全标志设置齐全、规范，符合标准。采用广播、视频、图形标志、服务指南等方式，宣传安全常识和车辆设备设施的使用方法，提示旅客遵守安全乘车规定。

（4）餐车配置的微波炉、电烤箱、咖啡机等厨房电器符合规定数量、规格和额定功率，规范使用，使用中有人监管，用后清洁。

（二）动车组列车用电安全管理

（1）动车组列车客运乘务人员必须安全使用电源，正确使用电器设备。电器元件安装牢固，接线及插座无松动，按钮开关、指示灯作用良好；不乱接电源和增加电器设备，不超过允许负载。配电室（箱）、电气控制柜锁闭，无堆放物品。不用水冲刷车内地板、连接处和车内电器设备。

（2）餐车离人断电。

(三）动车组列车车门安全管理

动车组列车运行过程中必须全程执行车门管理制度。

（1）列车到站停稳后，司机或随车机械师开启车门，并监控车门开启状态。开车前，列车长（重联时为运行方向前组列车长）接到车站与客运有关的作业完毕通知后，按规定通知司机或随车机械师关闭车门。动车组列车停车位置标如图 5-2-1 所示。

图 5-2-1　动车组列车停车位置标

（2）动车组列车停靠低站台时，到站前乘务人员提前锁闭辅助板指示锁并打开翻板，开车后及时将翻板及辅助板指示锁复位。

（3）餐车上货门仅供餐车售货人员补充商品、餐料时使用，无旅客乘降。

（4）列车运行中，车门、气密窗锁闭状态良好。定期巡视，保持通道畅通。发现车门未锁闭或锁闭状态不良时，指派专人看守，并及时通知随车机械师处理。

(四）动车组列车旅客人身安全管理

（1）运行中做好安全宣传和防范，车内秩序、环境良好，无闲杂人员随车叫卖、拣拾、讨要。发现可能损坏车辆设施、影响安全或不文明的行为应及时制止。

（2）发现行为、神情异常的旅客时应重点关注，配备乘警的列车通知乘警到场处理；未配备乘警的由列车长按规定处理，情形严重时交列车运行前方停车站处理。

（3）发生旅客伤病时，提供协助，通过广播寻求医护人员帮助，情形严重的，报告客调。

（4）动车组全列各处所禁止吸烟，加强禁烟宣传，发现吸烟行为及时劝阻，并由公安机关依法查处。

(五）旅客携带品安全管理

（1）行李架、大件行李存放处物品摆放平稳、牢固、整齐。大件行李放在大件行李存放处，不占用席（铺）位，不堵塞通道。锐器、易碎品、杆状物品及重物等放在座（铺）位下面或大件行李存放处。衣帽钩限挂衣帽、服饰等轻质物品。使用小桌板不超过承重范围，承重范围提示如图 5-2-2 所示。

图 5-2-2　小桌板承重范围提示

（2）发现旅客携带品可疑及无人认领的物品时，配备乘警（或列车安全员，下同）的列车通知乘警到场处理；未配备乘警的由列车长按规定处理，对危险品做好登记、保管及现场处置，并交前方停车站（公安部门）处理。

二、动车组列车设备设施管理

动车组列车要求设备设施齐全，符合动车组出所质量标准。

（1）乘务员室、监控室、多功能室、洗脸间、厕所、电气控制柜、备品柜、储藏柜、清洁柜、衣帽柜、大件行李存放处、软卧会客室等不挪作他用或改变用途。多功能室用于照顾重点旅客。

（2）车辆外观整洁，内外部油漆无剥落、褪色、流坠；车内顶棚不漏水，内外墙板及车内地板无破损、无塌陷、不鼓泡；渡板及各部位压条、压板、螺栓不松动、无翘起；脚蹬安装牢固，无腐蚀破损；手把杆无破损、松动。各部位金属部件无锈蚀。

（3）广播、空调、电茶炉、饮水机、照明灯具、电子显示屏、电视机、车载视频监控终端、控制面板、电源插座、车门、端门、地板、车窗、翻板、站台补偿器、窗帘、座椅、脚蹬、小桌板、靠背网兜、茶桌、座席号牌、衣帽钩、行李架、垃圾箱、洗手盆、水龙头、梳妆台、面镜、便器、洗手液盒、一次性坐便垫盒、卫生纸盒、擦手纸盒、婴儿护理台、镜框、洗脸间门帘、干手器、商务座车小吧台、呼唤应答器、阅读灯、软卧车铺位号牌、包房号牌、卧铺栏杆、扶手、呼叫按钮、沙发、报刊栏、餐车侧门、餐桌、吧台、冰箱、展示柜、微波炉、电烤箱、售货车等服务设备设施齐全，作用良好，正常使用，外观整洁，故障、破损及时修复。

（4）车门处贴有禁止吸烟、小心夹手、禁止倚靠等服务图形标志，如图 5-2-3 所示。

图 5-2-3　车门处服务图形标志

（5）车内各种服务图形标志型号一致，位置统一，安装牢固，齐全醒目，符合规定。

（6）车厢外部的电子显示屏显示列车运行区间、车次、车厢顺号等信息，车内电子显示屏显示列车运行区间、车次、车厢顺号、停站、运行速度、温度、中国铁路客户服务中心客户服务电话（区号＋电话号码）、安全提示等信息，显示及时、准确，如图 5-2-4 所示。

图 5-2-4　电子显示屏显示

（7）通道处贴有电茶炉、废物箱等标识。电茶炉设在车厢的两端，列车运行中车厢会晃动，接开水时请不要接的太满，以免烫伤。垃圾箱设在车厢的两端，请将垃圾分类扔进垃圾箱和废物箱。盥洗室贴有洗手液、感应出水、卫生纸和非饮用水等标识。客室处贴有座位号、电源插座、禁止放置重物、座椅控制、应急锤及逃生说明等标识。卫生间贴有冲水按钮、卫生纸、感应出水、洗手液、便座垫以及废物箱等标识，卫生间内不能吸烟，如图 5-2-5 所示。

图 5-2-5　提示标识

三、动车组列车服务备品管理

动车组列车服务备品要做到服务备品齐全，干净整洁，定位摆放。运行途中客运乘务人员应按照职责和分工及时补充和更换服务备品。客运乘务人员配备统一乘务箱（包），集中定位摆放；洗漱用具、茶杯等定位摆放。备品柜、储藏柜按车辆设计功能使用，备品定位摆放。单独配置的备品柜与车身固定，并与车内环境相协调。

（一）动车组列车服务备品配置要求

动车组列车配置的服务备品、材料等符合国家环保规定，质量符合要求，色调与车内环境相协调。布制、易耗备品备用充足，保证使用。布制备品按规定的时间使用和换洗，有启用时间（年、月）标志。动车组列车服务备品配置标准见表 5-2-1。

表 5-2-1　动车组列车服务备品配置表

序号	车厢类型	服务备品配置标准
1	软卧车（含高级软卧车）	包房内有被套、被芯、枕套、枕芯、床单、垫毯、卧铺套、靠背套、茶几布、一次性拖鞋、衣架、不锈钢果皮盘、带盖垃圾桶、热水瓶、面巾纸盒及服务指南、免费读物。 备有托盘、热水瓶和一次性硬质塑料水杯。 软卧代座车包房门框上原铺位号牌处有座席号牌
2	商务座车	提供小毛巾，就餐时提供餐巾纸、牙签。 耳塞、靠垫、鞋套、一次性拖鞋、清洁袋和专项服务项目单、服务指南、免费读物。 备有防寒毯、耳机、眼罩、托盘、热水瓶和一次性硬质塑料水杯
3	特、一、二等座车	清洁袋、免费读物和服务指南，放置在座椅靠背袋内或其他指定位置。 有座椅套、头枕片；特、一等座车座椅有头枕。 电茶炉配有纸杯架的，有一次性纸杯。 乘务组备有热水瓶、耳塞和一次性硬质塑料水杯
4	餐车	座椅套；售货车、托盘、热水瓶、一次性硬质塑料水杯；备有餐巾纸、牙签。
5	洗脸间	洗手液、擦手纸（或干手器）
6	厕所	内有芳香盒和水溶性好的卫生纸、擦手纸，坐便器有一次性坐便垫圈，小便池内放置芳香球

（二）动车组列车服务备品管理要求

（1）贴身卧具（被套、床单、枕套）和头枕片干燥、清洁、平整，无污渍、无破损，已使用与未使用的折叠整齐，分别装袋保管。卧具袋防水、耐磨、干净、无破损。贴身卧具与其他布质备品分类洗涤；洗涤、存储、装运及更换不落地、无污染。

（2）卧车垫毯、被芯、枕芯等非贴身卧具备品干燥、清洁，无污渍、无破损，定期晾晒。被芯、枕芯先加装包裹套，再使用被套、枕套。包裹套定期清洗，保持干燥整洁。

（3）布制备品定位存放在储物（藏）柜内。无储物（藏）柜或储物（藏）柜容量不足的，软卧车定位放置在3、7、11号卧铺下。

（4）有厕所专用清扫工具，与车内清扫工具分开定位存放在清洁柜内；无清洁柜的定位隐蔽存放。商务座、特等座、一等座车厢客室内不存放清洁工具。清扫工具、清洁剂材质符合规定。

复兴号400AF动车组2、3、6、7车厢配备清洁柜，其中2车、7车为带拖把池的清洁柜，水池设置较低，可用于涮洗拖把、存放清洁用品，如图5-2-6所示。

（5）清洁袋质地、规格符合规定，具有防水、承重性能。

（6）每标准编组车底配备2辆垃圾小推车，垃圾小推车、垃圾箱（桶）内用垃圾袋，垃圾袋符合国家标准，印有使用单位标志，与垃圾箱（桶）规格匹配，厚度不小于0.025 mm。

（7）列车配有票剪、补票机、站车客运信息无线交互系统手持终端和GSM-R通信设备。

乘务人员配置具备录音功能的手持对讲机及音视频记录仪。设备电量充足，作用良好。站车无线交互系统手持终端在始发前登录，途中及时更新信息。

图 5-2-6　清扫工具定位存放

列车长使用对讲机按规定用语与司机、随车机械师核对 GSM-R 通信设备号码、时间及对讲机频道。

客运对讲机有规定频道，通常仅有本段客运班组能够进行联系。除列车长外，乘务员每人皆有配备，列车长通过它可以及时传递信息、布置工作。有效应对了列车收讯信号弱问题，保障列车与车站、司机等工作人员通信畅通。为了给旅客提高安静舒适的乘车环境，工作人员使用对讲机时要佩戴耳机，以防干扰旅客。

GSM-R 通信设备用于覆盖有 GSM-R 网络区段的地方，能够解决隧道、山区等移动网络信号差的地方而覆盖有 GSMR 网络区段。由于高铁线路通常覆盖 GSM-R 信号，遇突发事情时，列车长就可以通过 GSMR 手机与上级部门取得联系。使用 GSM-R 手持终端的列车长，在列车始发前必须及时按照担当车次正确注册，列车终到后应及时注销。GSM-R 手持终端构造如图 5-2-7 所示。

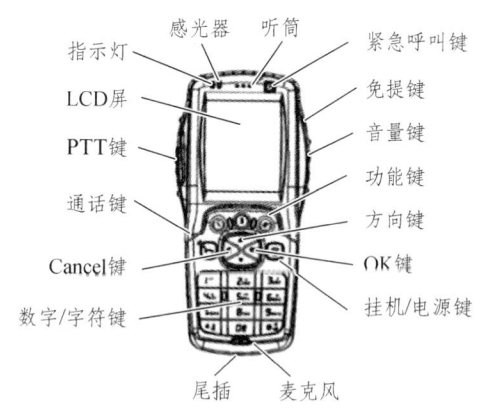

图 5-2-7　GSM-R 通信设备

四、动车组列车整备管理

动车组列车车内温度适宜，环境舒适。通风系统作用良好，车内空气清新，质量符合国家标准。始发前对车厢进行预冷、预热，空调温度调节适宜，体感舒适，原则上保持冬季 18～20 ℃，夏季 26～28 ℃。车内照明符合规定。夜间运行（22:00～07:00）时，座车照明开关置于半灯位；始发、终到站和客流量大的停站，以及列车途经地区与北京时间存在时差时自行调整。

（一）出库整备标准

1. 车厢内外各部位出库标准

车厢内外各部位整洁，窗明几净，四壁无尘，物见本色。

外车皮、站台补偿器内外、窗门框及玻璃、扶手干净、无污渍。天花板（顶棚）、板壁、边角、地板、连接处、灯罩、座椅（铺位）、空调口、通风口、电茶炉、靠背袋网兜内等部位清洁卫生，无尘无垢无杂物。热水瓶、果皮盘、垃圾箱（桶）、洗脸间内外洁净。餐车橱、柜、箱干净无异味，分类标志清晰，商品、餐、饮品和备品等分类定位放置。厕所无积便、积垢、异味，地面干净无杂物。污物箱内污物排尽。

2. 深度保洁出库标准

深度保洁结合检修计划安排在白天作业，范围包括车厢天花板、板壁、遮阳板（窗帘）、灯罩、连接处、车梯、商务座椅表面、座椅（铺位）缝隙、座椅扶手及旋转器卡槽、小桌板、脚踏板、暖气罩缝隙、洗手液盒、车厢边角，以及电茶炉、饮水机内部。

3. 服务备品配备出库标准

布制品、消耗品和保洁工具等服务备品配备齐全，定位放置，定型统一。

卧具叠放整齐，摆放统一，床单、头枕片、座席套、茶几布等铺设平整，干净整洁。

清洁袋、洗手液、卫生纸、擦手纸、一次性坐便垫圈、服务指南、免费读物、商务座专项服务等备品补足配齐，定位放置。服务指南中含有旅行须知、乘车安全须知、本车型的设备设施介绍、主要停靠站公交信息、铁路 12306 移动端和微信公众号二维码及本趟列车销售的商品价目表、菜单。

垃圾小推车等保洁工具及售货车等备品定位放置，不影响旅客使用空间。

可旋转式座椅转向列车运行方向。定期进行"消、杀、灭"，蚊、蝇、蟑螂等病媒昆虫指数及鼠密度符合国家规定。

（二）途中整备标准

使用垃圾小推车和专用工具适时保洁，保持整洁卫生。旅客下车后及时恢复车容。各处所地面墩扫及时，干燥、干净；台面、桌面、面镜擦抹及时，干净、无水渍。洗脸（手）池、电茶炉沥水盘清理、擦抹及时，无污渍、无残渣、无堵塞、无积水；垃圾车、垃圾箱（桶）、清洁袋、靠背袋网兜、果皮盘清理及时，无残渣；厕所畅通无污物，无异味，按规定吸污。餐车餐桌、吧台、工作台、微波炉及各橱、箱、柜内保持洁净。清洁袋、洗手液、卫生纸、擦手纸、一次性坐便垫圈等备品补充及时；卧具污染更换及时。垃圾装袋、封口、无渗漏，定位放置，在指定站定点投放；不向车外扫倒垃圾、抛扔杂物。

（三）终到整备标准

终到站时车内无垃圾、污水、粪便、异味。垃圾装袋、封口、无渗漏，到站定点投放。

（四）到站立即折返整备标准

站台侧车外皮、门框、车窗干净，无污物、无积尘。车内地面清洁，行李架、大件行李存放处、扶手及座椅（铺位）、窗台上和靠背网兜内干净整洁；垃圾箱（桶）内无垃圾，无异味。热水瓶、果皮盘内外洁净，垃圾箱（桶）、洗脸间四周洁净。餐车橱、柜、箱干净无异味，分类标志清晰，商品、餐、饮品和备品等分类定位放置。洗脸间、厕所面镜洁净，洗脸（手）池、便器无污物、无异味。电茶炉沥水盘洁净。布制品、消耗品和保洁工具等服务备品配备齐全，定位放置，定型统一。卧具叠放整齐，摆放统一，床单、头枕片、座席套、茶几布等铺设平整，干净整洁。清洁袋、洗手液、卫生纸、擦手纸、一次性坐便垫圈、服务指南、免费读物、商务座专项服务等备品补足配齐，定位放置。保洁工具、售货车等备品定位放置，不影响旅客使用空间。可旋转式座椅转向列车运行方向。

五、动车组列车音视频管理

动车组列车广播常播内容录音化。使用普通话。经停少数民族自治地区车站的列车可根据需要增加当地通用的民族语言播音。过港列车可增加粤语播音。直通列车可增加英语播报客运作业信息。广播语音清晰，音量适宜，用语准确，不干扰旅客正常休息。自动广播系统播报正确。视频系统性能良好，使用正常，始发前开启系统播放节目，播放内容符合规定并定期更新。广播、视频内容以方便旅行生活为主，介绍宣传安全常识和车辆设备设施的使用方法，提示旅客遵守安全乘车规定，播报前方停站、到站信息等内容，可适当插播文艺娱乐、文明礼仪、沿线风光、民俗风情、餐食供应、广告等节目。

（一）动车组列车广播设备操作

乘务员经常使用的广播装置包括控制放大器（可进行人工语音播放）；联络装置（可呼叫其他广播装置，用于乘务员间联络）；广播装置（可进行自动语音广播：将内存的自动语音输出及预先输入的装置进行广播）。

1. 车内广播的分类和优先权

车内广播分为人工广播、语音自动广播、对讲机广播三种。

广播的优先顺序排列为人工广播（从功放进行的广播）；语音自动广播（通过自动广播装置进行的广播）；对讲机广播（通过自动广播装置进行的广播）。

例如，正在进行对讲机广播时，当列车到站前，无线电广播被中断，播放到站相关信息（自动广播）。而且在播放到站相关信息时，如果进行人工广播，人工广播最优先播放。

2. 人工广播的操作（通过控制放大器向全部车厢广播）

① 拿起送受话筒；② 按下广播开关；③ "广播"显示灯闪烁，可以进行全车广播；④ 通过送受话器上的麦克风开始广播；⑤ 广播结束时，按下"切断"开关，结束广播；⑥ "广播"指示灯熄灭；⑦ 将送受话器放回。

（二）标准播音用语

1. 始发开车前 5 min 提示

女士们、先生们，欢迎您乘坐本次列车，担当本次列车乘务工作的是中国铁路××局集团有限公司××客运段，我们全体工作人员向您表示亲切的问候。

女士们、先生们，您上车后请核对车票，是否与本次列车开往的方向和车次相符，并核对车票对号入座，放置行李物品时，请您注意摆放稳妥，以免物品坠落砸伤自己或其他旅客，大件物品请放置在车厢一端的大件行李存放处，以免堵塞通道，本次列车为无烟车厢，车内设有烟雾报警器，请不要在车内任何区域吸烟，以免给行车安全造成隐患，感谢您的配合。

女士们、先生们，列车马上就要开车了，送亲友的旅客请下车，上车没来得及购买车票的旅客请您及时声明，我们乘务员为您提供补票服务。

2. 关门提示

女士们、先生们，车门即将关闭，请您远离车门，注意安全。

3. 始发开车后背景音乐通稿

感知温馨服务、感受和谐之旅，女士们、先生们，欢迎乘坐中国铁路××局集团有限公司××客运段担当的动车组列车，我们将以优质的服务和温馨的环境全新展示高速铁路为您带来的舒适和便捷，衷心祝愿大家旅行愉快一路顺风。

4. 安全须知

女士们、先生们，舒适的旅行是你我的心愿，安全的旅行靠你我的配合，下面是安全须知告诉您。

安全须知一：由于列车密封性能好，空气流通缓慢，为了您和他人的安全与健康，列车上严禁携带危险品，列车各部位全程禁止吸烟，否则会引发烟雾报警，危及行车安全，希望您奉献一份爱心承担一份责任。

安全须知二：动车组列车设备先进、设施齐全，您在使用时请多加爱护，车厢内的紧急停车按钮、开门按钮、涂有红色标记的安全设备是在紧急情况下使用的，请不要随意触碰，以免发生意外，如有异常情况出现，请立即通知车厢乘务员，感谢您的配合。

安全须知三：列车运行速度快，您在取用开水时要小心适量，拧紧杯盖后放置在小桌板上的杯槽内，以免烫伤。

安全须知四：带老人和儿童旅行要特别注意安全，在车厢走动或上下车的时候，一定要照顾好他们，您如果需要调节座椅靠背，请注意幅度和力度，以免给后排的旅客带来不便。

座椅后的杂志请您多加爱护，阅读后请放回原位以方便其他旅客取阅。

安全须知五：乘车旅行容易疲倦，当您倦意袭来，请将贵重物品妥善保管，多一份细心，少一分担心。

女士们、先生们，铁路的发展离不开您的支持，我们的工作更需要您的配合，让我们共同携手，平安旅行。

5. 用电宣传

女士们、先生们，大家好，为了大家的旅行安全，请您在列车上为手机等电子设备充电时，不要远离，防止丢失，不要长时间不良充电，以防发生火险隐患或造成设备损坏，感谢您的合作。

6. 禁烟宣传广播

女士们、先生们，动车组列车运行速度快，在列车上吸烟危及行车安全，请不要在车上任何区域内吸烟，对于不听劝阻者，列车乘警将根据铁路安全管理条例给予处罚，感谢您的配合。

7. ××站中途到站预报

女士们、先生们，前方停车站××，请下车的旅客提前整理好自己的行李物品，在列车运行方向的前门等候下车，因列车停车时间短，请不要到站台上散步或吸烟，以免误车，给您的旅行带来不便。

8. 中途站开车后广播

女士们、先生们，欢迎乘坐本次列车，我代表列车全体工作人员向大家问好，为了保证旅行安全，列车上禁止携带危险品，严禁在车内任何区域吸烟，吸烟会引发烟雾报警，给列车运行造成安全隐患，列车上的各种按钮和电器设备请不要随意触动，上车没有来得及购买车票的旅客请及时声明，我们可为您提供补票服务，开车后乘务员将进行实名制车票查验工作，请刚上车的旅客提前准备好车票和有效证件，感谢您的配合。列车前方到站××站。

9. 中途到站广播

女士们、先生们，××车站就要到了，请您提前整理好物品在列车运行方向的前门等候下车，因列车停车时间短，不下车的旅客请不要到站台上散步或吸烟，以免漏乘给您的旅行带来不便。

列车即将到达××站，下车时请照顾好同行的老人和儿童，不要靠近车厢连接处和站台边缘，同时一定要注意脚下，以免踏空摔伤发生危险，谢谢你的合作！

10. 下车前检查行李广播

女士们、先生们，列车即将到站，请您检查好自己的随身物品，不要将手机钱包等物品遗忘在列车上，特别是行李架衣帽钩置物袋内、座椅下等部位，请您再次检查确认，以免物品遗失，给您的旅行带来不便。

11. 终到广播

女士们、先生们，我们的列车即将到达终点站，请您仔细检查自己行李物品，以免错拿或遗忘在列车上，感谢您选择我们这趟列车，感谢您一路相伴感谢您对我们工作的支持和配合，期待与您再次相会。

12. 补票宣传

女士们、先生们，有需要办理延长区间补票的旅客，请您及时与工作人员联系，办理相关手续。

13. 中转换乘

前方到站××，请换乘旅客，到站后按便捷换乘标志指引换乘接续列车，距离换乘地点最近的是××号车厢。

六、用水供应管理

（1）饮用水保证供应，途中上水站按规定上水。

（2）运行途中为有需求的重点旅客提供送水服务；售货车配热水瓶，利用售货时为有需求的旅客提供补水服务。

七、动车组列车保洁员作业内容及质量标准

（一）随车保洁作业标准

1. 车厢内保洁作业标准

地面：杂物及时清理，污渍及时清擦，对车厢杂物随机收取。
小桌：内外清洁，小桌支架、小桌扣无污渍。
网袋：杂志、指南、清洁带齐全定位整齐。

2. 卫生间保洁作业标准

洗手盆：台面达到无污渍，无尘土，出水口及水漏无眼圈、无水锈水渍、电镀件光亮，镜面洁净光亮、无水渍。
水龙头：光洁无污渍，无水迹，光亮清洁。
地面：擦净无水渍。
座便器：恭桶盖及四周擦净、消毒，恭桶内沿无粪便、无尿迹、无异味、电镀件光亮。
抽纸：及时补充定型抽纸，在卷纸用完之前提前准备好，旅客使用时不得存在未补充现象。
卷纸：及时补充定型卷纸，在卷纸用完之前提前准备好，旅客使用时不得存在未补充现象。
座便垫圈纸：码放整齐，及时补充。
洗面镜：面镜洁净光亮，无污渍水迹。

卫生间门：滑道内外、门边上下、门板内外无尘土、无污渍。

3. 车厢两端保洁作业标准

端门玻璃：对污渍、手印要及时检查和清擦，保持洁净光亮。
电茶炉：炉体和周围地面擦净，接水盘处茶根等杂物及时清理。
垃圾箱：对 1/2 满的垃圾袋进行更换，到垃圾投放站前垃圾袋更新，做到随时补充。
整衣镜：对污渍、手印要及时检查和清擦，保持洁净光亮。

4. 餐吧区保洁作业标准

（1）站吧区。
小吧台：桌面无杂物、水渍，不锈钢柱子及底座无因抹布或清洁用品未洗干净而产生的痕迹，杜绝出现明显的手印等其他类污渍。
储物柜（监控室旁）：内外清洁无杂物，内置物品按规定定型放置。
（2）餐桌区。
地面：杂物及时清理，污渍及时清擦，对车厢杂物随机收取。
小桌：达到内外清洁，桌边、桌面无污渍、无水迹。
（3）监控室。
玻璃门窗：玻璃门窗洁净光亮。

5. 观光室保洁作业标准

台面：达到洁净无尘、无污渍。
司机室玻璃及车窗：窗台及窗沿无尘、玻璃洁净光亮，无污渍水迹。
垃圾箱：内外清洁，内部边角无污垢，内、外部箱面光洁无污渍。
观光室门及滑道：光亮洁净、无污渍水迹、手印。
遮光帘：无积尘污渍。

（二）库内保洁作业标准

1. 车厢内保洁作业标准

顶棚：光洁无污渍，边角清楚，无污渍水迹，杜绝出现明显的手印等其他类污渍。
行李架：两面清洁，无尘土，并保证无污渍、手印。
座椅：座席上无污渍、碎屑杂物，头枕片更换、整洁平整，扶手无尘土污渍，座椅按始发方向调整一致。
小桌：内外清洁，小桌支架、小桌扣无污渍。
墙壁：光洁无污渍，边角清楚，无污渍水迹。杜绝出现明显的手印等其他类污渍。
车窗：窗台及窗沿无尘、玻璃洁净光亮，无污渍水迹。
地面及边角：无污痕、无死角、无胶状物体粘贴在地面上，边角清晰、无死角。
遮光帘：无积尘污渍。

2. 卫生间保洁作业标准

洗面镜：面镜洁净光亮，无污渍水迹。

洗手盆：无污渍，无尘土，边角清洁，洗手盆漏斗周围无残留污渍，漏斗物见本色。

水龙头：光洁，无污渍水迹，光亮清洁。

卷纸架：光洁无污渍，水迹。杜绝出现明显的手印等其他类污渍。内部空间清洁，无污渍。

座便器垫圈纸架：内外清洁，无污渍水迹，内部空间无污渍。

抽纸盒：内外清洁，无污渍水迹。

废物箱：内外清洁，无污渍，内部空间无污渍。

便器：座便器盖内外、座便器圈反正面、座便器上沿、座便器面、座便器轴、座便器内部进行清刷、擦拭，保证光洁无污渍，无水迹。

卫生间门：滑道内外、门边上下、门板内外无尘土、无污渍。

婴儿护理台（无障碍卫生间）：正反两面无污渍水渍。

不锈钢扶手：光亮洁净，无污渍水迹。

3. 车厢两端保洁作业标准

（1）电茶炉。

电茶炉凹面：光洁无污渍，边角清楚，在光线照耀下消除因抹布或清洁用品未洗干净而产生的痕迹。杜绝出现明显的手印等其他类污渍。

电茶炉接水盘：无茶锈绣渍，并达到接水盘下无积水，内外清洁，物见本色。

水龙头：洁净无污渍水迹。

（2）垃圾箱。

垃圾桶：内外清洁，内部边角无污垢，内、外部箱面光洁无污渍。

垃圾箱内部空间：垃圾箱四壁光洁无污渍。

垃圾箱门：里外两侧清洁无污渍。

垃圾入口盖：里外两面光洁无污渍，入口盖内侧边缘无污垢，物见本色。

（3）过道及风挡。

顶棚：光洁无污渍，边角清楚，在光线照耀下消除因抹布或清洁用品未洗干净而产生的痕迹。杜绝出现明显的手印等其他类污渍。

灭火器：无灰尘、灭火器架内外洁净。

风挡连接处不锈钢脚踏：整洁无杂物、电镀件光亮。

端门玻璃及滑道：光亮洁净、无污渍水迹、水印。

车门：门框门板洁净无灰尘、无死角、玻璃明亮、车门口扶手洁净明亮，滑道无杂物、灰尘、积水，内侧无死角。

整衣镜：洁净无水渍无手印。

站台补偿器：洁净无污渍，物见本色。

4. 餐吧区保洁作业标准

（1）吧台内。

不锈钢壁柜：内外清洁无杂物，不锈钢表面在光线照耀下无因抹布或清洁用品未洗干净而产生的痕迹。杜绝出现明显的手印等其他类污渍。

微波炉：炉体内外内外清洁无油渍。

冰箱：内外清洁无杂物，不锈钢表面无因抹布或清洁用品未洗干净而产生的痕迹，杜绝出现明显的手印等污渍。

制冰机：内外清洁无异味。

展示柜：内外清洁无杂物，内外玻璃洁净光亮，玻璃表面无痕迹，杜绝出现明显的手印等污渍。

展示框：无尘土、污渍、水迹。

洗手池：光亮无积垢、无堵塞，各不锈钢配件光亮无污渍。

垃圾箱：内外清洁，内部边角无污垢，四壁光洁无污渍，入口盖内侧边缘无污垢。

电烤箱：内外清洁无油渍。

衣柜：柜内无异物、洁净，柜门干净无尘土、污渍。

餐吧门：面板无污渍尘土。

地柜：内外清洁无杂物，不锈钢表面在光线照耀下无因抹布或清洁用品未洗干净而产生的痕迹。杜绝出现明显的手印等其他类污渍。

抽屉：内外洁净光亮，无污渍水迹。

台面：达到台面清洁无灰尘及污渍、水渍。

（2）餐桌区。

地面：无杂物、无死角、洁净明亮，边角洁净无灰尘。

小桌：内外清洁，桌边、桌面无污渍、无水迹。

（3）监控室。

顶棚：光洁无污渍水迹，边角清楚。杜绝出现明显的手印等其他类污渍。

墙壁：光洁无污渍水迹，边角清楚。杜绝出现明显的手印等其他类污渍。

地面：无杂物、无死角、洁净明亮，边角洁净无灰尘。

储物柜：内外洁净、无尘土、无死角。

小桌：小桌上下洁净无污渍。

玻璃门：玻璃门窗洁净光亮。

5. 观光室保洁作业标准

顶棚：光洁无污渍，边角清楚，无污渍水迹，杜绝出现明显的手印等其他类污渍。

座椅：头枕片更换、头靠套洁净无碎发，座席上无细小杂物、地座清洁见本色、脚踏板洁净光亮，座椅按始发方向调整一致。

墙壁：光洁无污渍，边角清楚，无污渍水迹。杜绝出现明显的手印等其他类污渍。

地面：无污痕、无死角、无胶状。

台面：洁净无尘、无污渍。

司机室玻璃及车窗：窗台及窗沿无尘、玻璃洁净光亮，无污渍水迹。

垃圾箱：内外清洁，内部边角无污垢，内、外部箱面光洁无污渍。

观光室门及滑道：光亮洁净、无污渍水迹、手印。

遮光帘：无积尘污渍。

（三）动车组列车保洁员作业内容

1. 出乘作业

（1）点名报到。开车前2小时到派班室点名报到。接受命令传达，记录准确。人容规范，备品、证件齐全。

（2）参加出乘会。整理人容着装。听取列车长布置趟重点工作，安全预警。

2. 接车作业

（1）站台接车。始发前40分钟到达站台列队接车。

（2）清点消耗品。与库内保洁交接消耗品，清点消耗品。

（3）鉴定交接，备品定型。对所负责区域进行垃圾桶、垃圾车、消耗品等进行定型，及时汇报，协助库内保洁员及时补漏。规范定型书报杂志。

3. 始发作业

（1）巡视车厢。巡视所负责车厢，清理走廊杂物，在所负责车厢内循环巡视。落实首问首诉，解答旅客问询。

（2）清理卫生。一客一清，对所负责车厢卫生间、洗面间卫生进行清理。

4. 途中作业

（1）巡视车厢。巡视所负责车厢，清理走廊杂物，在所负责车厢内循环巡视。落实首问首诉，解答旅客问询。协助乘务员做好车内旅客禁烟、防烫安全提示。协助检查车内设备、设施及阴暗部位，对故障设备及时上报列车长。

（2）恢复卫生定型。保持车内清洁，垃圾随时收取，到站前后全面清擦地面，卫生间及时巡视，一客一清。用垃圾车收取垃圾，供餐高峰期间加强清理次数。巡视中随时定型座椅网袋、卫生间、洗面间各种消耗品，达到始发状态。

5. 中途站作业

（1）协助巡检。到站立岗，协助乘务员做好车门巡检，协助做好车门口安全提示。

（2）垃圾投放。在垃圾投放站统一投放垃圾，做到垃圾袋封口，指定位置投放。

6. 终到作业

（1）全面恢复卫生。对车内垃圾进行全面清收，卫生间全面清理，补充车内消耗品，全面清擦地面。垃圾袋封口，集中存放，到站前巡视车厢，恢复定型和卫生。

（2）终到巡视。检查旅客遗失品，如发现遗失品不得擅自处理，交由列车长该规定处理。

（3）收取定型备品。收取列车备品，集中装箱加封。

项目五 高速铁路客运乘务工作

7. 折返作业

（1）卫生恢复。按照始发标准全面恢复所负责车厢卫生情况。

（2）补充消耗品。按照始发标准全面补充消耗品。

8. 退乘作业

（1）检查遗失品。检查旅客遗失品，如发现遗失品不得擅自处理，交由列车长该规定处理。

（2）卫生恢复，收取备品。全面恢复车内卫生，按照列车长开具《列车保洁验收单（途中）》对不达标车厢及部位及时整改。集中剩余消耗品，统计数量，交回列车长。

（3）参加退乘会。听取列车长讲评当趟工作，做好记录。列队退乘，走行规定路线。

CRH380AL乘务人员立岗定位如图5-2-8所示。

CKH380AL乘务人员立岗定位图

车型	商务车	一等座		二等座		二等座		餐车	二等座		二等座		二等座		商务车
车厢号	1	2	3	4	5	6	7	8	9	10	11	12	13	14	15	16
定员	13	56	56	85	73	85	85	85	38	85	85	85	85	85	85	13
门内	1号列车员	2号专职餐服乘务人员		1号保洁员		2号保洁员		2号列车长	餐服长3、4号餐服乘务人员	3号列车员		5号乘务员		3号保洁员		4号保洁员	4号列车员
门下								列车长								

图 5-2-8　CRH380AL 乘务人员立岗定位图

【任务实施】

1. 任务准备

（1）设备准备：对讲机、音视频摄录仪、交互系统手持终端、服务备品、仿真动车组车厢、实训室，专业训练服（可着正装）。

（2）实训资料准备：动车组列车各岗位作业指导书、实训任务单、《动车组列车服务质量规范》、教材等。

（3）情景准备：实训前各小组查阅、收集资料，选择动车组列车客运乘务作业情景，情景中包括动车组列车列车长、乘务员等客运乘务组人员、旅客。

（4）人员准备：实训分小组进行，每组6~8人，每小组做好人员分工。

2. 实施步骤

（1）动车组列车始发作业。

（2）动车组列车途中作业。

（3）动车组列车终到作业。

（4）组内互查，教师总结并评分、评价。

3. 任务单

训练名称	动车组列车客运乘务作业训练		
班　级		姓　名	

1. 结合实际谈谈动车组列车客运乘务作业管理要求。
2. 按要求核对"客运乘务相关备品设备及证件"。
3. 检查和使用随身配置备品。
4. 检查动车组列车保洁员乘务作业。
任务总结:

4. 效果评价

	项目	A-优	B-良	C-中	D-及格	E-不及格	综合
小组评价	车门管理（15%）						
	备品管理（15%）						
	整备管理（20%）						
	团队合作（10%）						
教师评价	乘务作业管理（20%）						
	任务单（20%）						
	教师签名						

任务3　复兴号智能动车组列车客运乘务作业

【任务引入】

复兴号智能动车组列车客运乘务工作要打造复兴号服务品牌，提升复兴号服务质量，强化复兴号乘务管理，根据复兴号智能动车组技术装备的新特点、新变化、新标准，执行复兴号乘务作业质量标准。

请思考：如何做好复兴号智能动车组列车的客运乘务工作？

【相关知识】

一、复兴号智能动车组列车列车长作业内容及质量标准

（一）出乘作业

1. 接受命令

着装规范，始发前2小时到点名室，接受命令传达，听取重点工作，确认职工核对考勤情况。异地出乘班组不晚于开车前一小时电话向段安全生产调度指挥中心及车队值班干部汇报出乘情况。异地出乘点名传达前开启远程音视频记录仪，接受指挥中心抽调。

2. 制定计划

制定班组趟工作重点。趟工作重点按照上级工作要求，结合近期工作重点、上级安全预警信息，有针对性地制定工作计划、安全预想。客运管理信息系统登记出乘。按要求填写或录入《乘务工作日志》，填写规范、准确。

3. 开出乘会

检查乘务员人容着装，检查红十字救护证、电子上岗证、健康证等证件，齐全有效。布置趟重点工作，安全预警。趟重点符合当前重点工作要求，能够结合本趟实际，调度命令传达清楚，上级安全预警确保传达到位。组织职工学习业务知识，进行业务知识抽考。收取手机，填写《手机管理台账》。异地出乘班组列车长在站台组织召开出乘会。

4. 检查备品

检查车门钥匙、备品柜钥匙、站车无线交互系统、对讲机、耳机、反恐防暴备品、客运音视频记录仪、应急备品、医药箱。做到数量齐全，电量充足，作用良好。客运音视频记录仪构造如图5-3-1所示。

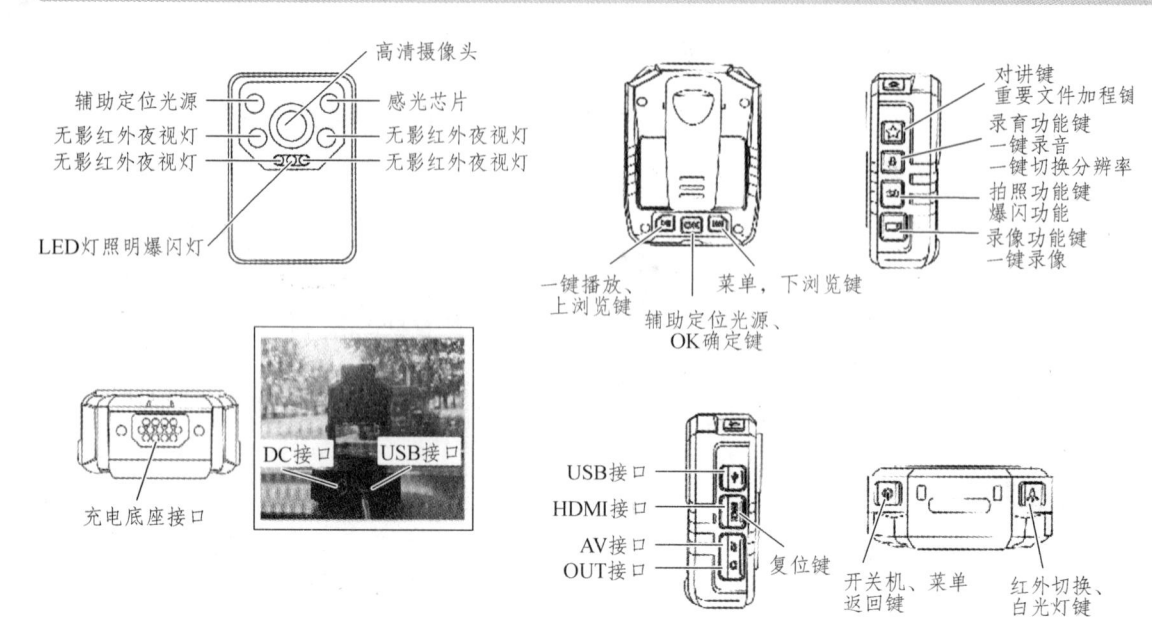

图 5-3-1　客运音视频记录仪构造

5. 出乘点名

列车长在参加点名前检查班组人容着装情况，组织列队进入点名室参加点名、测酒、填写《××客运段乘务人员酒精测试情况登记表》。列车长组织班组听取车队值班干部点名、传达重点文件、调度命令、上级指示等。

6. 请领票据

到票据室领取票据、移动补票机、备用金，票据请领齐全。填写票据进款交接簿和"列车取存票据登记簿"，打开补票机核对日期、时间，票据存根。列车长使用手机分别扫描微信、支付宝二维码，绑定补票机。逢节假日、周末增加携带票据数量。

（二）接车作业

1. 接车准备

始发前 40 分钟带领乘务员到达站台。组织客运乘务员、餐服员、乘服员站台中部列队集合。重点检查餐服员、乘服员人容着装，上岗证件及备品携带等准备工作，收取手机，填写手机管理台账。列车长指派专职乘务员在客运站地下库房请领消耗品、赠品，清点核对数量无误后交接确认并押运至站台。向餐服员、乘服员传达趟工作要求。

2. 联控开门

车底进入站台，列车进站停稳后使用对讲机通知本务司机打开全列车门。

列车长："××次司机：乘务班组站台接车，请打开全列车门"，组织乘务人员集体登车。

司机："××次司机明白。"

3. 核对信息

与司机、随车机械师核对姓名、时间及 GSM-R 通信设备号码，确认通话设备正常，核对后调至规定频道守候。

列车长："××次司机，我是××次列车长×××，G 网尾号为××××，现与您对时。"

司机："×××次车长，我是本务司机×××，G 网尾号××××，现在时间是××点××分。"

列车长："××点××分，时间一致，对讲机通话良好。"

司机："对讲机通话良好，司机明白。"

4. 存储票据

票据、补票机存入保险柜，乱码锁闭。

5. 设备检查

组织乘务员按照分工对列车上服务设施、应急备品进行巡检，汇总巡检发现问题与随车机械师办理始发设备检查交接。列车长确认乘务员对车底移动机具状态检查情况（车底自带垃圾车、航空车）。列车长检查反恐备品情况，与乘（辅）警交接反恐防暴器材（防割手套、束缚带、警用伸缩棍、安检仪），如乘警自带则不需要与其交接，按照车型定位放置。与随车机械师、乘（辅）警就本趟重点工作进行对接。通过乘务室内智能显示屏检查列车车次、广播、空调、视频等设备作用良好。

6. 卫生检查

列车长依据出库卫生质量标准，组织对出库列车基础卫生清洁工作、头枕片、座套、网袋清理情况、服务指南、杂志、清洁袋定位摆放情况、卫生间、洗面间卫生纸、抽纸、座便垫、洗手液定型定位情况、剩余消耗品数量及定位存放情况进行卫生质量检查，在《库内保洁验收单》中做好记录。每月逢 10、11、25、26 日为厕所深度保洁日，次日出乘对厕所卫生进行重点检查。

智能复兴号车底重点检查商务车内置物格定型、旅客鞋子存放格内等重点部位的卫生清理情况。

7. 检查餐食

餐车始发准备完毕后，与餐服长对接，掌握商务座赠餐、垫纸、餐食、商品数量、品种等信息。抽查餐食、商品生产日期、有效期、外包装、价签及餐吧定型商品摆放情况。

（三）始发作业

1. 掌握客流

开车前 20 分钟及时登录站车无线交互系统。遇列车编组临时发生变化及时与车站取得联系，掌握列车编组席位、车票售卖情况，根据《席位换乘通知单》、站车交互系统终端和临时变更事项，准确及时做好旅客席位安排。

始发作业流程及标准

2. 迎接旅客

按规定位置立岗。原则上短编列车在 5 号车厢立岗；重联列车，前列 7、8 号车厢之间立岗，后列在 9、10 号车厢之间立岗，长编列车在 9 号车厢立岗。根据车站放行时间，及时组织、检查乘务员在规定位置立岗迎客、解答问询、巡视车厢、整理行李和处理突发情况。指定一名工作人员在设有无障碍卫生间车厢车门内立岗，遇有乘轮椅旅客，做好引导工作，妥善安置轮椅。

3. 站车交接

与车站客运值班员（客运员）办理站车交接。交接内容包括《特殊重点旅客交接簿》《客运记录》《席位换乘通知单》《调度命令》等交接凭证，内容清楚、有签收，交接期间开启音视频记录仪。到站前 30 分钟登录高铁订餐手持终端确认互联网订餐，上水吸污等作业时按规定办理交接。

站车交接对讲机用语如下。

（1）车站通知停检情况

车站值班员："G×××次列车长，G×××次列车已停检。"

列车长："G×××次列车停检，车长明白。"

（2）列车进站前有突发状况不能在指定位置交接。

列车长："×站值班员有吗？"

站台值班员："有，请讲。"

列车长："G×××次 3 号车一位旅客行动不便，请您到 3 车运行方向前侧车门办理交接。"

站台值班员："×站台值班员明白，3 车运行方向前侧车门办理交接。"

4. 高铁快件交接

列车长对高铁快件情况进行检查并确认安检标识、包装封锁完好，签字交接，交接期间开启音视频记录仪。有押运人员时，列车长应对押运员的证件进行检查和登记。遇中途站上车的快件，无押运员时按文件要求不办理交接业务，全程开启音视频记录仪。

5. 盯控广播

按广播作业流程盯控始发广播宣传，遇同站台放行旅客列车始发增加播放同站台广播。

6. 发车作业

听取各车厢乘务员汇报乘降情况。（汇报顺序由头车至尾车依次汇报）。听取车站有关客运作业完毕的报告。列车长通知司机关闭车门，用语为"××次司机：××次列车请关门"。司机应答"××次关门，司机明白。"

关门后列车长将对讲机调至规定频道守候。重联动车组列车由运行方向后组车长确认本组旅客乘降完毕后向前组车长进行汇报，由前组车长通知司机关闭车门。列车关门后在上车处车门位置立岗，行注目礼出站。关门前盯控关门前广播提示，开车后盯控列车自动预报广播，播报欢迎词、下一站预报和禁烟宣传。触发文明出行和安全宣传、设备设施介绍、征信宣传广播、铁路旅客温馨提示等广播，遇广播系统故障，采用终端机播放。

（四）途中作业

1. 列车长巡视作业

随时关注智能复兴号车底智能设备使用情况，发现异常及时通知机械师处理。列车长在巡视过程中随时为旅客介绍智能设备的使用方法，检查乘务人员对智能设备使用的掌握情况。智能复兴号车底列车长可通过乘务室内智能终端显示屏有针对性的对列车乘务员的作业情况进行视频抽验。乘务室内智能终端显示屏如图 5-3-2 所示。

图 5-3-2 乘务室内智能终端显示屏

途中作业流程及标准

（1）巡视频次。每 1 小时巡视一次，长编组列车每 2 小时巡视一次，运行时间在 1 小时以内的，每 30 分钟巡视一次。

（2）抽验车票。复兴号列车根据席位显示系统、参考站车无线交互系统的售票情况对坐席显示橙色、绿色和扣售坐席进行抽验。

（3）检查商务、一等车厢服务及作业情况。开车后按照从小号至大号顺序，先对商务、一等车厢进行检查，检查广播音量、自动门状态，商务备品定型及发放情况、乘务员服务用语使用情况，感受车厢温度，掌握重点旅客信息和服务需求，对重点旅客温情提示问候，解答旅客询问。

（4）检查二等座车厢。检查二等座车厢乘务人员作业及服务情况，检查行李架、大件行李处行李码放情况。

（5）关注旅客动态。落实首问首诉，解答旅客问询，对旅客不文明乘车及各类违规行为及时劝阻。掌握重点旅客信息，对重点旅客做到"三知三有"（知座席、知到站、知困难，有登记、有服务、有交接），在站车交互系统中核对乘务员的标注。

（6）检查卫生动态保持情况。检查各车厢、卫生间、洗面间、电茶炉、垃圾桶途中卫生保洁工作，卫生纸、擦手纸、坐便垫、清洁袋、纸杯等消耗品补充情况，垃圾装袋规定位置放置情况。发现问题及时提示责任车厢乘服员及时恢复,补充消耗品。

(7)监督餐车服务及作业。检查餐车备品、餐食、商品定位情况,吧台商品摆台情况,航空车、备品箱定位食品卫生标准落实情况。

(8)组织防火巡检,将防火巡检记录登记在列车长乘务工作日志上。

2. 安全提示

对车门、电茶炉、餐车后厨等安全重点部位进行安全检查,对旅客行李码放、外接电源、倚靠车门、接打开水、地面水渍等可能造成旅客挤伤、烫伤、砸伤、滑倒摔伤等隐患问题进行重点提示。

3. 盯控广播作业

盯控列车自动广播播放情况。遇设备故障及时采用录播器播放或采用直播方式播放。盯控播报安全、服务、文明乘车、设备介绍、征信宣传、疫情防控等广播宣传情况,视情况播报"座席升级",对可以"便捷换乘"的车站进行广播宣传提示。遇列车中途无法运行需折返等情况,广播宣传"列车折返退差"提示。

4. 票务作业

利用站车交互系统及现场查验,对学生优惠票、伤残优待票等特殊票种、乘车证件、减价证件进行核对。对无票、延长变更座席、减价不符及其他需要办理补票的旅客,按规定办理补票业务。每站及时掌握车内客流情况及旅客补票信息。对于已领取报销凭证的旅客,重点进行身份证信息核实。遇列车置换车底,导致部分旅客在已购有效电子客票乘车区间使用的席位由高等级调整到低等级时,通过站车交互程序,为旅客在线办理相应区间席位等级退差手续。遇列车晚点30分钟以上或列车无法正常运行至终点站时,掌握在线办理电子客票退差(退票)手续功能,正确回答解释旅客询问。票务作业如图5-3-3所示。

图5-3-3 票务作业

5. 安排用餐

按照大小号车厢,乘务员、保洁员交替用餐。乘务员用餐位置在乘务室进行,保洁用餐位置在乘务室边凳或就近风挡位置。乘务员用餐时段,列车长落实一次车厢巡视作业,并督

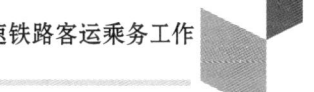

促保洁员及相邻车厢乘务做好互控。列车长在用餐前提示餐车人员将乘务员自带餐食提前加热完毕,避免乘务员等候时间过长。

(五)中途站作业

1. 到站前准备

对需办理站车交接事项做好到站交接准备,按规定填写《客运记录》《电报》《特殊重点旅客交接簿》。盯控到站前自动广播到站通报,如设备故障采用直播方式通报,换乘站播放便捷换乘广播。列车进站,听取首尾车乘务员对讲机汇报列车停靠站台方向及列车尾部进站情况。

2. 中途站车交接

在规定位置立岗办理交接。开启音视频仪与车站客运值班员办理站车交接。交接内容包括《特殊重点旅客交接簿》《客运记录》《席位换乘通知单》《调度命令》《电报》等交接凭证,内容清楚、有签收。

3. 联控关门发车

根据旅客乘降情况,及时组织各车厢乘务员逐车汇报乘降情况。听取车站对讲机:"××次列车长,××站客运有关作业完毕"的报告。列车长通知司机关闭车门。列车关门后在上车位置处车门立岗,行注目礼出站,至车底驶出站台。开车后盯控列车自动预报广播,播报下一站预报和禁烟宣传。播报文明出行和安全宣传、设备设施介绍、征信宣传广播,遇广播系统故障,采用终端机播放或直播。

(六)折返站作业

1. 终到巡视

确认所有旅客下车完毕,车内无闲杂人员,发现旅客遗失品时与车站办理交接。对全列车内设备、阴暗部位进行检查,确认无遗留物品及安全隐患。盯控随车保洁终到站卫生质量。

2. 折返整备

检查车厢终到卫生,登记脏座椅套,检查垃圾投放情况。检查商务座头枕片更换、座椅网袋清理、指南、杂志定位摆放情况,检查卫生纸、擦手纸、清洁袋、纸杯等各种消耗品补充情况。对存在的问题在《折返保洁验收单》上进行记录,督促保洁班组整改,对主要问题及时汇总向车队汇报。盯控乘务员做好折返站卫生恢复及消毒作业。

3. 折返站退乘

遇有上水、吸污作业的车站时,对讲机通知站方值班员,乘务员下车完毕。无上水、吸污作业的车站,通知司机关闭车门。组织客运乘务员、餐服员、乘服员、乘(辅)警站台列队点名,折返测温,组织召开退乘会,总结本趟工作,按照规定线路行走入住公寓。乘(辅)警护送票据和单程票款锁入公寓保险柜,入住期间专人看管。入住期间落实公寓管理制度,不得私自外出。需外出时严格遵守请销假制度。

(七) 终到站作业

终到站站车交接作业同中途站作业站车交接作业内容一致。

1. 终到准备

终到前最后一个运行区间或终到前 30 分钟（长编动车组 50 分钟），组织各车厢开展终到卫生恢复和备品整理工作。对需办理站车交接事项做好到站交接准备，按规定填写《客运记录》《电报》《特殊重点旅客交接簿》。盯控到站前广播通告。通告内容包括列车前方到站、安全提示、终到广播。列车进站，听取首尾车乘务员对讲机汇报列车停靠站台方向及列车尾部进站情况。

2. 核对票款

清点票据票款，乱码加锁，确保票据票款安全。填写收入台账，票据使用数量及款额填写准确。

3. 终到巡视

确认所有旅客下车完毕，车内无闲杂人员，发现旅客遗失品时与车站办理交接。对全列车内设备、阴暗部位进行检查，确认无安全隐患。重点备品柜门逐一打开检查核实。检查垃圾投放情况，汇总乘务员上报污渍座椅套坐席号、破损服务标识、服务指南缺失情况向车队汇报，对列车重点需保洁作业问题登记重点保洁部位提示卡，并与库内保洁做好交接。动车所配属车底垃圾车、航空车定位放置，与库内保洁交接。盯控乘务员收取剩余消耗品，与库内保洁交接。

4. 联控关门

遇有上水、吸污作业时，通知车站客运值班员。组织乘务员退乘，由车站客运值班员确认上水、吸污作业完毕后联控司机关闭车门。无上水、吸污作业的车站，对讲机通知司机关门。

动车组途中上水、吸污时，车站客运人员要确认上水、吸污等作业完毕后，将对讲机转至行车频道通知动车组列车长，动车组列车长须得到车站客运人员的确认后，方可按要求报告司机（或机械师）关闭车门。站车联用用语规定如下：

上水/吸污人员："××站台值班员，G×××列车上水/吸污作业完毕。"

车站客运人员："G×××列车上水/吸污作业完毕，××站台值班员明白。"

车站客运人员："G×××次列车长，××站上水/吸污作业完毕。"

列车长："G×××次上水/吸污作业完毕，列车长明白。"

(八) 退乘作业

1. 退乘总结

组织客运乘务员、餐服员、乘服员列车中部召开退乘会，对当趟工作情况进行汇总点评，发还上岗证、手机并签字确认。

2. 终到缴款

由乘警（辅警）护送到车站收款室缴款，至少有一名乘务员陪同。

3. 缴票退乘

带领乘务班组列队整齐，按规定线路至车队。到票据室下载数据，锁闭票据，填写收入资料。

（九）列车长与乘务员通话用语（用各自的内部频）

1. 接车后乘务员对讲机规范用语

列车长："G×××次乘务员，请检查各自值乘车厢设备设施及卫生情况，逐一汇报。"
乘务员："G×××次列车长×—×车厢设备设施良好。"
列车长："各车厢乘务员站方开始检票了，请站在规定位置迎接旅客上车。"
乘务员："G×××次车长，×—×车厢乘务员收到。"

2. 列车开车前乘降情况通报

乘务员："G×××次车长，×至×车旅客乘降完毕。"
列车长："收到。"

3. 终到站后检查车内遗失物品

列车长："G×××次乘务员旅客乘降完后，仔细检查有无旅客遗失物品，逐一汇报。"
乘务员："G×××次列车长×—×车旅客乘降完毕，经检查无旅客遗失物品。"

二、复兴号智能动车组列车（商务、一等）作业内容及质量标准

（一）出乘作业

1. 出乘点名

点名时着装规范，开车前2小时到点名室报到，列车长组织班组职工列队统一接受车队值班干部命令传达，听取当趟重点工作。异地出乘班组按规定时间集合点名，听取列车长布置当趟重点工作进行测酒工作、集合出乘。

2. 请领备品

服务备品、赠品数量齐全、包装完好、签字确认。智能动车组商务赠品领取做好数量清点核对，检查配备物品是否齐全。耳机数量充足，确保性能良好。

（1）商务座赠品及服务备品。

复兴号动车组商务座早餐赠餐包括豆浆或牛奶、面包或蛋糕、一次性餐具、餐巾纸。正餐赠餐包括盒饭、速溶汤、一次性餐具、餐巾纸。盒饭以冷链为主，口味清淡为主，少油腻，非油炸，无壳、无皮、无骨，花色品种多样，菜肴品种适时更换。早餐赠餐时间为 8:00 前，正餐赠餐时间为 11:30—13:00、17:30—19:00。

赠送饮品包括矿泉水、苏打水、咖啡、果汁、碳酸饮料，热茶不少于三种（红、绿和半发酵茶等），结合季节适当调配品种；饮料宜无糖，不宜选用功能性饮料。茶杯宜选用质量较好的透明硬制塑料水杯。

赠送休闲食品包括干果类和点心类，不少于6种，无壳、无皮、无核、无骨，不易掉渣，口味中性（原则上以原味为主），不油腻，不宜油炸食品，按季节调配品种。

服务消耗品包括拖鞋、鞋套、眼罩、耳机、耳塞、毛巾、梳子、硬质塑料水杯。防寒毯洗涤后塑封。

阅读服务不少于3种，包括当天早晚报、人民铁道报、财经类、时事类等。

（2）一等座赠品。

一等座赠品包括矿泉水、果汁、碳酸饮料。赠送干果类、点心类等不少于3种。当天早晚报、人民铁道报、财经类、时事类等报纸1份。

3. 参加出乘会

人容着装规范，落实《复兴号动车组乘务作业质量标准》。证件齐全有效，通信设备作用良好，电量充足，佩戴位置统一。听取列车长布置趟重点工作，安全预警，学习业务知识，进行业务知识抽考。拨打列车长电话，关闭手机，签认手机台账。接受列车长测酒。异地出乘班组由列车长在站台召开出乘会，组织职工进行测酒。

（二）接车作业

1. 接车准备

开车前40分钟到达站台，在站台指定位置列队集合接车。根据车底靠站台时间，站台集合后，可组织商务乘务员与配送人员携带备品在商务车厢列队等候。

2. 摆放备品

卫生间、车厢内、座椅靠背袋内服务备品定位摆放。长编动车组整齐码放在商务车厢最后一排座椅后方空间，高度不超过三层备品箱，不挤占走行通道，大不压小、方不压圆、重不压轻，用苫布苫盖；短编动车组放置在1、8车座椅最后一排后，码放高度不影响旅客调整靠背角度。商务座卫生间使用的空气清新设备放在置物台一端，喷香口对准洗手池，其他卫生间衣帽钩悬挂香囊。

智能动车组为减少备品、赠品码放占用旅客空间，实行一往返交路增送赠品。增加置物袋，棉织类备品放置于置物袋内，接车后定型完毕，将置物袋统一折叠放置于备品柜内。报刊栏内阅读刊物依次顺序摆放，商务小食品靠外侧摆放，靠近旅客座席位置置物格内定型一次性耳机、湿毛巾，为减少旅客等候时间，便于旅客及时体验。智能动车组商务车台面增高，取消定型抽纸盒、装饰花。将一次性拖鞋定型于旅客鞋子存放格内，如图5-3-4所示。

图 5-3-4　智能复兴号商务车内置物格定型

3. 检查车容

车厢内外整洁，窗明几净，物见本色，卫生间无积垢、无异味。服务设施状态良好，车内阴暗部位无安全隐患。

智能动车组接车后，对商务车智能交互终端、无线充电设备等进行检查，确保性能状态良好。结合车内光线，调节车内灯光亮度。商务车通风口全部手动调节开启状态。始发放客前将一等座椅角度恢复初始状态，车厢灯光调试明亮适中，席位显示下方增加氛围灯，让旅客更直观找寻席位。

4. 调整端门

旅客放行前，将商务舱感应门（非立岗端）打成手动状态，打开商务舱广播设备，音量适中。商务自动端门为手动外开式，始发放客前乘务员将端门打开后并做好固定。

（三）始发作业

1. 迎接旅客

开车前 20 分钟及时登录站车无线交互系统，掌握商务、一等车旅客人数，根据旅客人数准备商务赠品。商务座、一等座乘务员在短编动车组 1、8 车、长编动车组 1、16 车车内面向旅客登乘车门车内立岗。

特殊情况如遇站台距离车门缝隙大、车门与站台存在高度差、站台地面不平等现象，根据站台实际情况，各车厢乘务员按照列车长安排在车门口立岗。结合终端数据掌握商务旅客乘车人数，车门处立岗，引领入座，致简洁欢迎词，介绍智能交互终端操作方法。

2. 乘降组织

关注站台情况，组织吸烟旅客、送站旅客尽快上下车。开车前 5 分钟，确认旅客乘降情况。听取列车长对讲机统一指挥，依次汇报乘降（汇报顺序由头车至尾车依次汇报），瞭望确认乘降完毕后对讲机汇报。

（四）始发开车作业

1. 饮食服务

将饮品放在托盘上为旅客服务发放饮食品，提供饮品时，要做好安全提示。智能动车组因商务座椅升级为半包围式座椅，可以感知旅客需求，注重服务细节，使用托盘为旅客发放饮品。智能动车组一等座改为背板试小桌板，可为旅客适当调节小桌板的位置，前排旅客多角度调节座椅靠背也不会造成后排旅客水杯倾倒。

2. 报刊服务

商务车乘务员主动询问旅客需求，由旅客自行选择。报刊服务时，报纸摆放在托盘上，重叠摆放整齐，露出报头；递送报刊时，按照A-C-F座位依次提供，面向旅客方向斜前方45°、0.5米处位置，用语："先生（女士）您好，我们为您准备了××报刊，请问您需要哪一种？"递送报纸时，应不打扰其他旅客，做到无干扰服务。

3. 防寒毯服务

商务车乘务员要征询每名旅客是否需要防寒毯，需要时应及时提供；提供前，应检查防寒毯包装封口是否完好；提供时，应在旅客面前拆封。智能动车组给予旅客温馨舒适环境，减少旅客干扰，将防寒毯提前放置在前排座椅下方置物盒上，已消毒标识统一朝向旅客。

4. 其他服务

服务完毕后，退出商务车厢，将商务舱感应门（非立岗端）恢复成自动状态，如有旅客休息，先关闭遮光帘、照明灯，再退出，将商务舱广播音量调至静音，及时调节风量，确保车内温度适宜。

智能动车组商务舱服务完毕手动关闭车厢端门，调制车内灯光色调，如有旅客休息手动关闭旅客上方出风口。

（五）途中作业

1. 环境卫生整洁

确保车内环境卫生整洁，用托盘收取垃圾。卫生间一客一清，加强卫生巡视。确保干净整洁，消耗品补充及时。

2. 适需服务

落实首问首诉制度，解答问询准确，处理问题及时，提示旅客手机等物品不要放置在座椅扶手周围，避免物品掉落在商务座椅缝隙内。按需为旅客提供防寒毯、眼罩、耳机、耳塞、免费读物等服务备品，有需求有服务，无需求不干扰。按需为旅客添加饮品。特殊重点旅客做到重点关注，优先照顾。

3. 登记用餐（商务）

列车始发时，登记旅客用餐需求。将用餐时间、种类、数量报餐服长。商务乘务员使用终端机备注用餐时间、品种并及时上传信息。

4. 赠餐准备（商务）

按旅客预约用餐时间提前10分钟与餐服长核对赠餐准备情况（其他车厢乘务人员也可通过终端机协助查看餐食品种），确保按时供应。

VIP乘务员："G×××次餐服长，1号车厢5名VIP旅客××点××分需用餐，请提前

准备。"

餐服长:"G×××次餐服长收到。"

5. 提供赠餐(商务)

按照旅客用餐时间,由餐服员送至商务车,由商务车乘务员进行服务。遇有少数民族旅客对餐食品类有特殊需求时,可用清真类食品替代。旅客用餐完毕,及时将餐盘、餐具收回。

商务车观察旅客状态,做好开餐提示,协助旅客打开小桌板。按照餐食、餐具、热汤顺序依次摆放在托盘上,按时送餐到座。用餐完毕后及时收取餐盘,闭合小桌板。

6. 合理用餐

乘务人员定时定点分批在乘务室用餐,其他时段不在旅客面前用餐。

(六)中途站作业

1. 提示到站

到站前 10 分钟口头轻声逐个提示下车旅客做好下车准备。遇有重点旅客或熟睡旅客提前做好唤醒服务,提示旅客带好行李物品。便捷换乘站准确掌握便捷换乘车厢,提示中转换乘旅客换乘地点。对行动不便重点旅客做好帮扶。根据旅客需求,使用站车无线交互系统预约接站服务,让旅客感受专人接站、专属通道、出站便捷的服务。

2. 坐席恢复

将空余坐席卫生、座椅角度、靠背袋恢复到位。商务车使用托盘收取杂物,收取拖鞋、防寒毯。商务车头枕片落实好"一客一换"。

3. 组织乘降

在规定位置立岗,列车进站,首尾车乘务员对讲机汇报列车停靠站台方向及列车尾部进站情况。关注站台旅客情况有无重点旅客,巡视所负责车厢的车门是否正常开启。落实安全宣传、扶老携幼。组织吸烟及送站旅客尽快上下车。听取列车长对讲机统一指挥,依次汇报乘降(汇报顺序由头车至尾车依次汇报),落实瞭望制度,瞭望确认乘降完毕后对讲机汇报。

(七)折返站作业

1. 查遗失品

确认旅客下车完毕,车内无闲杂人员,并对负责区域内设备、阴暗部位进行检查,确认无遗留物品及安全隐患,及时汇报列车长。服务备品清点数量,整理到位,脏品、净品分开存放。短编或重联动车组到达终点站前 30 分钟,长编动车组 50 分钟,班组清点、整理备品。

2. 卫生恢复

检查车厢终到卫生,恢复服务设施状态,登记脏座椅套,检查垃圾投放情况。检查座椅网袋清理、指南、杂志定位摆放情况,检查卫生纸、擦手纸、清洁袋、纸杯等各种消耗品补充情况。盯控保洁做好折返站卫生恢复及消毒作业。

（八）终到站作业

1. 到站前作业

商务车到站前15分钟使用托盘收取杂物，收取拖鞋、防寒毯。商务车到站前15分钟，提示旅客到站时间、个人物品、下车位置。询问重点旅客需求，帮扶重点旅客提拿行李，提前到车门附近等候。

2. 到站后作业

到站后在车门口立岗，使用规范用语，送别下车旅客。全面巡视车厢，确认旅客上下完毕，检查有无遗失物品。

（九）退乘作业

1. 赠品退库

服务备品、赠品清点装箱；押运赠品退库与库管员或交接人员交接签认。

2. 列队退乘

退乘列队整齐；参加退乘会，总结趟工作；签认当趟考核卡；签认手机管理台账。

三、复兴号智能动车组列车作业内容及质量标准（二等）

（一）立岗迎客作业标准

立岗迎客时面向旅客上车方向车上立岗，迎客问好。根据旅客车票载明的车厢号用手势指引方向。宣传禁带危险品，组织顺序上车，提示安全乘降，帮扶重点。

（二）车内巡视作业标准

车内巡视时，女乘务员右手搭在左手上，双手重叠放于体前；男乘务员双手自然摆动。目光柔和，面带微笑。巡视时环视前方三至五排的旅客，目光从左向右，由上至下。查看旅客行李码放情况，旅客动态、解答旅客问询，回答问题时面向旅客45°、0.5米处的位置，目光注视旅客眼睛，身体前倾10°。巡视车厢时，衣帽钩上只能悬挂衣帽，遇旅客悬挂其他物品时，应及时沟通，并协助取下。

（三）整理行李架作业标准

（1）开车后乘务员应及时整理行李架。将重点旅客（老、幼、病、残、孕）的行李安排在他们可以看见或方便提取的位置。检查行李架时，应注意物品不得超出行李架边缘1/3，以免滑落。

（2）提醒旅客容易滴洒的液体、贵重物品不可放置在行李架上，并提醒旅客保管好贵重物品、易碎物品。

(3)帮助旅客摆放行李时,要先征得旅客同意,做到轻拿轻放。旅客行李过大时,与旅客协商将行李放在大件行李处,并让旅客确认存放位置,提醒旅客下车时不要忘记拿取。

复兴号智能动车组列车(二等)作业内容及质量标准见表 5-3-1。

表 5-3-1 复兴号智能动车组列车(二等)作业内容及质量标准

作业流程	作业内容	质量标准
出乘作业	1. 出乘点名	着装规范,开车前 2 小时到点名室报到,列车长组织班组职工列队统一接受车队干部命令传达,听取当趟重点工作
		异地出乘班组按规定时间集合点名听取列车长布置当趟重点工作进行测酒工作、集合出乘
	2. 开出乘会	1. 人容着装规范,落实《复兴号动车组乘务作业质量标准》。 2. 证件齐全有效,通信设备作用良好,电量充足,佩戴位置统一。 3. 听取列车长布置趟重点工作,安全预警,学习业务知识,进行业务知识抽考。 4. 拨打列车长电话,关闭手机,签认手机台账。 5. 接受列车长测酒。 6. 异地出乘班组由列车长在站台召开出乘会,组织职工进行测酒
接车作业	1. 接车准备	1. 开车前 40 分钟到达站台,站台指定位置列队集合接车。 2. 接动车所出库列车,严格落实站台移动机具管理制度。 3. 请领消耗品,清点核对数量无误后交接签认,并押运至站台
	2. 安置备品	1. 按规定位置将所负责区域备品定位放置
	3. 检查汇总	1. 对所负责区域内的卫生情况及列车上部服务设施、应急备品进行检查汇总,汇报列车长。 2. 乘务员检查车底移动机具编号、制动、防撞胶条、状态,确保配置齐全、作用良好
始发作业	1. 迎接旅客	1. 开车前 20 分钟及时登录站车无线交互系统,掌握车内客流。 2. 统一听从指挥,在规定位置立岗,站姿规范。 3. 关注重点,优先照顾,主动帮扶引导,负责无障碍车厢乘务员,随时关注残疾人区域轮椅停放处禁止存放其他物品。 4. 特殊情况如遇站台距离车门缝隙大、车门与站台存在高度差、站台地面不平等现象,根据站台实际情况,各车厢乘务员按照列车长安排在车门口立岗。 5. 开车前 10 分钟对所负责区域行李架及大件行李存放处进行整理,消除安全隐患
	2. 乘降组织	1. 关注站台情况,组织吸烟旅客、送站旅客尽快上下车。 2. 开车前 5 分钟,确认旅客乘降情况。 3. 听取列车长对讲统一指挥,依次汇报乘降(汇报顺序由头车至尾车依次汇报),落实瞭望制度,瞭望确认乘降完毕后对讲机汇报。 4. 列车关门后在上车处车门位置立岗,行注目礼出站。 5. 关门前播放"关门前提示",开车后进行列车自动预报广播,播报欢迎词、下一站预报和禁烟宣传。触发文明出行和安全宣传、设备设施介绍、征信宣传广播、铁路旅客温馨提示等广播,遇广播系统故障,采用终端机播放。 6. 遇列车中途无法运行需折返等情况,广播宣传"列车折返退差"提示

续表

作业流程	作业内容	质量标准
途中作业	1. 巡视车厢	1.按照每半小时一次的频次巡视值乘车厢。 2.检查车门等重要设备设施，整理旅客行李，做到摆放平稳、牢固，妥善放置。衣帽钩仅限挂衣物。巡视车厢，掌握旅客动态，做到全面检查、不漏项。 3.掌握中途及终到客流量及流向，做到重点组织
	2. 重点旅客	关注旅客动态。落实首问首诉，解答旅客问询，对旅客不文明乘车及各类违规行为及时劝阻。掌握重点旅客信息，对重点旅客做到"三知三有"（知座席、知到站、知困难，有登记、有服务、有交接），在站车交互系统中进行标注。运行途中为有需求的重点旅客提供送水服务
	3. 去向核实	1.面向旅客用终端机查验车票，落实实名制验票制度。 2.每站及时掌握负责区域内的客流情况，利用站车交互系统进行现场查验，对学生票、伤残票等特殊票种、乘车证件、减价证件进行核对。对无票、延长变更座席、减价不符及其他需要办理补票的旅客，利用终端机做好登记并汇报列车长。 3.复兴号列车根据席位显示系统、参考站车无线交互系统的售票情况对坐席显示橙色、绿色和扣售坐席进行抽验；和谐号列车利用终端机验票后及时登记上传。 4.对已领取报销凭证旅客，重点进行身份信息核实。 5.遇列车置换车底，导致部分旅客在已购有效电子客票乘车区间使用席位由高等级调整为低等级时，用站车交互程序，为旅客在线办理相应区间席位等级退差手续。 6.遇列车晚点30分钟以上或列车无法正常运行至终点站时，掌握在线办理电子客票退差（退票）手续功能，正确回答解释旅客询问
	4. 合理用餐	按照大小号车厢交替用餐。乘务人员定时定点分批在乘务室用餐，其他时段不在旅客面前用餐。严格执行乘务员用餐制度、用餐时间，杜绝非用餐时间在车内用餐
	5. 检查卫生	1.到站前提示重点旅客，广播通告（内容包括列车前方到站、安全提示）落实一站三报制度。 2.巡视所负责区域，保持车内清洁，垃圾随时收取，落实好每半小时巡视卫生间一次
	6. 车内查票	随同列车长及办公席进行闭环式查票，做到无遗漏
	7. 解答问询	1.按规定落实首问首诉，解答旅客问询。 2.遇有突发事项，做好现场处置及时汇报列车长
	8. 乘降组织	1.在规定位置立岗，列车进站，首尾车乘务员对讲机汇报列车停靠站台方向及列车尾部进站情况。 2.关注站台旅客情况有无重点旅客，巡视所负责车厢的车门是否正常开启。 3.落实安全宣传、扶老携幼。组织吸烟及送站旅客尽快上下车。 4.关注重点，优先照顾，主动帮扶引导，负责无障碍车厢乘务员，随时关注残疾人区域轮椅停放处禁止存放其他物品。 5.听取列车长对讲机统一指挥，依次汇报乘降（汇报顺序由头车至尾车依次汇报），落实瞭望制度，瞭望确认乘降完毕后对讲机汇报联控用语：G×××次车长，×至×车旅客上下完毕。 6.遇有网络订餐配送车站，要开启执法仪，做好接餐工作，核对接餐数量做好签认

续表

作业流程	作业内容	质量标准
折返站作业	1. 查遗失品	确认旅客下车完毕，车内无闲杂人员，并对负责区域内设备、阴暗部位进行检查，确认无遗留物品及安全隐患，及时汇报列车长
	2. 卫生检查	1.检查车厢终到卫生，登记脏座椅套，检查垃圾投放情况。检查座椅网袋清理、指南、杂志定位摆放情况，检查卫生纸、擦手纸、清洁袋、纸杯等各种消耗品补充情况。 2.盯控随车保洁做好折返站卫生恢复及消毒作业。 3.折返由随车人员进行卫生恢复及转座椅，做好联劳及盯控
终到前作业	1. 终到准备	1.终到前最后一个运行区间或终到前30分钟（长编动车组50分钟），进行终到卫生恢复和备品整理工作。 2.到站前清点备品及消耗品数量，保证齐全完好，确保接班班组正常使用，顺利交接
退乘作业	1. 到站后作业	1.和乘服员协作收取头枕片及剩余消耗品。 2.终到入动车所的车底乘务员收取剩余消耗品将软、硬抽纸清点后，押运至库房与库管人员交接核对签认
	2. 移动机具退库	严格落实站台移动机具管理制度。动车所配属车底垃圾车、航空车推送至指定位置，定位放置
	3. 列队退乘	1.退乘列队整齐。 2.参加退乘会，总结趟工作。 3.签认当趟考核卡。 4.签认手机管理台账

【任务实施】

1. 任务准备

（1）设备准备：对讲机、音视频摄录仪、交互系统手持终端、服务备品、仿真复兴号智能动车组列车车厢、实训室，专业训练服（可着正装）。

（2）实训资料准备：动车组列车各岗位作业指导书、实训任务单、《动车组列车服务质量规范》、教材等。

（3）情景准备：实训前各小组查阅、收集资料，选择动车组列车客运乘务作业情景，情景中包括动车组列车列车长、乘务员等客运乘务组人员。

（4）人员准备：实训分小组进行，每组6~8人，每小组做好人员分工。

2. 实施步骤

（1）复兴号智能动车组列车长乘务作业。
（2）复兴号智能动车组列车商务座乘务作业。
（3）复兴号智能动车组列车一等座乘务作业。
（4）组内互查，教师总结并评分、评价。

3. 任务单

训练名称	复兴号智能动车组列车客运乘务作业训练		
班　级		姓　名	

1. 复兴号智能动车组列车长客运乘务作业。
2. 复兴号智能动车组商务座客运乘务作业。
3. 复兴号智能动车组一等座客运乘务作业。
4. 复兴号智能动车组二等座客运乘务作业。
任务总结：

4. 效果评价

	项目	A-优	B-良	C-中	D-及格	E-不及格	综合
小组评价	商务座（15%）						
	一等座（15%）						
	二等座（20%）						
	团队合作（10%）						
教师评价	乘务作业（20%）						
	任务单（20%）						
	教师签名						

任务 4　动车组卧铺列车客运乘务作业

【任务引入】

16 节长编组的 CRH2E 型动车组卧铺列车设有 13 节软卧车、2 节二等座车和 1 节餐车。软卧车每辆 10 个包厢，共 40 个铺位，每个铺位均装有附耳机的液晶电视，并增加了即时联系乘务员的旅客呼唤系统。餐车内设有休闲酒吧和三台液晶电视机。为方便旅客使用随身电子产品，每个车厢均安装了 AC220V 家用电源插座。

请思考：如何做好动车组卧铺列车客运乘务工作？

【相关知识】

一、动车组卧铺列车列车长作业程序及标准

（一）出乘准备

1. 出乘点名

按规定时间到车队接受工作指示，命令指示记录准确、领会清楚无遗漏，签字确认。

到票据室领取票据，票据请领齐全，妥善保管。按班组点名时间提前 30 分钟，到派班室报到，接受摘抄命令，确认当日担当乘务情况。命令摘抄齐全，字迹清楚，接受任务做到任务明确、记录齐全，准确了解所执乘车次信息。

检查乘务员人容着装，乘务员仪容整洁，服装统一。出乘所需备品齐全、证件有效、通信设备状态良好，电量充足。

向班组乘务员传达上级有关指示、精神及本趟车工作要点安排，带领班组列队到派班室点名。全体乘务人员统一右手拉箱，行进中队伍排列整齐、步调一致。

2. 站台接车

列车始发前 40 分钟组织全体人员列队到达站台接车，并向餐服、乘服人员传达命令、文件及重点工作安排。距离白色安全线外 1 米处列横队站立，列车长位于列车进站方向一侧，全体保持站姿标准，乘务箱放置前部，列车进入站台时全体乘务人员行注目礼。

车底到达后对讲机通知本务司机乘务班组到岗，请打开全列车门，组织集体登车。

与司机、随车机械师、乘警核对对讲机频道。开启保险柜，存放好补票机、票据后打乱密码。

全面巡视车厢，检查列车整备情况，组织客运、餐饮、保洁乘务员按分工区域，对应急设备、服务设备、车厢卫生、书刊清洁袋摆放等进行检查并办理交接。

与随车机械师确认车底编号，车辆设备设施运用状态良好，设备故障记录详实。

检查餐车商品进货单，抽查餐食、商品是否齐全合格，矿泉水、盒饭按量配足，满足旅客旅行中的消费需求。检查各隐蔽处所、卫生部位和车内各项备品定型；检查服务设施、视

频记录仪、自动广播系统设备并进行测试，将检查情况进行详细记录。

（二）始发作业

1. 开车前作业

检查全体乘务员始发立岗情况。全体乘务员站立位置正确，立岗姿势标准，保持微笑、解答问询耐心，重点旅客安排妥当。

登录站车交互系统，将实际乘车人数通知餐吧长做好供餐准备工作。安排重点旅客，解答旅客问询，与车站客运值班员办理交接。与机车司机核对时间，开车前5分钟广播通告列车开车时间。听取全列车乘务员依次汇报旅客乘降情况后，确认旅客上下完毕，通知机车司机关闭车门。开车铃响后，站在8号车厢门口，面向站台行注目礼，脚尖距车门20厘米，身体保持站立姿势。

2. 开车后作业

出站台后巡视车厢，检查确认各车厢车门关闭后，车门集控显示灯处于锁闭状态，端门已开启到自动状态。

检查各岗位作业程序、标准落实规范统一，软席车厢行李架码放整齐稳妥、长顺短横、重不压轻，不超出行李架外沿，通道上无大件行李。安全管理有序可控，制度落实良好。设备问题及时督促机械师进行修复并详细记录。

统计卧铺、座位使用情况，根据手持终端机显示核对车内空余座席，办理旅客补票业务。铺位、座位核对准确无误，空余铺位充分利用，重点旅客得到妥善安排、全面照顾、满足需求。杜绝无票和越席乘车人员。将实际乘车人数通报餐服长。

检查餐车售货车的放置、餐食食品的码放和为旅客供餐情况。餐车展示柜、售货车物品摆放齐全整齐、供餐及时无遗漏。

监听列车广播，查看显示屏显示状况。自动广播音量适中，显示屏内容正确、清晰。检查车内温度情况。

送餐完毕后，向餐车长提供当趟软卧旅客乘车人数，并检查餐车长填记的赠餐数量。

（三）运行中作业

1. 入夜作业

督促、检查、指导各工种落实作业程序情况。检查餐茶供应及各种安全制度落实情况。检查广播及电视播放情况。检查入夜前乘务员的宣传、提示及各项准备工作。走访重点旅客，征求旅客意见。21:30广播停止播音。

做到"全面服务、重点照顾"，入夜前乘务员各项宣传、提示到位、清楚。坚持巡视制度有记录、有签认。列车工作人员在餐车供餐时，不得在餐车逗留、闲谈占用座席，不得陪客人就餐。列车广播及电视播放正常。

2. 夜间作业

检查车内卫生、整容情况及车内温度。核对各卧铺车厢乘车旅客铺位情况。了解旅客动态及车内服务情况，查看重点旅客情况。检查保洁人员夜间卫生保洁工作及消毒情况，落实通用标准卫生要求。对设备设施进行仔细检查。检查晨起作业早餐供应及各种备品准备情况。

入夜前各车厢卫生清扫彻底，窗帘闭合，卧车摆鞋规范，果皮盘按需清理收取。逐车核对铺位，清理会客人员。坚持乘务员边凳值乘一列制。洗面间、卫生间干净整洁，卫生纸、纸巾、洗手液充足，手把、按钮和便器消毒彻底无水迹。确保车内温度适宜，发现问题及时解决。严禁餐车售货人员打扰旅客休息。

3. 交接班作业

交班列车长检查各车厢作业情况。检查票据使用情况和卧铺车管理情况。接班列车长检查接班乘务员人容着装情况，召开班前会布置本班工作重点。接班列车长组织乘务员列队逐车进行交接。

交接班时各车厢车容整齐，车内清洁干净。票据、票款结算准确，卧铺车秩序良好。接班乘务员着装统一、列队整齐。认真组织乘务员逐车对口交接，列车长对特殊重点旅客交接清楚。

4. 晨起作业

检查晨起的车容卫生，洗面间、卫生间干净整洁，手把、按钮和便器消毒彻底无水渍。疏导旅客、为旅客提供适需服务洗漱情况，为旅客提供的卫生纸、纸巾、洗手液、纸杯等充足。接待旅客来访，听取旅客意见，解答问询，落实首问首诉负责制，接待热情、解答耐心、妥善处理。检查餐车供应情况，安排接待重点旅客用餐，餐车供应品种多样，服务热情、细致周到。车内温度适宜，空气清新，开水供应充足。

（四）中途站作业

1. 站前作业

巡视检查重点旅客下车前的服务工作；督促乘务员协助下车重点旅客做好下车准备，组织引导旅客在就近车门等候下车；督促随车保洁人员做好到站前厕所、车内的卫生清理。中途到站前车内卫生做到地面、小桌板无杂物无水迹，及时收取更换清洁袋。厕所干净无污物，洗脸间台面、地面保持干燥，一次性卫生用品（卫生纸保持折角）、洗手液充足，需下站的垃圾扎口处理。监听到站前自动广播报站，如有应急情况及时提醒乘务员采取直播，督促乘务员通报站名、到开时刻和安全提示。做好到站前需要办理站车交接手续的各项准备工作，交接资料准备齐全、填写规范。

2. 停站作业

与车站值班员办理站车交接事项。安全有序的组织旅客乘降，安排重点旅客，解答旅客问询。开车铃响后以标准站姿，在8号车厢门口面向站台行注目礼。确认旅客上下完毕，通知机车司机关闭车门。

3. 开车后作业

根据手持终端机显示，组织乘务员核对各车厢中途上车旅客的车票。检查各工种安全制度落实情况及车内各项安全、服务设备设施状况。了解中途刚上车旅客情况，掌握重点旅客，根据手持终端机显示的剩余座位安排重点旅客，主动询问其途中有无需求，并给予帮助。将软卧车厢上车旅客数量及位置告知餐服长。

（五）终到站作业

1. 终到站前作业

做好终到站前准备工作，检查乘务员提示旅客下车情况。巡视检查重点旅客下车前的服务工作；督促乘务员协助下车重点旅客做好下车准备，组织引导旅客在就近车门等候下车；督促随车保洁人员做好到站前厕所、车内的卫生清理。到站前5分钟通过广播提示到站时间和安全注意事项，遇有列车晚点超过15分钟，列车长应通过广播向旅客致歉。核对票据，清点票款，票据，及时入柜。

交接资料准备齐全、填写规范。及时妥善疏导旅客等候下车，做好重点旅客的帮扶工作。到站前车内卫生做到地面、小桌板无杂物无水迹，厕所干净无污物，洗脸间台面、地面保持干燥，需下站的垃圾扎口处理。广播设备良好，播音清晰准确，音量适中。向旅客提供列车正晚点运行情况和到站前的注意事项，提示清楚，重点旅客下车有服务。票款结算准确，保险柜内不得存放个人物品，保证安全。

2. 终到站停作业

与车站值班员办理站车交接事项。安全有序的组织旅客乘降，安排重点旅客，解答旅客问询。全面巡视车厢，检查保洁质量，并做好卫生鉴定，填写《随车保洁鉴定表》。

3. 异地终到折返作业

全面巡视车厢，检查卧具撤下交接及下铺小单铺放情况，检查各项服务备品补充情况。对保洁验收中检查出的问题，要求乘务员和乘服员立即整改。逢异地停运时组织乘务员与保洁人员做好交接。组织全体乘务员在站台集合，通知司机关闭车门，列队到公寓，总结当趟乘务工作。按规定时间组织全体乘务员列队到站台接车做好返乘工作。

4. 返程终到作业

组织乘务员与保洁人员做好交接。组织全体乘务员在站台集合，通知司机关闭车门，列队返回派班室退乘，召开班组退乘会。到车队汇报当趟工作，听取车队领导指示。

二、动车组卧铺列车乘务员作业程序及标准

动车组卧铺列车乘务员作业程序及标准见表5-4-1。

表 5-4-1　动车组卧铺列车乘务员作业程序及标准

服务阶段	作业程序		作业标准
出乘作业	出乘点名	1.出乘点名前到更衣室换工装,整理仪容仪表。 2.整理乘务包,查看上岗证、健康证、红十字救护证等证件、专用钥匙状态,请领、检查对讲机、视频记录仪。 3.参加出乘会,听取列车长传达有关事项,接受列车长布置趟重点工作。 4.在列车长带领下,列队到派班室报到,听取派班人员传达命令指示。 5.列队集合前往站台接车	1.通信、视频记录设备状态良好,电量充足。 2.接受命令传达准确,乘务任务布置清楚,值乘人员精神饱满
	站台接车	1.列车始发前40分钟列队由列车长带领到站台接车。 2.车底到达后集体登车,乘务员迅速将乘务箱按规定定位。 3.按双班作业车厢分工对安全锤、灭火器、安全乘降梯、过渡板、车厢广播、照明等车底设备设施进行检查。 4.站台接车至入夜作业期间,班组乘务人员执行双班作业。 5.按双班作业车厢分工对垃圾箱、卫生间、洗面间、包房、座席（铺位）下、行李架上进行出库卫生质量检查,并对车内服务备品、消耗品的配备数量和定型情况进行核对。 6.将设备设施、卫生质量、备品、消耗品检查情况汇报列车长	1.准时接车,检查核对程序认真仔细,无遗漏,备品充足存放整齐。 2.设备检查做到知位置、知数量、知状态
始发作业	开车前	1.配餐完毕后,11车、14车乘务员与餐服员签字交接本车厢上餐数量,拆箱装车,做好始发送餐准备。同时注意保管,避免丢失。 2.乘务员在车门内迎接旅客上车。 3.按双班作业车厢分工引导旅客就座、到达本人包房铺位,妥善安放行李,解答旅客问询,妥善安排重点旅客,发现问题及时处理。 4.开车前10分钟向旅客提示开车时间,引导车门口未上车旅客及时上车 5.站台停检后,逐车厢向列车长报告分管车厢旅客上下情况	1.准确核对上餐数量,妥善装车,防止非工作人员接触食品。 2.言行规范,引导有序,妥善安排。发现问题妥善处理,报告及时。 3.车站停检后,站在车门口处面向站台行注目礼,脚尖距车门口20厘米,身体保持站立姿态。旅客上下情况报告明确,衔接紧凑

续表

服务阶段		作业程序	作业标准
始发作业	开车后	1.车门关闭后面向站台立岗,直至列车驶出站台。 2.负责播音的乘务员利用广播进行列车概况介绍、宣传安全注意事项、进行设备设施介绍。 3.乘务员与餐服员按双班作业车厢分工,分组进行席位、铺位核对,查验车票,并向软卧旅客配送增餐。 4.车票查验完毕后,将席位、铺位情况报告列车长。剩余餐食由餐服员送回餐车。 5.落实卫生标准要求,督促并协助保洁人员保持车内、卫生间和洗面间卫生。 6.列车始发一小时后统一收取旅客用餐完毕的餐盒等废弃物	1.车门关闭后,确认车门集控显示灯处于锁闭状态。车动面向站台行注目礼,直至列车出站台。 2.宣传介绍内容齐全,广播用语规范、清晰易懂、音量适宜。 3.行李架码放整齐稳妥,长顺短横、重不压轻不超出行李架外沿。座位统计无误,车票核对准确。 4.2、3车,4、5车,6、7车分别由一名餐服员和一名乘务员共同负责送餐;9车,10、11、12车,13、14、15车车分别由两名乘务员负责送餐,各车厢送餐过程中由乘务员负责车票查验,由餐服员(乘务员)负责赠餐,做到车票核对准确、征求旅客意见、供餐及时,全过程微笑服务,服务用语规范。 5.督促并协助保洁人员保持车内、卫生间、洗面间干净整洁,卫生间做到一人一冲刷,一人一喷空气清新剂,洗面间一人一擦拭,一人一清理,马桶5面擦拭,随时补充卫生纸、纸巾和洗手液,保证旅客使用,手把、按钮和便器干净无水渍,消毒彻底。旅客用餐完毕后,及时清理环境,保持环境清洁。 6.统一收取餐盒时,使用服务用语,做到清理迅速,保持环境清洁。垃圾袋封口字朝外,放在车厢一位端门处,运行方向左侧,不能有破损和溢流污物
运行中作业	入夜作业	1.访问重点旅客,22:00拉下走廊一侧遮光帘。 2.由小号向大号车厢逐包房做好入夜宣传(提示旅客睡觉方向,把贵重物品保管好),介绍包房内设备概况,拉下遮光帘,将暖瓶放置小桌下面,同时核对铺位。 3.彻底清理车内卫生,督促并协助保洁人员彻底清理卫生间和洗面间,从小号车向大号车方向擦拭走廊窗台。 4.加强软席车厢的巡视,对旅客进行爱护车辆设备设施的宣传,避免旅客将重物放在小桌上或趴在小桌上睡觉。 5.随时观察旅客呼唤系统显示情况	1.走访重点旅客,满足需求,为旅客提供引导和介绍服务,做到询问旅客需求及时,语言表达得体。遮光帘放置整齐。 2.做设备概况介绍时,站在包房门内,脚跟与滑道对齐。做好入夜前宣传和提示,保证车内温度适宜。 3.旅客入睡前整理小桌卫生,果皮盘清理干净,清理包房内垃圾桶,桶内垃圾以不超过三分之二为标准。 4.保持车内卫生,做到清洁无杂物,洗漱台无积水。 5.发现旅客呼唤系统显示,及时赶到进行询问并给予帮助

续表

服务阶段		作业程序	作业标准
运行中作业	夜间作业	1.夜间作业执行单班作业制。 2.巡视车厢及车门,观察重点旅客,掌握旅客动向,为有需求的旅客提供适需服务。 3.保持车厢内温度和卫生,督促并协助保洁人员清理车内卫生,对卫生间、洗面间进行卫生保洁。 4.夜间执行边凳值乘一列制,每15分钟交换一次车厢,遇旅客出包房及时上前轻声询问,提供引导及适需服务。 5.随时观察包房及车厢二位端的旅客呼唤系统显示情况。 6.对空余铺位及软卧车厢边凳进行盯控,对软卧车厢内的二等座旅客及无座旅客及时劝导离开。 7.加强软席车厢的巡视,对旅客进行爱护车辆设备设施的宣传,避免旅客将重物放在小桌上或趴在小桌上睡觉	1.掌握车内旅客动态,为出包房旅客做好引导并提供适需服务,发现旅客呼唤系统显示,及时赶到进行询问并给予帮助。 2.车内保持干净整洁,温度适宜,边角卫生保洁到位无死角。 3.督促并协助保洁人员保持车内、卫生间、洗面间干净整洁,卫生间做到一人一冲刷、一人一喷空气清新剂,洗面间一人一擦拭、一人一清理,马桶5面擦拭,随时补充卫生纸、纸巾和洗手液,保证旅客使用,手把、按钮和便器干净无水渍,消毒彻底。 4.边凳值乘,统一坐在车厢一位第一个边凳,面向车厢二位。 5.夜间作业走路轻、说话轻,走廊门保持关闭状态
中途站作业	站前作业	1.督促并协助保洁人员清理车内卫生,对卫生间、洗面间进行卫生保洁,对车容进行整理。 2.座车到站前通告站名,卧车提前30分钟唤醒下车旅客,组织重点旅客提前在风挡等候下车。 3.列车进站时在车门处立岗,提示未到站旅客不要下车走动	1.卫生间、洗面间干净整洁,卫生纸、纸巾和洗手液补充及时,保证旅客使用。垃圾装袋、扎口,放置于风挡连接处或车门处。行李架物品摆放整齐,衣帽钩无旅客挂包现象。 2.通报停站站名、到开时刻、站停时间,提示旅客注意安全乘降。卧车提示到位、无遗漏。 3.列车进站前,按指定位置立岗,也可视情况在重点旅客下车车厢或下车旅客较多车厢立岗。提示未到站而有下车走动意向的旅客不要下车走动,遇有到站台吸烟的旅客,要做好安全宣传,提醒不要远离车门,避免漏乘
	停站作业	1.组织好旅客乘降,做好引导及安全宣传和扶老携幼工作。 2.自小号车厢向大号车厢依次向列车长报告旅客上下完毕情况	1.面带微笑,使用十字文明用语,使用引导手势,提示安全注意事项及严禁违禁品上车的宣传,做好扶老携幼。 2.车站停检后,站在车门口处面向站台行注目礼,脚尖距车门口20厘米,身体保持站立姿态。旅客上下情况报告明确,衔接紧凑。 3.提示旅客轻声通行,避免影响车内旅客休息
	开车后作业	1.车动面向站台立岗,直至列车出站台。 2.二等座车乘务员开车后整理行李架,卧车乘务员协助旅客放置行李,核对车票,做好标记,将车内情况报告列车长。 3.加强二等座车厢的巡视,对旅客进行爱护车辆设备设施的宣传,避免旅客将重物放在小桌上或趴在小桌上睡觉	1.车门关闭后,确认车门集控显示灯处于锁闭状态。车动面向站台行注目礼,直至列车出站台。 2.座位、铺位统计无误,核对准确,验票有标记。行李架码放整齐稳妥,不超出行李架外沿。 3.巡视车厢,发现旅客呼唤系统显示,及时赶到进行询问并给予帮助

续表

服务阶段	作业程序		作业标准
中途站作业	夜间作业	1.为旅客介绍安全注意事项、提示禁烟。 2.妥善解答旅客问询,对不能当时回答旅客的问题,查询后进行解答。 3.遇有旅客点餐时要及时通知餐车服务人员。 4.督促并协助保洁人员清理车内卫生,对卫生间、洗面间进行卫生保洁,对车容进行整理。 5.根据列车长提供售票信息,对分管车厢从小号车厢起,核对空余座位,发现乘车条件不符的人员,通知列车长处理	1.车内设备设施情况及安全注意事项宣传介绍详细,禁烟宣传符合规定时间间隔。 2.对问询旅客逐一解答,声音清晰,语速快慢适当,音量高低适中。对需查询后解答旅客的问题,及时查询或向列车长汇报后,在规定时限内,给予旅客准确解答。 3.协助餐服人员做好供应,提示餐服员在销售餐饮中的服务质量标准。 4.随时观察旅客卫生清理需求,协助保洁员进行车厢内卫生补强,保持车厢内环境。检查保洁员对卫生间一客一清及车内各处卫生清理情况,做到车内车容卫生整洁,卫生间清洁,无污渍、水渍,备品定型定位。 5.核对空余座位仔细,执行规章熟练准确,减少对旅客的干扰。对车厢内席位使用情况向列车长报告
	交接班	1.接班乘务员统一列队到餐吧听取列车长布置小班工作计划,列队接班。 2.交班乘务员督促并协助保洁人员清理车内卫生,对卫生间、洗面间进行卫生保洁,对车容进行整理。 3.交接车内旅客情况、重点旅客及列车长交办事项,交接服务设施及备品,卧车交接票据	1.卫生间、洗面间干净整洁,卫生纸、纸巾和洗手液补充及时,保证旅客使用。垃圾装袋、扎口,放置于风挡连接处或车门处。行李架物品摆放整齐,窗帘调整统一,衣帽钩无旅客挂包现象。 2.交接班队列整齐,行至担当乘务车厢时与对班乘务员进行对口交接。 3.交接时备品数字正确,缺损有记载,重点旅客、卧具清楚,卫生达标,杜绝信用交接。(包括现有人数、前方站下车人数、空余座席铺位)
	晨起作业	1.巡视车厢,6:00打开走廊一侧遮光帘,保持洗面间和卫生间的清洁,随时收取车内垃圾。 2.为需要的旅客提供一次性漱口纸杯,提示餐车供餐时间。 3.督促并协助保洁人员清理车内卫生,对卫生间、洗面间进行卫生保洁,对车容进行整理。 4.随时观察旅客呼唤系统显示情况	1.遮光帘抬到顶部,全列作业时间、打开位置统一。 2.督促并协助保洁人员及时清理卫生间、洗面间,做到随脏随清理,随时补充卫生纸、洗手液和纸巾保证旅客使用。 3.清理小桌上杂物,收取垃圾,垃圾袋封口字朝外,放在车厢一位端门处,运行方向左侧,不能有破损和溢流污物。 4.发现旅客呼唤系统显示,及时赶到进行询问并给予帮助
终到站作业	终到站前作业	1.到达终到站前30分钟轻声唤醒下车的旅客,提示到站时间,提醒旅客带好随身物品,协助重点旅客做好下车准备,组织旅客有序到就近的车门口等待下车。 2.督促并协助保洁人员清理车内卫生,对卫生间、洗面间进行卫生保洁,	1.乘务员双班作业,向旅客提供列车正晚点运行情况和到站前的注意事项,并请旅客将耳机挂在毛巾杆上。 2.车内、卫生间、洗面间做到随脏随清理,随时补充卫生纸、洗手液和纸巾保证旅客使用。清理小桌上杂物,收取垃圾,垃圾袋封口字朝外,放在车厢一位端门处,运行方向左侧,不能有破

项目五　高速铁路客运乘务工作

续表

服务阶段		作业程序	作业标准
终到站作业	终到站前作业	对车容进行整理。 3.到站前10分钟再次提示下车旅客到站时间,并协助重点旅客将行李物品放置在车门口处。 4.整理仪容着装,提前出场	损和溢流污物。 3.到站前提示清楚、到位、无遗漏,重点旅客下车有服务。 4.仪容整齐,面带微笑,站在指定车厢门口,面向站台行注目礼
	终到站停作业	1.组织旅客下车,做好安全提示和扶老携幼工作。 2.定点投放垃圾袋。 3.旅客下车后,巡视车厢,检查旅客遗失物品	1.确认所负责区域旅客全部下车完毕后,向列车长报告。 2.清理旅客下车前遗弃的垃圾,按规定位置投放垃圾袋。 3.发现遗失物品及时交列车长和乘警处理
	异地终到折返	1.巡视车厢确认旅客乘降完毕。 2.将脏品卧具统一叠放在上铺,下铺铺小单。(7车、9车由餐服员负责整备)。 3.与餐服员、乘服员共同完成车内保洁达标工作。 4.逢异地停运时与保洁人员做好交接,将视频仪卸下,集合、列队到公寓	1.确认所负责区域旅客全部下车完毕后,向列车长报告。 2.卧具叠放统一,小单铺放平整,脏品卧具统一卷起放置在上铺。 3.逢异地停运时与保洁人员交接细致,备品交接需签字,杜绝信用交接。在站台中部集合,统一用右手拉乘务箱退乘,队伍整齐,步伐一致,到公寓听取列车长总结单趟工作情况
	返程终到	1.与保洁人员做好交接。将视频仪卸下交回段充电室充电。 2.集合、列队返回担当单位	1.与保洁人员交接细致,备品交接需签字,杜绝信用交接。 2.在站台中部集合,统一用右手拉乘务箱退乘,队伍整齐,步伐一致。 3.听取列车长传达上级指示精神和趟乘务工作总结

【任务实施】

1. **任务准备**

（1）设备准备：对讲机、音视频摄录仪、交互系统手持终端、服务备品、仿真动车组卧铺列车车厢、实训室、专业训练服（可着正装）。

（2）实训资料准备：动车组卧铺列车作业指导书、实训任务单、《动车组列车服务质量规范》、教材等。

（3）情景准备：实训前各小组查阅、收集资料，选择动车组卧铺列车客运乘务作业情景，情景中包括动车组列车列车长、乘务员等客运乘务组人员、旅客。

（4）人员准备：实训分小组进行，每组6~8人，每小组做好人员分工。

2. **实施步骤**

（1）动车组卧铺列车始发作业。

（2）动车组卧铺列车运行中作业。

（3）动车组卧铺列车终到站作业。

（4）组内互查，教师总结并评分、评价。

3. 任务单

训练名称	动车组卧铺列车客运乘务作业训练		
班　级		姓　名	
1. 认知动车组卧铺列车车内设备设施。			
2. 动车组卧铺列车列车长客运乘务作业。			
3. 动车组卧铺列车运行中作业。			
4. 动车组卧铺列车终到站作业。			
任务总结：			

4. 效果评价

	项目	A-优	B-良	C-中	D-及格	E-不及格	综合
小组评价	设备设施（15%）						
	列车长作业（15%）						
	乘务员作业（20%）						
	团队合作（10%）						
教师评价	乘务作业（20%）						
	任务单（20%）						
	教师签名						

任务 5　高速铁路快件运输

【任务引入】

高速铁路快件运输是指铁路企业依托但不限于利用动车组列车（含确认列车：为运输组织中检测线路、确认安全的"开道车"）等运输资源，为客户提供的小件物品全程运送服务。

请思考：如何做好高速铁路快件运输工作？

【相关知识】

客运段与中铁快运公司共同确定高铁快运包裹的车次、位置、到站及应急处置联系方式，制定各次列车作业方法，报铁路局集团公司备案。高铁列车负责核验快运公司高铁快运押运证证件，监督、指导高铁快运装卸人员车内作业，接受高铁快运包裹装载清单，处置高铁快运途中应急工作。

一、高速铁路快件运输组织

（一）高铁快件上站集结

高铁快运办理条件

中铁快运公司应根据市场需求、办理车站和列车运能等情况，综合考虑上门接取、市内交通、站内作业时间等因素，经与车站协商确定货物上站集结的时间、地点。

（二）高铁快件车站安检

上站集结的高铁快件由车站落实过机安检要求，在张贴已安检标签后进行后续作业；列车乘务人员作业核对时应加强对货物安检标识的检查，发现不规范情况及时督促整改。高铁快件车站安检如图 5-5-1 所示。

图 5-5-1　高铁快件车站安检

（三）装车作业计划管理

装车作业遵守保证列车安全正点和保证旅客乘降的原则，严格实行计划管理。快运公司在制定装车计划时，应根据确认列车发、到车站停车时间和人力安排能力，合理安排货物装车件数。

（四）高铁快运集装件装卸要求

中铁快运在车站内搬运高铁快运集装件时，应使用平板推车等专用机具或人工搬运，专用机具应带止轮装置（制动为常态）、明显标识，采取防滑、防溜、防撞的措施，经指定通道进出站台，在指定位置存放，不得挪作他用。

装卸车作业过程应避免干扰旅客乘降，中铁快运工作人员装车完毕后应向列车长汇报集装件装车位置及件数等情况。

（五）中铁快运作业人员管理

中铁快运作业人员在站内、列车办理高铁快运作业时应统一着装、佩戴作业证、押运证、视频记录仪，全程对作业过程进行摄录。遵守站车相关规定，服从站车指挥。进站、上车时车站和列车均应检查其作业证、押运证，随车押运时列车还应登记在案。

二、高速铁路快运作业流程

（一）发送作业

1. 接车准备

中铁快运作业人员于列车到站前将集装件搬运至站台指定位置，码放整齐。作业人员（包括押运人员）在列车到达前规定时间站台立岗，做好接车准备。列车长应在始发旅客上车前到达列车立岗位置，接受装车方案，通知所装车厢的乘务人员到达装运车厢位置。

2. 装车作业

列车停稳后按计划装车，装车作业避免干扰旅客乘降。始发（折返）站应在旅客开始上车前完成装车，装车完毕后中铁快运作业人员应向列车长（或列车长指定人员）汇报集装件装车位置及件数，并递交装载清单与列车办理交接手续，装载清单应含车次、发站、到站、装载位置、件数、应急处置联系电话等。

装车时，列车乘务人员应在装车现场核对集装件的到站、件数、外包装、施封等状况，确认无误后立即报告列车长。乘务人员发现集装件外包装或施封有异状的，应拒绝装车，并立即通知列车长。

3. 高铁快运集装件装载要求

高铁快运集装件要装在列车指定位置。载客动车组列车可将集装件装在大件行李存放处、二等车厢最后一排座椅后空当处、集装件专用存放柜、动卧列车预留包厢等位置。个别方向列车运能不足时，可利用二等座车预留座位处的空当装载集装件（不得码放在座椅上）。

集装件装载应考虑旅客旅行需求，一节车厢内大件行李存放处和最后一排座椅后空当处应预留不少于三分之一的空间供旅客使用；集装件放置在最后一排座椅后空当处时，不得影响座椅靠背后倾；不得污损座椅或铺位。列车乘务员发现集装件码放不符合规定的，应要求中铁快运作业人员当场纠正。

确认列车上集装件还可码放在二等座车座椅间隔处等位置，但不得码放在座椅上。单节车厢装载的集装件总重量不得超过列车允许载荷重量（二等坐车车厢标记定员×80千克）。

高铁快运集装件装卸时不得损坏列车车体及车厢内设施设备。集装件装载应稳固牢靠，码放整齐，不得堵塞通道，不得偏载、偏重。

4. 装车作业完毕

装车作业完毕后，押运人员与车站作业人员办理交接，确认完毕后，押运人员随车对货物进行看护。中铁快运与列车使用交接单进行交接（见图5-5-2），交接证应注明集装件存放位置和件数等信息。

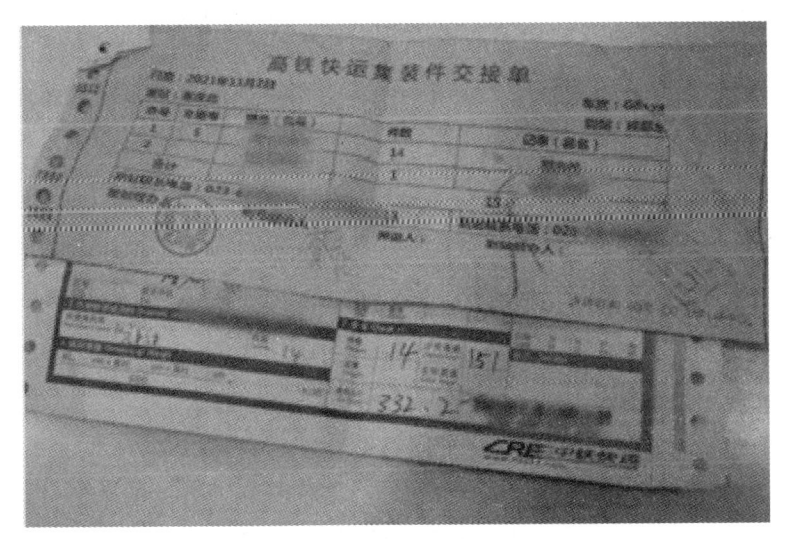

图 5-5-2　高铁快运集装件交接单

列车开车后，车站向快运公司反馈装车结果，快运公司根据车站反馈的装车情况做好信息传递，及时通知到达车站。

（二）途中作业

途中客运乘务人员作业内容主要有：重点巡视集装件码放及外包装、施封等状况。发现集装件短少或外包装、施封破损应立即报告列车长。列车长到场确认后，应组织乘务人员在各车厢查找，必要时报警。上述异常情况列车长应开具客运记录，载明现有集装件数量、编号或内装物品的实际状况，到站时将客运记录交中铁快运工作人员处理。

1. 中途停站装卸作业

需在中途停站装卸高铁快运集装件的列车，中铁快运应安排押运员随车作业，负责运行途中的货物巡视和检查，并自行处理有关事项。押运人员要做好列车运行途中货物的巡视看护，确保货物堆码稳固、均衡，不得损坏车内设备，并保持卫生整洁；对巡视过程中发现的异状及时处理。

仅在始发、终到车站作业的列车，中铁快运可不安排押运员随车作业。

2. 无押运员随车作业

无押运员随车作业的列车，列车乘务员应将集装件码放及外包装、施封等状况纳入途中巡视内容，发现集装件短少或外包装、施封破损应立即报告列车长。列车长到场确认后，应组织乘务人员在各车厢查找，必要时报警，并通过装载清单上的联系电话通知高铁快件应急处置联系人。上述异常情况列车长应开具客运记录，载明现有集装件数量、编号或内装物品的实际状况，到站时将客运记录交中铁快运作业人员处理。

3. 途中换乘作业

遇列车故障途中需更换车底或终止运行时，由列车长通知押运员，由押运员负责集装件换乘和后续处置，原则上应于旅客换乘前完成。不具备换乘条件时，押运员要随集装件同行，负责途中集装件看管和交接。无押运员时，列车长报告被换乘车所在地铁路局集团公司高铁客服调度员高铁快运装载情况，乘务组临时看管集装件。换乘地点在车站时，原列乘务组在车站协助下组织集装件换乘，不具备换乘条件时集装件随原列回程或交车站临时看管；换乘地点在区间时，集装件随原列回程；列车长在换乘或交车站前开具客运记录附于集装件上。

（三）到达作业

（1）接到货物装运信息后，到站组织人员和设备通过指定通道，提前进入站台指定位置等候，做好卸车作业准备。

（2）确认列车到站停妥后，联系司机打开车门。

无押运人员的列车终到前乘务人员对始发装运的集装件进行一次复核，并做好卸车准备。

（3）车门开启后，车站立即进行卸车作业，清单件数。卸车作业完毕后，办理站车交接。

无押运人员的列车终到后列车长与车站接车的人员凭交接证进行交接，并留存一份交接证到乘后随同乘务报告上报车队，车队留存一年。遇有到站无人接车，由列车长开具客运记录，集装件原车带回。客运记录注明"××站无人接车，集装件返回"。

（4）后续由车站整理货物，组织转运到指定地点与快运公司办理交接。严禁货物长时间堆放站台，短时堆放位置应远离车门和安全白线，保证不影响旅客乘降和其他作业。

三、复兴号高铁快运专用柜使用管理

（一）快运柜定义

高铁快运柜也称为"行包专用柜"，是动车组列车上专门用于装运高铁快运货物及其集装件的存储柜，是高铁快运专用设施。

所有复兴号动车组均配备了高铁快运柜，不同车型的快运柜款式不同，主要分为5门柜和4门柜，容积分别为4.2立方米、3.4立方米，位置因车辆编组情况而异，主要位于中部车厢。快运柜内部相通，便于灵活码放货物，内壁设有可以收放的金属扣，用于架放专用的高

铁快运箱，如图 5-5-3 所示。

图 5-5-3　高铁快运柜（"行包专用柜"）

（二）高铁快运专用柜日常管理

1. 基本要求

快运柜日常处于锁闭状态，任何部门、人员不得损坏或挪作他用。

2. 钥匙管理

车辆部门新配属装有快运柜的动车组后，应及时通知快运公司并办理专用钥匙交接，快运公司应建立专用钥匙管理制度，实行钥匙编号、专人管理。

3. 装卸车管理

使用快运柜装载的货物应以专用箱、集装袋等容器包装成集装件运送。集装件应保持整洁卫生，不超过规定重量，装载应稳固牢靠、码放整齐。快运工作人员应爱护快运柜及附属设备，作业应轻拿轻放，避免损坏设备。接发列车前，应提前掌握快运柜的状态信息；车上装载作业要做到准确、迅速、规范，做好防护，尽量降低对旅客乘降的影响。如果中途站有高铁快件装卸任务，由专人在快运柜所在的车厢门口负责重点盯控，确保列车正点关门、开车。

复兴号快运专用柜装车作业如图 5-5-4 所示。

图 5-5-4　复兴号快运专用柜装车作业

4. 设备维修

快运工作人员在装卸作业前后应检查快运柜状态，发现设备损坏要及时报修；在运行途中，列车乘务员发现快运柜设备损坏要及时报修，报修的快运柜故障由车辆部门进行处理。

【任务实施】

1. 任务准备

（1）设备准备：仿真动车组车厢、高铁快运集装件、实训室、专业训练服（可着正装）。

（2）实训资料准备：高铁快运相关票据、实训任务单、《动车组列车服务质量规范》、教材等。

（3）情景准备：实训前各小组查阅、收集资料，选择高铁快件运输情景，情景中包括动车组列车客运乘务组人员、中铁快运作业人员、押运员。

（4）人员准备：实训分小组进行，每组6~8人，每小组做好人员分工。

2. 实施步骤

（1）高速铁路快件运输组织。

（2）高铁快运集装件装载。

（3）高铁快运途中作业。

（4）组内互查，教师总结并评分、评价。

3. 任务单

训练名称		高速铁路快件运输作业训练	
班　级		姓　名	
1. 结合实际谈谈高速铁路快件运输的优越性。			
2. 高速铁路快件运输发送作业。			
3. 高速铁路快件运输途中作业。			
4. 高速铁路快件运输到站作业。			
任务总结：			

4. 效果评价

	项目	A-优	B-良	C-中	D-及格	E-不及格	综合
小组评价	运输组织（15%）						
	装车作业（15%）						
	途中作业（20%）						
	团队合作（10%）						
教师评价	快运作业（20%）						
	任务单（20%）						
	教师签名						

复习思考题

1. 动车组列车的乘务工时如何组成？
2. 简述动车组列车客运乘务作业管理要求。
3. 叙述复兴号智能动车组商务座乘务作业内容及要求。
4. 叙述复兴号智能动车组一等座乘务作业内容及要求。
5. 叙述复兴号智能动车组二等座乘务作业内容及要求。
6. 叙述动车组卧铺列车长乘务作业内容及要求。
7. 叙述高速铁路快运作业过程及要求。

项目六　动车组列车客运服务工作

项目描述

高速铁路旅客运输服务的实质是铁路企业最大限度地满足旅客的需求并为其创造价值。动车组列车旅客运输服务侧重于服务的"过程性"和旅客"满足感",必须树立"旅客至上"的理念。本项目主要介绍复兴号动车组列车服务备品定置标准、动车组列车旅客遗失物品处理、动车组列车重点旅客服务和复兴号静音车厢服务。

高速铁路客运服务的原则

学习目标

1. 素质目标

通过学习动车组列车客运服务工作内容及要求,要牢记"人民铁路为人民"的服务宗旨,奋勇担当"交通强国、铁路先行"的历史使命,把旅客当作亲人,急旅客之急,解旅客之难,切实做到安全温馨出行,让旅客的出行体验更加美好。要养成热爱劳动,乐于奉献的职业品格;具有精益求精的服务精神;具有社会责任感和社会参与意识。

2. 能力目标

能够按照服务备品定置标准正确摆放服务备品;能够正确处理旅客遗失物品;根据重点旅客服务需求为重点旅客服务;能够按照静音车厢服务约定做好静音车厢服务工作。

3. 知识目标

掌握动车组列车服务备品定置标准;掌握动车组列车旅客遗失物品处理要求;掌握动车组列车重点旅客和静音车厢服务工作要求。

任务1　复兴号动车组列车服务备品定置标准

【任务引入】

复兴号动车组列车服务备品要做到头枕片、座套、服务指南、杂志、清洁袋定位摆放,卫生间、洗面间卫生纸、抽纸、座便垫、洗手液定型定位,剩余消耗品定位存放。

请思考:如何做好复兴号动车组列车服务备品定位放置工作?

【相关知识】

为规范复兴号动车组列车服务备品管理,切实提升复兴号作业标准及服务质量,按照规范有序、整齐美观、便于取用、定位交接的原则,将动车组列车上的乘务服务备品进行定位放置。

一、服务备品定型标准

(一)车厢内定型标准

1. 窗 帘

全部呈打开状,推至上边沿取齐。

2. 座 椅

按运行方向顺向排列,靠背、坐垫调节在原始位置。小桌板在闭合状态。头靠套沿粘扣位置对齐。一等座车头靠枕沿上边缘取齐定位,脚踏板在闭合状态。

3. 椅背网兜

网袋定型按免费读物、安全指南、清洁袋,由外向内顺序摆放。

4. 电源插座

所有电源在不使用状态下盖上电源盖。

(二)卫生间定型

擦手纸巾定型于纸巾盒内,第一张外露 3 厘米;卷纸边打成三角露在外面,备用卷纸靠右侧放置;小垃圾箱套袋定型。芳香盒放置于厕所玻璃镜面端门内夹角处,标识朝前。恭桶圈垫定型。废物箱套袋,消毒条放座便盖二分之一处,消毒座便圈放置相应盒内,随时补充。芳香盒悬挂于靠门一侧墙壁上方。洗手液充足,镜面洁净清晰。

(三)杂志、服务指南、清洁袋

网袋定型按免费读物、安全指南、清洁袋,由外向内顺序摆放。三项内容均与下边沿取齐,均正面放置并做到随时补充。

(四)备品存放定型

按整理箱标示内容整理,码放整齐。

(五)垃圾箱

垃圾箱套垃圾袋定型,垃圾袋边缘不得外露。

二、CR400BF-GZ型动车组列车服务备品定位放置

CR400BF-GZ型动车组列车为复兴号新型高寒智能动车组,动车组所使用的材料、电气元件以及车体、转向架、供风制动等系统部件均进行了耐低温设计,并在密封防雪防击打、水系统防冻、冷凝水防治等方面采取技术措施,使动车组具备"抗寒"性能。列车采用全新设计的设备舱侧部裙板,设置"高寒专属"的滤网,在保证对车下设备实现通风功能的同时,还能有效防止冰雪从过滤网区域进入设备舱内部。新型高寒智能动车组首次批量使用自动化防冻结功能,在车辆静止时,每个车厢依次激活防冻结功能,确保制动系统安全可靠。列车的水箱、污物箱、水管等设备都加装保温装置,并带有电伴热系统,污物箱底部增加了"小电炉",保证旅客正常使用需求。

CR400BF-GZ型动车组列车部分服务备品定位放置如图6-1-1所示。

图6-1-1 CR400BF-GZ型动车组列车部分服务备品定位放置

(一) 1、8车备品定位放置

1. 小推车

小推车定位放置于1车大件行李存放处下层右侧。

2. 商务备品箱

商务备品箱定置于1、8车备品柜下层。

3. 箱包制帽

大号、小号列车员箱包、制帽、水杯分别定置于1、8车备品柜上层。

4. 商务赠品

商务赠品、饮品、凉水杯、暖瓶、小毛巾整齐摆放于商务区外备品柜内,三种拖盘立放于柜内右侧(圆盘:赠品饮品;方盘:送餐;白盘:收取杂物)。

5. 服务备品

为便于途中服务使用,将5条防寒毯及若干眼罩、耳塞、耳机等服务备品定置于商务座

衣帽柜内，其他备品放于备品箱中备用。

6. 商务衣架

商务衣架挂放于衣帽柜内，用于商务旅客挂放大衣、外套。

7. 商务靠枕

运行中正向放于商务座椅处；终到后，定置于1、8车备品柜上层，加锁定位交接，其他商务座备品于备品箱中交接。

8. 空气喷雾器

空气喷雾器定置于1、8车卫生间内台面里角，喷口朝前。

9. 商务装饰花

商务装饰花定置于商务区外洗面间台面里角。

10. 商务纸抽

商务纸抽分别定置于商务座前侧台面，便于旅客取用，返程及时调整。

（二）2、7车备品定位放置

保洁拖布定置于2、7车清洁柜拖盘内。

（三）3、6车备品定位放置

1. 清洁推车

清洁推车定置于3、6车备品柜内。

2. 扫帚簸箕

扫帚簸箕定置于3、6车备品柜清洁车旁。

3. 消耗备品

途中用垃圾袋、抽纸、纸杯、清洁袋等消耗性用品及深度保洁工具整齐码放于3、6车备品柜上层。

（四）4、5车备品定位放置

1. 箱包制帽

中号乘务员箱包、制帽、水杯置于4车备品柜上层。列车长箱包定置于5车备品柜上层，水杯放于乘务室桌面里角。餐售人员箱包定置于5车后厨微波炉下方的备品柜内。特产人员、保洁员乘务箱包定置于4车行包专用柜内。

2. 乘务餐箱

乘务餐箱定置于5车备品柜下层。

3. 消耗品箱

折返用消耗品箱、备用头枕片定置于 4 车备品柜下层。

4. 应急药箱

应急备品、安检仪、药箱、产包定置于 5 车灭火器箱后角柜内。

5. 防抢箱包

防抢箱包定置于 5 车乘务室金柜上。

6. 电报记录

电报记录及列车长印章等物品定置于 5 车乘务室抽屉内。

（五）其他备品定位放置

1. 卫生间香包

卫生间香包挂放于卫生间衣帽钩，隐蔽于卫生间巡检簿下。

2. 餐售备品

餐车整理箱定置于后厨售货车存放处，箱装赠品、货品等码放于餐车后厨备品柜内，长途车货品较多时，余下的箱装货品及盒饭箱定置于 4 车行包专用柜内。

3. 应急梯

2 组应急梯定位存放于 4、5 车工具柜内。

4. 防护网

13 套车门防护网（规格：1 套 900，12 套 800）及 13 根扎带定位存放于 4 车工具柜内。

5. 反恐备品

反恐备品定置于 4 车行包专用柜内。

三、CR200J 型复兴号动车组列车设备设施

CR200J 型复兴号动车组设计时速 160 公里，介于普动车之间，适用于所有普速电气化铁路。其动力集中在列车头部或列车首尾端，被称为"复兴号"动集动车组。车厢内设施设备参照"复兴号"高速动车组标准设计，座椅间距适度增大，每一个座位下方以及小桌板下方配备电源和 USB 插口。乘坐环境舒适、便捷。内饰方面参照"复兴号"动车组内饰标准。

1. CR200J 型复兴号动车组短编组车内设备设施

CR200J 型复兴号动车组拥有短编组和长编组两种型号，其中短编组为 9 节车厢（1 动 + 7 拖 + 1 控），其中的拖车又分为一等座车（1 辆，定员 56 人）、二等座车（6 辆，定员 98 人

/辆）和餐车（1辆，定员76人），共计定员720人。在餐车车厢设置了无障碍座椅、残障人士轮椅存放区以及座式便器无障碍卫生间，卫生间内含有婴儿护理台。车辆座椅和马桶边均设置SOS按钮，一键呼叫信号直通乘车服务人员。CR200J型复兴号动车组短编组车内设备设施如图6-1-2所示。

图 6-1-2　CR200J型复兴号动车组短编组车内设备设施

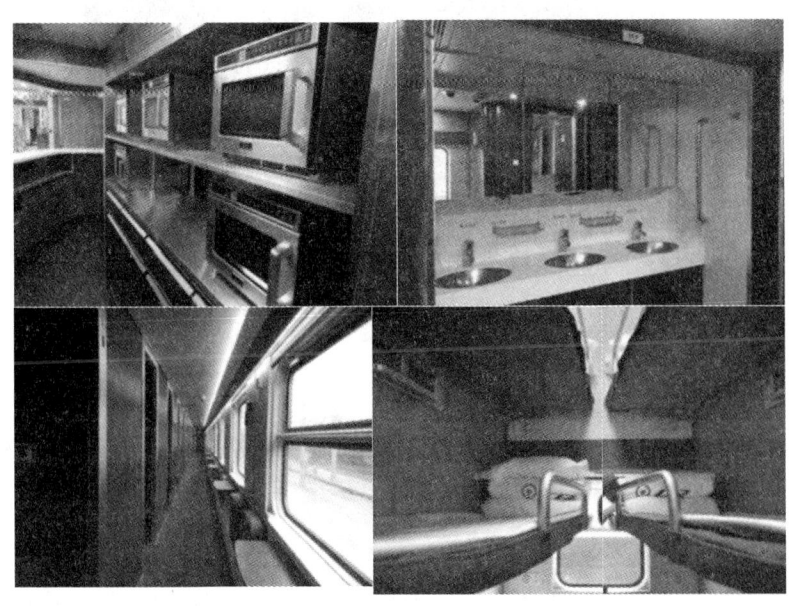

2. CR200J型复兴号动车组长编组车内设备设施

CR200J型复兴号动车组长编组为11节到20节车厢长编组（1动+18拖+1动）不等，最高定员1102人。长编组的动车组一等卧车7辆定编280个席位，二等卧车6辆定编396个席位，二等座餐吧1辆定编46个座席，二等座2辆定编196个座席，总计918个席位。CR200J型复兴号动车组长编组车内设备设施如图6-1-3所示。

图 6-1-3　CR200J型复兴号动车组长编组车内设备设施

四、CR200J 型复兴号动车组列车服务备品定位放置

（一）客运备品柜服务备品定位放置

CR200J 型复兴号动车组列车客运备品柜一共有 4 个，二等卧在 3 车，一等卧在 10、12、14 车。

1. 3 车客运备品柜

3 车客运备品柜统一存放班组的垃圾袋，做到集中管理。

2. 10 车客运备品柜

10 车客运备品柜摆放 10、11、12 车一次性拖鞋，从里到外采用弧面朝下的方式交叉（鞋头一层朝外一层朝内）摆放两排，每排 9 层，下面 8 层，每层 11 双，最上面那层 8 双，计 192 双；剩下的 48 双分两排竖立在外面，每排两层，每层 11 双，4 双放在上面。

3. 12 车客运备品柜

12 车客运备品柜摆放 13、14 车一次性拖鞋，按两排摆放 8 层，每层 10 个，计 160 个。

4. 14 车客运备品柜

14 车客运备品柜摆放 15、16 车一次性拖鞋，按两排摆放 8 层，每层 10 个，计 160 个。垃圾袋及一次性拖鞋定位放置如图 6-1-4 所示。

图 6-1-4　客运备品柜垃圾袋及一次性拖鞋定位放置

（二）卧具柜服务备品定位放置

乘务室旁卧具柜 6 个，卧具柜分上下两层。内置卧具柜二等卧车厢分布在 4、5、18 铺位下，一等卧车厢分布在 1、2、3 包间。

1. 乘务室旁卧具柜摆放规范

单数车厢在上层，双数车厢在下层。除 11 车外，均摆放一袋 10 套的备用卧具（按枕套、被套、小单顺序装成一袋），避免夜间需要更换卧具时要打扰到其他旅客。11 车上层：摆放各

类消耗品；下层：摆放一袋 10 套的备用卧具（按枕套、被套、小单顺序装成一袋）。

2. 卧具袋的定位规范

一等卧 1、2 包间卧具柜：摆放折返站更换使用的被套各 2 袋和 1 袋 20 小单装 + 20 枕套合装袋（1 包加装 10 个桌布）。3 包间卧具柜：摆放备用的被套（单数车厢 2 袋被套、双数车厢 1 袋小单装 + 枕套合装袋）。其中 11、12 车摆放 2 袋被套 + 1 袋 20 装小单装 + 20 枕套、10 车摆放 1 袋被套和 1 袋 10 小单 + 10 枕套。

二等卧 4、5、18 下卧具柜：摆放 2 袋 11 床被套。19 下：摆放 2 袋 33 个小单装的卧具袋和 1 袋 66 个的枕套（摆放在中间）。途中更换下来使用过的卧具装袋放在乘务室旁卧具柜的备用卧具袋上面。

卧具柜服务备品定位放置如图 6-1-5 所示。

图 6-1-5 卧具柜服务备品定位放置

（三）乘务室服务备品定位放置

乘务室分布位于二等卧 2、4、6 车，二等座 7 车，一等卧 11、13、15 车。

乘务室服务备品定位放置如图 6-1-6 所示。

图 6-1-6 乘务室服务备品定位放置

1. 乘务室内立柜摆放规范

11 车乘务室内立柜有四层，摆放 10、11、12 车三个车厢热水瓶，最上层摆放托盘、手持金属探测仪、热水瓶。其他车厢乘务室立柜有三层，摆放责任区域的两个车厢热水瓶，上层摆放果皮盘和预发的垃圾袋。

2. 乘务室侧柜摆放规范

乘务室侧柜分为上下两层。一等卧车厢上层摆放擦手纸和抽纸，消毒标识；下层摆放卷纸、坐垫纸和一次性纸杯。二等卧车厢上层摆放擦手纸、一次性纸杯、消毒标识；下层摆放卷纸、一次性座垫。其中 11 车上层放一次性耳机盒和列车长台帐包，下层摆放垃圾袋和果皮盘。

3. 乘务室办公桌的摆放规范

乘务室抽屉左边摆放乘务手册，中间摆放电子设备，右边摆放充电器、电池、待用已用牌等。乘务室桌面右上角摆放热水瓶。消毒喷壶定位在 2、6、11、15 车乘务室桌子下右下角。

（四）洗脸间下柜服务备品定位放置

小工具定位在洗脸间下柜，厕所小夹子和厕所小刷子挂在钩子上，橡胶手套和蓝色抹布（厕所专用）放在左边下面。百洁布和紫色抹布（客室专用）放在右边上层。花露水、喷壶、全能水放在右边下层。

洗脸间下柜服务备品定位放置如图 6-1-7 所示。

图 6-1-7　洗脸间下柜服务备品定位放置

（五）洁具柜服务备品定位放置

洁具柜位于每个车厢的二位端。

1. 二等座车洁具柜的摆放规范

7 车洁具柜挂钩从里至外按顺序挂放厕所刷、蓝色抹布、紫色抹布（小夹子）、撮箕斗；干净拖把布分袋摆放洁具柜地面，全能水、喷壶、花露水顺序摆放。

2. 一等卧、二等卧洁具柜的摆放规范

客室拖把按作业区域的两个车厢挂放在单数车厢洁具柜内的第一二挂钩上；厕所拖把挂放在双数车厢洁具柜内第一二挂钩上。干净的拖布头挂在第三个挂钩上，使用过的放在地面上。

洁具柜服务备品定位放置如图 6-1-8 所示。

图 6-1-8 洁具柜服务备品定位放置

（六）广播室备品定位放置

广播室设在 8 号车厢，存放红十字药箱、应急药品等。红十字药箱、应急处理箱、应急备品放在乘务室桌上。两个应急喇叭、两个应急手电放在乘务室桌子下。

广播室服务备品定位放置如图 6-1-9 所示。

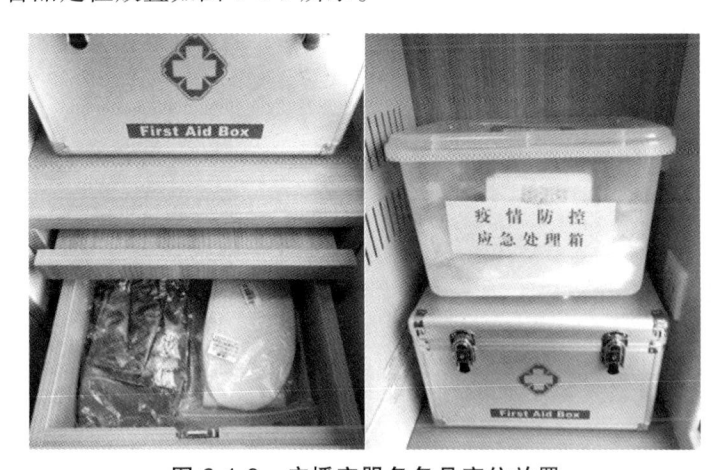

图 6-1-9 广播室服务备品定位放置

【任务实施】

1. 任务准备

（1）设备准备：仿真复兴号动车组车厢、实训室，专业训练服（可着正装）。

（2）实训资料准备：复兴号动车组服务备品、实训任务单、《动车组列车服务质量规范》、教材等。

（3）情景准备：实训前各小组查阅、收集资料，选择动车组列车服务备品定位放置情景，情景中包括动车组列车列车长、客运乘务员、保洁员、餐服员。

（4）人员准备：实训分小组进行，每组6~8人，每小组做好人员分工。

2. 实施步骤

（1）CR400BF-GZ型动车组列车服务备品定位放置。

（2）CR200J型复兴号动车组列车设备设施认知。

（3）CR200J型复兴号动车组列车服务备品定位放置。

（4）组内互查，教师总结并评分、评价。

3. 任务单

训练名称		复兴号动车组列车服务备品定位放置训练	
班　级		姓　名	
1. CR400BF-GZ动车组列车1、8车备品定位放置。			
2. CR400BF-GZ动车组列车4、5车备品定位放置。			
3. CR200J型复兴号动车组列车乘务室服务备品定位放置。			
4. CR200J型复兴号动车组列车卧具柜服务备品定位放置。			
5. CR200J型复兴号动车组列车广播室备品定位放置。			
任务总结：			

4. 效果评价

小组评价	项目	A-优	B-良	C-中	D-及格	E-不及格	综合
小组评价	服务备品认知（15%）						
	车厢服务备品定位放置（15%）						
	卧具定位放置（20%）						
	团队合作（10%）						
教师评价	定位放置（20%）						
	任务单（20%）						
	教师签名						

任务2 动车组列车旅客遗失物品处理工作

【任务引入】

《中国国家铁路集团有限公司铁路旅客运输规程》中规定，旅客携带品由自己负责看管。旅客需妥善放置携带品，不得影响公共空间使用和安全。旅客随身携带物品应当遵守国家禁止或者限制运输的相关规定。发现旅客遗失物品应积极寻找失主。如旅客已经下车，应编制客运记录，注明品名、件数等移交下车站。不能判明时，移交列车前方站或终到站。

请思考：动车组列车客运乘务人员如何做好旅客遗失物品处理工作？

【相关知识】

车站应设失物招领处，对本站发现或列车移交的旅客遗失物品，要及时登记、妥善保管，并在12306网站或车站进行公告。失主来领取时，应查验有效身份证件，核对时间、地点、车次、品名、件数、重量，确认无误后，由失主签收。

铁路运输企业可依据相关法律、行政法规和有关规定对保管的遗失物品核收保管费。鲜活易腐物品和食品不负责保管。无人认领的遗失物品按国家有关规定处理。

一、列车遗失物品查找服务

旅客发现自己随身携带的物品遗失时，应第一时间向列车长或随车乘警报告，提供自己乘坐的车厢号、座位号（卧铺号）、丢失物品的名称、数量、特征等有关线索，以便铁路工作人员及时帮助查找。列车长确认领取地点（车站名称）、时间、联系方式等信息，物品送至目的地后，车站通知旅客凭有效身份证件领取。

（一）旅客查找遗失物品的途径

（1）拨打全国铁路客服电话 12306。
（2）登录 12306 网站移动端进行在线登记。
（3）"中国铁路"微信公众号。
（4）扫描"铁路畅行码"进行在线登记。

（二）旅客遗失物品登记

1. 12306 网站登记

遗失物品旅客可登录 12306 网站进行在线登记，或在"铁路 12306"移动端上登记（我的→温馨服务→遗失物品查找→个人信息和乘车信息登记）。

旅客按照服务单内容逐项填写完整，详细描述遗失地点及遗失物品具体信息。遗失物品登记如图 6-2-1 所示。

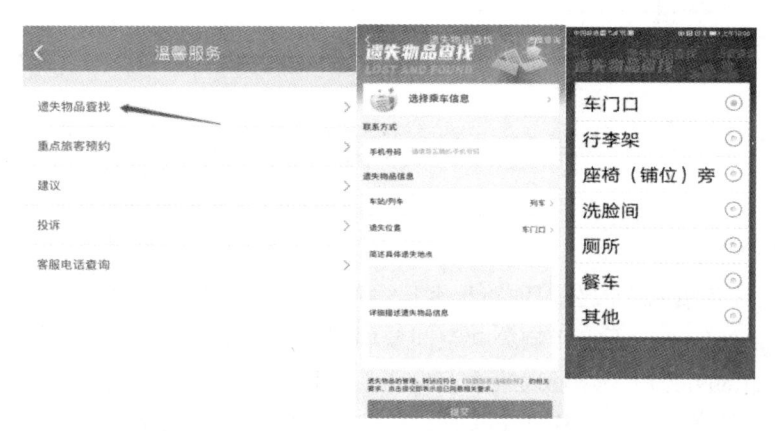

图 6-2-1　遗失物品登记

2. 铁路畅行码登记

旅客使用手机扫码座椅扶手上的铁路畅行码，登录后，点击【遗失物品查找】模块，填写乘车信息、遗失物品地点，输入物品类别、物品内容，详细描述遗失物品信息，最后点击【提交】。

铁路畅行码服务如图 6-2-2 所示。

图 6-2-2　铁路畅行码登记

3. 电话登记

旅客拨打电话登记时需要向工作人员描述遗失物品的外形（尽可能详细）、遗失地点，工作人员做好遗失物品信息登记。

登记服务提交完成后规定时间内，铁路工作人员将与旅客联系，告知查找情况。对查找到的物品，确定返还事项。因特殊情况未接到工作人员电话时，可拨打12306铁路客服电话进行确认。

（三）列车乘务人员检查旅客遗失物品

旅客列车运行中及库内整备时发现的遗失品按规定移交车站。动车组列车乘务人员在折返站和终到站作业时要对负责区域内设备、隐蔽部位进行检查，确认检查有无旅客遗失物品。

1. 全面巡视

动车组列车乘务人员每趟终到前、后对全列进行全面巡视及时掌握旅客遗失品情况，做好检查互控工作。

2. 逐车检查

终到站旅客下车完毕后，对所负责区域行李架、网袋内、坐席缝、坐席下进行全面细致检查。

3. 汇报情况

将旅客遗失物品检查情况及时通过对讲机汇报列车长处理。

4. 清点交接

列车长会同乘警长，清点、检查遗失品的品名、件数。

5. 交接处理

发现旅客遗失物品且旅客已经下车，列车长编制客运记录，说明遗失物品的品名、件数等，移交旅客下车站；不能判明时，移交列车前方站或终到站。列车移交和车站拾到的现金，车站负责填写客运运价杂费收据，并在遗失物品登记簿上注明收据号码。

二、旅客遗失物品站、车交接

铁路部门应严格执行旅客遗失物品的转交保管和交接制度。对于列车发现的旅客遗失物品，动车组列车长与客运值班员办理站、车交接。交接时应逐一核对，确认无误。遗失物品向查找站转送时，应内附清单，物品加封。对危险品、国家禁止或限制运输的物品、机要文件、鲜活易腐物品和食品不办理转送。

客运记录应对遗失物品名称、件数、外观颜色等详细记载。交接时应逐一核对，确认无误。

三、旅客遗失物品工单处理

客运服务单电子流转是客服中心互联互通后的功能延伸，也是完善作业流程、优化服务效率、提升客运服务质量的重要手段。客运服务单电子流转系统由铁路客服业务管理系统、客运管理信息系统、客运站车无线交互系统3个子系统构成，可实现客服中心与站车之间投诉、重点旅客预约及遗失物品查找服务单的自动流转和全流程闭环处理。

列车长可以通过客运站车无线交互系统客管系统进行旅客遗失物品信息详情查询。遗失物品工单需要填写遗失物品明细，包括【遗失地点】【物品名称】，选择【捡拾日期】，选择【领取状态】，点击【查询】按钮查询遗失物品。查询遗失物品详情界面下，点击【详细信息】按钮查看详情。遗失物品工单查询如图6-2-3所示。

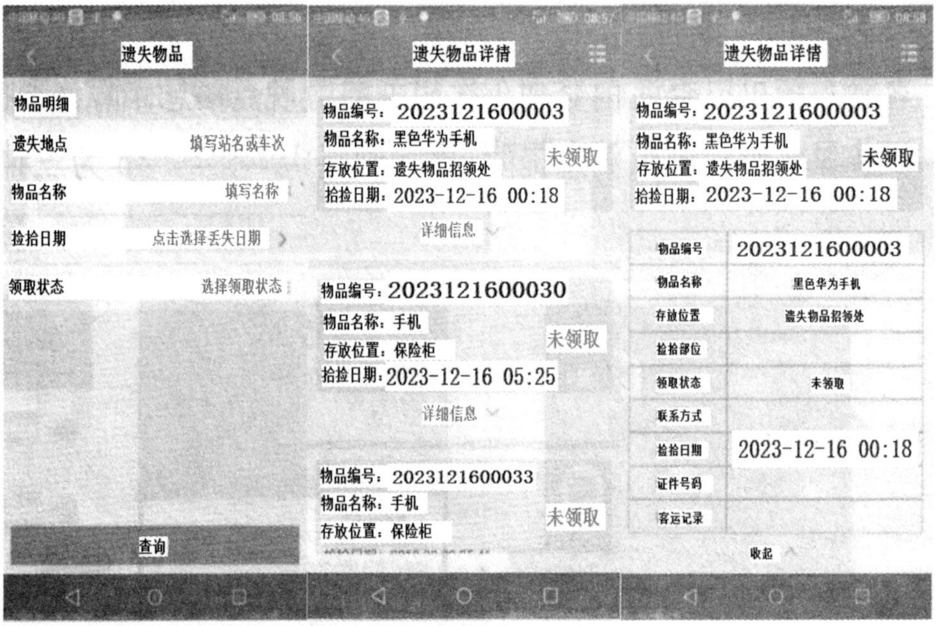

图6-2-3　遗失物品工单查询操作界面

【案例6-2-1】旅客遗失物品处理服务。

12月11日晚20:20，由××客运段值乘的G924次列车刚刚从阜新站开车不久，列车长张×接到乘务员报告：巡视时在1号车厢发现一个黑色手提包。接到消息后，张×立即呼叫乘警一同前往车厢查看。询问同车厢的旅客无人认领，在交互系统终端机上查对后发现该座位旅客已在阜新站下车，于是张×和乘警一起将手提包带回乘务室查看。

经清点，手提包内共有人民币现金4万余元，金条5根，折合人民币约25万元；另有银行卡14张和驾驶本、存折、交易单据等物品，十分贵重。清点物品的同时，张×收到铁路12306客服人员发来的旅客遗失物品工单。通过工单上留下的联系方式与失主×先生取得联系。

旅客×先生由于携带的行李物品太多，到站后下车又匆忙，直到出站时才发现自己将重要的手提包遗忘在高铁列车上，于是赶紧拨打了铁路12306客服热线寻求帮助。电话中列车长张×与旅客核对了身份信息及包内物品，确认无误。由于该次列车是当天开往北京朝阳站的末班车，只能通过次日的列车带回阜新站，征得旅客同意后，列车长张×提前联系终到站北京朝阳站说明情况，并通知车站工作人员与民警进站接车。

列车到站后，张×与车站工作人员和民警再次共同清点了包内物品，仔细填写好客运记录做好物品交接工作。车站工作人员联系了次日值乘的乘务组，将手提包带回阜新站。

列车长张×再次电话联系旅客×先生时，他表示自己已将手提包顺利取回，包内物品分文未少，并对站车工作人员的帮助和拾金不昧的精神表达了感谢和赞许。铁路12306客服人员发来的旅客遗失物品工单如图6-2-4所示。

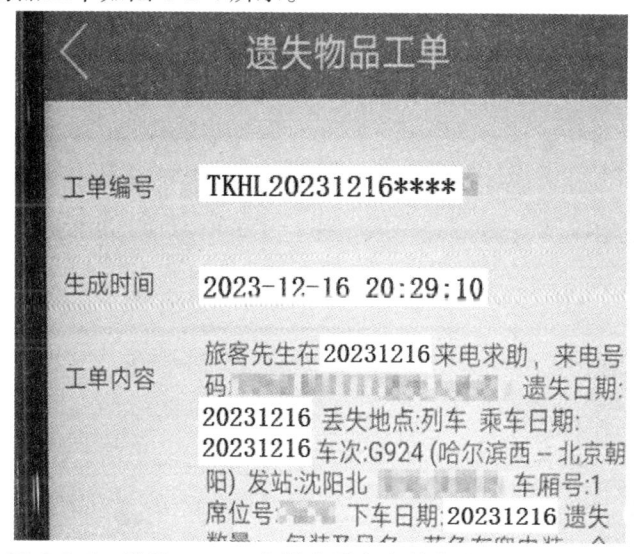

图6-2-4 铁路12306客服人员发来的旅客遗失物品工单

【任务实施】

1. 任务准备

（1）设备准备：旅客遗失物品，仿真动车组车厢、仿真站车无线交互系统手持终端、专业训练服（可着正装）。

（2）实训资料准备：客运记录、实训任务单、《动车组列车服务质量规范》、教材等。

（3）情景准备：实训前各小组查阅、收集资料，选择动车组列车旅客遗失物品处理情景，情景中包括动车组列车客运乘务人员、旅客。

（4）人员准备：实训分小组进行，每组6~8人，每小组做好人员分工。

2. 实施步骤

（1）查找旅客遗失物品。

（2）编制遗失物品客运记录。

（3）旅客遗失物品站车交接。

（4）组内互查，教师总结并评分、评价。

3. 任务单

训练名称	动车组列车旅客遗失物品处理训练		
班 级		姓 名	
1. 遗失物品工单查询。			
2. 折返站和终到站乘务作业时检查有无旅客遗失物品。			
3. 编制旅客遗失物品客运记录。			
4. 旅客遗失物品站车交接。			
任务总结:			

4. 效果评价

	项目	A-优	B-良	C-中	D-及格	E-不及格	综合
小组评价	工单查询（15%）						
	遗失品查找（15%）						
	遗失品交接（20%）						
	团队合作（10%）						
教师评价	遗失品处理（20%）						
	任务单（20%）						
	教师签名						

任务 3　动车组列车重点旅客服务

【任务引入】

重点旅客是指老、幼、病、残、孕旅客，分为一般重点旅客和特殊重点旅客。一般重点旅客包括老、幼、病、残、孕且有同行人陪同的旅客，无需工作人员全程护送，需提供优先服务的旅客。特殊重点旅客是指依靠辅助器具才能行动等需特殊照顾的重点旅客。

高速铁路重点旅客服务需求

请思考：动车组列车客运乘务人员如何做好重点旅客服务工作？

【相关知识】

《动车组列车服务质量规范》要求重点关注，优先照顾，保障重点旅客服务。按规范设置无障碍厕所、座椅、专用座席等设施设备，作用良好。对重点旅客做到"三知三有"（知座席、知到站、知困难，有登记、有服务、有交接）；为有需求的特殊重点旅客联系到站提供担架、轮椅等辅助器具，及时办理站车交接。对视力残疾携带导盲犬的旅客，应检查相关证件并予以协助。在条件允许的情况下，尽可能安排至较为宽敞的席位。

一、重点旅客预约服务

1. 重点旅客预约服务

在中国铁路客户服务中心网站注册用户可为本人及常用联系人办理重点旅客预约服务。非注册用户可先行注册后办理或通过 12306 铁路客服电话办理。

乘车前 12 至 72 小时的重点旅客预约服务可在网上办理。重点旅客预约服务仅受理依靠轮椅、担架等辅助器具旅行的老年、伤病、残疾等已购车票旅客服务需求。铁路站车提供优先进站、协助乘降、便利出站等服务。

预约服务提交完成后，工作人员将不晚于乘车前 2 小时联系旅客，因特殊情况未接到工作人员电话时，旅客可拨打 12306 铁路客服电话进行确认。

已提交预约服务的旅客，办理车票改签、变更到站、退票或取消服务时，须及时通过 12306 铁路客服电话变更或取消服务。重点旅客预约服务如图 6-3-1 所示。

图 6-3-1　重点旅客预约服务

2. 重点旅客服务工单

铁路客运管理信息系统包括中国国家铁路集团有限公司、铁路局集团公司、客运站段 3 级应用的模式。重点旅客预约电子服务工单可在铁路客服业务管理系统、客运管理信息系统、客运站车无线交互系统自动流转和全流程闭环处理。铁路客运管理信息系统中可进行重点旅客工单的查看、反馈、接乘确认的操作。站车重点旅客服务工单如图 6-3-2 所示。

图 6-3-2　站车重点旅客服务工单

3. 重点旅客铁路畅行码服务

重点旅客可扫码动车组列车座椅扶手上的铁路畅行码，扫码后选择相应服务，列车乘务人员尽快与旅客联系，提供车上照顾、协助乘降、便利出站等服务。

二、动车组列车重点旅客服务

动车组列车客运乘务人员应引导帮扶重点旅客入座，稳妥安置行李。运用"四心"满足旅客需求：细心观察旅客举动，耐心倾听旅客要求，真心感知旅客需求，用心解决旅客困难。为"老、幼、病、残、孕"重点旅客提供"四助五色"服务，即帮助找到座位，帮助安放行李，帮助调整座椅，帮助取水饮用。提供五色中国结服务，在重点旅客的椅背扶手或衣帽钩上悬挂彩色中国结，蓝色代表老年人的贴心夕阳服务，做到服务到座、关爱到站、有求必应；绿色代表儿童的欢乐童年服务，做到微笑关爱到位、家长安全提示到位；红色代表患病旅客的医疗天使服务，做到知病情、有预案、有交接；紫色代表行动不便旅客的伴您同行服务，做到沟通无障碍、行动无障碍、出站无障碍；黄色代表哺乳妈妈的暖心贴心服务，要主动帮助更换婴儿护理台卫生间附近座位，能提供一次性婴儿围嘴、喂奶遮挡帘，做到主动帮助，满足需求。

重点旅客标识如图 6-3-3 所示。

图 6-3-3　重点旅客服务

（一）重点旅客服务标准

1. 记录信息

准确记录重点旅客的座席、到站、困难。

2. 询问需要

询问重点旅客的旅途需求，提供相应的服务。

3. 盯控看护

全程盯控重点旅客的动态，对重点旅客的车内活动进行全程引领护送。

4. 送别交接

列车到站对重点旅客帮扶送别，有特殊需要的与车站办理交接。

（二）老年旅客服务

（1）上车时要主动帮助提拿、安放随身携带物品，列车乘务人员在前方引导入座。

（2）列车乘务人员应主动介绍车厢服务设备、卫生间的位置。

（3）旅途中经常去看望，主动问候，工作空余时多与他们交谈消除老人的寂寞，需要饮水时，应送水到座位。

（4）如老人需要用卫生间应及时搀扶、引导。

（5）将要到达目的地时，提前提示老人不要遗忘物品，到站主动搀扶下车，与接站人员做好交接。

（三）儿童旅客服务

耐心做好解释工作，态度和蔼，提示旅客车厢内安全隐患部位。对单独携带儿童的旅客或生病的儿童协助旅客进行看管，及时提供便利条件。下车时引导旅客使用直梯出站。

（1）开车后提示带小朋友的旅客看管好孩子不要在车内跑跳，并进行相关的安全提示。

（2）列车运行速度快，注意不要让孩子站在座椅、靠背、扶手上，以免摔倒、撞伤。

（3）为了保证孩子的安全，要叮嘱孩子不要触碰电茶炉、车门、灭火器等设备设施，不要将手伸进垃圾箱内。

（4）如发现家长忽视对孩子的看管，要及时引导小孩回到家长身边，再次叮嘱提示家长，以免发生意外。

（5）加强车内巡视，随时关注儿童旅客的举动，做好相应服务工作。

（6）年龄较小儿童进入卫生间时，应动员家长陪同。

（7）如果儿童旅客因提前下车与成人旅客失散，列车长与车站工作人员及时对接。找到孩子后，车站工作人员把孩子转交至最快与成人旅客交会的列车，并由列车乘务员将孩子一路护送至到站。

遇儿童乘车服务用语："您好，由于列车运行速度较快，为了安全请您看管好您的孩子，防止发生意外。""您好，站台设有直梯，为了孩子的安全，请您乘坐直梯出站。"

（8）遇哺乳期旅客时，主动安排调换在无障碍卫生间附近席位就坐，主动介绍婴儿护理台使用方法，询问喂奶是否需要遮挡巾，途中重点关注，主动提供帮助。

服务用语："您好，4号车厢的卫生间内设置了婴儿护理台，方便您给宝宝更换尿布。如果有需要您可以与我联系。"

（四）患病旅客服务

（1）列车乘务人员应主动帮助旅客调整合适的坐席，便于同行人照顾。
（2）旅途中经常去看望、主动问候、及时为旅客提供帮助。
（3）如乘客是精神病患者，应告知同行人注意事项，如遇旅客有异常情况，及时采取措施，防止伤害其他旅客。
（4）到站前及时提示旅客做好下车准备，不要遗忘物品，并搀扶其下车，与接站人员或车站工作人员做好交接。

（五）视/听觉障碍旅客服务

复兴号智能动车组在多个服务设施设置25种盲文标识。具有旅客引导、车内布置、功能按钮、座位号等提示功能，显示人文关怀。

（1）引导旅客到座位上，帮助协调至便于出入的座位。
（2）协助放置行李物品，并告知行李放置位置。
（3）主动询问旅客需求，及时提供帮助。
（4）运行中加强巡视盯控，到站前及时做好宣传提示。
（5）帮扶旅客拿取行李物品，并引导至车门处做好下车准备。

（六）残障旅客服务

全程做好列车无障碍服务工作。遇坐轮椅旅客要主动询问旅客是否能坐到座位上，主动安排调换在无障碍卫生间附近席位就坐，主动介绍无障碍卫生间使用方法，途中重点关注，主动提供帮助。

（1）残障旅客乘坐列车时，列车乘务人员要主动帮扶、全程关照，热情解决残障旅客提出的需求。
（2）列车乘务人员要与车站做好交接工作，对乘坐轮椅的残障旅客尽可能安排在无障碍车厢的残障人士座位（铺位）。
（3）列车要确保无障碍车厢通道畅通、无遮挡，轮椅停放处无其他占用，厕所设备良好、卫生干净。
（4）动车组列车始发、途中、终到站站停作业时，应安排列车乘务人员（含餐服、保洁人员）在设有无障碍设施的车厢门口处立岗作业，及时为残障旅客提供服务。

服务用语："您好，我帮您把座位调整至4号车厢好吗？4号车厢卫生间空间大一点，您使用时会更加方便。""您好，我帮您把轮椅放置在座椅最后一排好吗？到站前我会协助您拿取。"

部分复兴号列车上配置有安全踏板为行动不便使用轮椅、婴儿车的重点旅客提供方便，如图 6-3-4 所示。

图 6-3-4　复兴号列车上配置安全踏板

（七）孕妇旅客服务

（1）孕妇上车时要主动帮助提拿、安放随身携带物品，列车乘务人员在前方引导入座，注意调节通风口。

（2）应根据需要多提供清洁袋，并及时清理，随时给予照顾。

（3）下车时列车乘务人员主动提拿行李，送至车门。

（4）旅行途中，关注孕妇旅客的情况，随时提供帮助。

三、特殊重点旅客站、车交接服务

列车发现重点旅客，应优先安排席位，列车超员时可安排到餐车就座。列车长应提前联系到站，明确告知特殊重点旅客需要帮助的内容，到站做好接车准备。车站发现特殊重点旅客，必须主动询问，主动提供服务。送上车时，应与列车长办理交接。站车之间应及时通报特殊重点旅客服务信息，通知内容包括发站、车次、到站、到达日期、车厢号和服务需求（轮椅、担架、救护车、人工服务等）。到站根据通知要求做好提前接站准备及服务工作。车站、列车要建立重点旅客服务登记交接簿，交接办理签字手续。

（一）特殊重点旅客站、车交接作业流程

（1）填写"特殊重点旅客服务交接簿"，包含旅客乘车日期、姓名、车次、发站、到站、车厢席位、到达日期、类别、服务人、服务内容等。"特殊重点旅客服务交接簿"如图 6-3-5 所示。

特殊重点旅客服务交接簿

编号：____
局别：____　　　　　　　　　　　　　填表单位：____

旅客服务信息								签字		
日期	姓名	车次	发站	到站	车厢席位	到达日期	类别	服务人	服务内容	发站客运值班员	列车长	到达客运值班员

制表说明：
1、本表供站车交接用。
2、"类别"栏为老、幼、病、残、孕五类。
3、"服务人"栏为提供具体服务的车站客运员姓名。
4、"服务内容"栏，车站指优先售票、优先进站、送车、接站，须注明是否提供轮椅、担架等辅助器具。
5、"签字"栏由车站值班员、列车长签名。
6、填写时，一式三份，发站交接时，一份自存，两份交列车；到交接时，一份列车保存，一份站保存。按编号顺序装订、保管，原始表格保留一年。

图 6-3-5　特殊重点旅客服务交接簿

（2）发站客运值班员与列车长在指定位置办理交接。

（3）开车后，发站客运值班员通知到站客运值班员做好接车准备，通知内容包括旅客到站时间、车次、车厢、座席、服务内容等。

（4）列车对车站移交或车内发现的特殊重点旅客要进行重点照顾。

（5）到站时与车站办理交接。

（6）到达客运员负责送特殊重点旅客出站。

（二）特殊重点旅客站、车交接注意事项

（1）"特殊重点旅客服务交接簿"填记要完整，字迹要清晰。

（2）辅助器具（如轮椅、担架）使用前要做好安全检查，保证正常使用。

（3）对特殊重点旅客重点照顾，避免旅客因照顾不当而发生伤害。

（4）及时和有关站车联系，确保工作的连续性。

（5）做好相关资料的收集、上报工作。

（三）突发疾病旅客交接

（1）旅客在列车上发生急病时，列车员要立即向列车长报告，列车长采取必要措施组织抢救。

（2）在抢救病人的同时，要尽快了解旅客姓名、单位、住址、同行人、联系人等，列车长和乘警要仔细了解旅客发病的原因和过程，记录有关情况，同时寻找旅客携带品。

（3）列车长编制客运记录，做好旁证材料的收集工作。

（4）病情严重的旅客，移交车站时，应通过客调通知接收站，提前做好各项准备工作，确保列车正点和及时抢救旅客。

（5）车站接到通知后，要积极做好准备，及时联系就近医院救护车提前到站台准备抢救。

（6）车站在接收发生急病的旅客后，应迅速与列车办理交接手续，组织立即送医院救治。客运记录要求实事求是，文字表述清楚明确，有利于进一步抢救处理。

（7）列车在向车站移交急症病人时，由于时间紧迫，未能编制客运记录的，可以下车办理交接手续，客运记录补填时间不能超过 3d。

（8）列车运行中遇有旅客因病必须临时停车抢救时，列车长通过司机向列车调度员报告

情况请求临时停车。

（9）客运乘务员不下车参与处理。

【任务实施】

1. 任务准备

（1）设备准备：仿真动车组车厢、仿真站车无线交互系统手持终端、专业训练服（可着正装）。

（2）实训资料准备：客运记录、实训任务单、《动车组列车服务质量规范》、教材等。

（3）情景准备：实训前各小组查阅、收集资料，选择动车组列车重点旅客服务情景，情景中包括动车组列车客运乘务人员、老、幼、病、残、孕旅客。

（4）人员准备：实训分小组进行，每组6~8人，每小组做好人员分工。

2. 实施步骤

（1）查询重点旅客服务工单。

（2）动车组列车重点旅客服务。

（3）特殊重点旅客站车交接。

（4）组内互查，教师总结并评分、评价。

3. 任务单

训练名称	动车组列车重点旅客服务训练		
班　级		姓　名	
1. 为儿童旅客服务。			
2. 为老年旅客服务。			
3. 为残障旅客服务。			
4. 办理特殊重点旅客站车交接。			
5. 为突发疾病旅客服务。			
任务总结：			

4. 效果评价

	项目	A-优	B-良	C-中	D-及格	E-不及格	综合
小组评价	查询工单（15%）						
	重点旅客服务（15%）						
	站、车交接（20%）						
	团队合作（10%）						
教师评价	重点旅客服务（20%）						
	任务单（20%）						
	教师签名						

任务 4 复兴号动车组列车静音车厢服务

【任务引入】

为共建共享文明、温馨、安静的列车旅行环境，高铁线路的部分车次试点"静音车厢"服务。

请思考：动车组列车客运乘务人员如何做好"静音车厢"服务工作？

【相关知识】

一、"复兴号"动车组客运服务备品标识

"复兴号"动车组列车的服务水平，秉承"以人为本、以客为尊，让旅客体验更美好"的服务理念，努力提高复兴号服务品质。"复兴号"动车组内饰环境和外观颜色相协调，服务备品按规定样式印制"CR"标识。

"复兴号"动车组客运服务备品 logo 标识由路徽及 CR 组合，logo 组合纵横比为长 289：高 95/55。

商务座腰靠、防寒毯标识印制位置应为乘务员视角右上角，路徽上沿距顶边 7 厘米，logo 右边距毯子侧边 7 厘米，绣金色 logo 组合；路徽上沿距顶边，logo 右边距侧边位置与服务备品相协调。一次性小毛巾、清洁袋、专项服务单等应根据外观设计，合理确定位置，如图 6-4-1 所示。

图 6-4-1 "复兴号"动车组客运服务备品标识

二、"静音车厢"服务

（一）"静音车厢"车票购买

旅客通过铁路 12306 网站、手机客户端、自动售票机等渠道购买指定车次车票时，可根据系统提示自愿选择购买"静音车厢"车票，"静音车厢"一般设在 3 号车厢（二等座车）。设置了静音车厢的车次会在二等座的右上角，有一个"静"字提示，旅客除了可以享受选座服务外，还可以勾选"请优先为我分配'静音车厢'席位"，勾选后提交订单，在席位充足的情况下，系统会自动分配静音车厢，如图 6-4-2 所示。

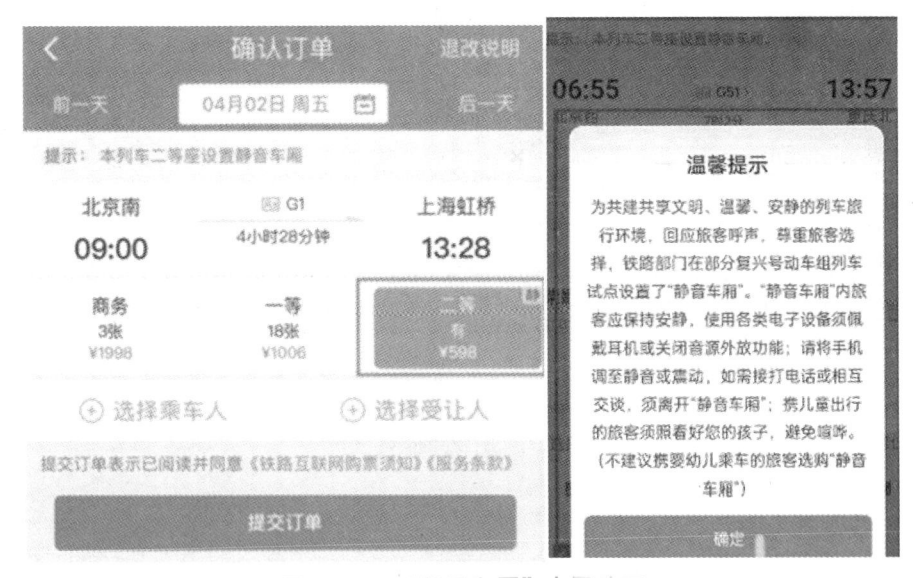

图 6-4-2 "静音车厢"车票购买

（二）"静音车厢"服务

静音车厢两端及车厢门玻璃上均张贴着静音车厢标识，每个座位后的网兜内摆放有服务提示卡，告知旅客静音车厢的相关注意事项。销售餐食的餐服员进入静音车厢后，停止餐食介绍，只有当旅客提出询问和购买意愿时，餐服员应小声回复旅客。列车乘务人员在该车厢全程提供无干扰服务，列车工作人员在非必要情况下不通过静音车厢，需要通过静音车厢时，列车乘务人员要保持"静、快、轻"的通过步伐。

"静音车厢"广播音量可降为普通车厢的30%，旅客乘坐"静音车厢"时，请配合遵守"静音"约定。"静音车厢"服务提示卡模板如下。

为共建共享文明、温馨、安静的列车旅行环境，回应旅客呼声，尊重旅客选择，铁路部门将本车厢设置为"静音车厢"，实施无干扰服务，车厢内广播音量将适当调低，请您及时关注到站信息。请旅客朋友们共同遵守"静音"规定和购票约定，感谢您的支持与配合。

（1）请在静音车厢内保持安静。

（2）请将手机调至静音或震动状态。

（3）请在接打电话或相互交谈时，离开静音车厢。

（4）请在使用各类电子设备时，佩戴耳机或关闭音源外放功能。

（5）请携带儿童出行的旅客照看好您的孩子，避免喧哗。

静音车厢标识如图6-4-3所示。

图 6-4-3　静音车厢标识

三、复兴号智能动车组静音车厢乘务作业

1. 安置备品

乘务员将"静音车厢"标识卡插入静音车厢两端粘贴卡槽内，在两端自动感应玻璃门上粘贴"静音车厢"标识，在静音车厢每个座席后网兜内定型"静音车厢"服务提示卡。

2. 盯控广播

列车长试音广播音量，车载影视娱乐视频系统音量关闭。确认静音车厢广播音量调节至40%以下效果，有静音车厢的车次按要求全部广播使用车底自带广播内容，尽量不使用直播或终端内储存广播播放。（广播机播放广播不受静音车厢音量调节限制）。静音车厢广播音量调节如图6-4-4所示。

图 6-4-4　静音车厢广播音量调节

3. 列车长巡视作业

"静音车厢"指派专人盯控，做好无干扰服务及到站前温馨提示。遇特殊情况，妥善安置在 4 车隔离席位。

盯控餐服员经过静音车厢时不进行宣传售卖，送餐时轻声服务。

盯控随车乘服员对静音车厢进行保洁作业时需轻声作业。乘务员及时对乘服人员在"静音车厢"保洁作业进行静音提示，严禁在车内进行喧哗。

盯控静音车厢内端门常态设为自动模式，减少噪音影响。

4. 票务作业

旅客需在列车上补办延长票时，原则上避免补票至 3 车席位，如旅客要求，和旅客做好解释，讲清静音车厢要求，遵守静音规定，旅客同意后进行补票。对"静音车厢"内旅客进行去向核实时要轻声。乘务员对"静音车厢"旅客到站前轻声唤醒，进行到站前逐人提示。

【任务实施】

1. 任务准备

（1）设备准备：仿真复兴号智能动车组静音车厢、专业训练服（可着正装）。

（2）实训资料准备：静音标识、实训任务单、《动车组列车服务质量规范》、教材等。

（3）情景准备：实训前各小组查阅、收集资料，选择动车组列车静音车厢服务情景，情景中包括动车组列车客运乘务人员、旅客。

（4）人员准备：实训分小组进行，每组 6~8 人，每小组做好人员分工。

2. **实施步骤**

（1）安置静音车厢备品。

（2）盯控静音车厢广播。

（3）列车长静音车厢巡视作业。

（4）组内互查，教师总结并评分、评价。

3. **任务单**

训练名称		复兴号智能动车组静音车厢服务训练	
班　级		姓　名	
1. 客运乘务员静音车厢服务。			
2. 保洁员静音车厢服务。			
3. 列车长巡视静音车厢作业。			
4. 静音车厢票务作业。			
5. 餐服员静音车厢服务。			
任务总结：			

4. 效果评价

	项目	A-优	B-良	C-中	D-及格	E-不及格	综合
小组评价	静音备品（15%）						
	乘务员作业（15%）						
	列车长作业（20%）						
	团队合作（10%）						
教师评价	静音服务（20%）						
	任务单（20%）						
	教师签名						

复习思考题

1. 叙述 CR400BF-GZ 型动车组列车服务备品定位放置标准。
2. 动车组列车乘务人员如何处理旅客遗失物品？
3. 动车组列车乘务人员如何为重点旅客服务？
4. 叙述动车组列车客运乘务人员静音车厢服务工作。
5. 简述"复兴号"动车组客运服务备品标识要求。

参考文献

[1] 中国铁路总公司.动车组列车服务质量规范[S].北京：中国铁道出版社，2016.

[2] 王慧 马海漫.高速铁路动车乘务实务(第2版)[M].成都：西南交通大学出版社，2019.

[3] 《动车组列车列车长培训及技能实训教材》编委会.动车组列车列车长培训及技能实训教材[M].北京：中国铁道出版社有限公司，2019.

[4] 杨光.高速铁路客运乘务管理与组织实务[M].北京：中国铁道出版社有限公司，2020.

[5] 穆阿立.高速铁路动车组乘务工作[M].成都：西南交通大学出版社，2020.

[6] 中国国家铁路集团有限公司.中国铁路运输收入管理规定[S].北京：中国铁道出版社有限公司，2020.

[7] 中国国家铁路集团有限公司.铁路运输收入报表格式及说明[S].北京：中国铁道出版社有限公司，2021.

[8] 中国国家铁路集团有限公司.中国国家铁路集团有限公司铁路旅客运输规程[S].北京：中国铁道出版社有限公司，2023.